# FRANCOPHONIES
## D'AMÉRIQUE

# FRANCOPHONIES
## D'AMÉRIQUE

**1993 Numéro 3**

Les Presses de l'Université d'Ottawa

# FRANCOPHONIES
## D'AMÉRIQUE
### 1993    Numéro 3

Directeur :
JULES TESSIER
*Université d'Ottawa*

Conseil d'administration :
GEORGES BÉLANGER
*Université Laurentienne, Sudbury*

PAUL DUBÉ
*Université de l'Alberta, Edmonton*

RAYMOND HUEL
*Université de Lethbridge*

RONALD LABELLE
*Université de Moncton*

Comité de lecture :
GEORGES BÉLANGER
*Université Laurentienne, Sudbury*

ARMAND CHARTIER
*Université du Rhode Island, Kingston*

PAUL DUBÉ
*Université de l'Alberta, Edmonton*

RAYMOND HUEL
*Université de Lethbridge*

PIERRE PAUL KARCH
*Université York, Toronto*

RONALD LABELLE
*Université de Moncton*

Secrétaire de rédaction :
JEAN-MARC BARRETTE

Préposé aux publications :
LORRAINE ALBERT

Cette revue est publiée grâce à la contribution financière
des universités suivantes :
  L'UNIVERSITÉ D'OTTAWA,
  L'UNIVERSITÉ LAURENTIENNE DE SUDBURY,
  L'UNIVERSITÉ DE MONCTON,
  L'UNIVERSITÉ DE L'ALBERTA – LA FACULTÉ SAINT-JEAN
  L'UNIVERSITÉ DE LETHBRIDGE

Ce numéro a bénéficié d'une subvention provenant du
Secrétariat des affaires intergouvernementales canadiennes
(SAIC) du gouvernement du Québec et du Comité de la
recherche et des publications de la Faculté des arts de l'Université d'Ottawa.

Pour tout renseignement concernant l'abonnement
veuillez consulter la page 235, en fin d'ouvrage.

# TABLE DES MATIÈRES

## L'ACADIE

## LES ÉTATS-UNIS

# GÉNÉRAL

# FRANCOPHONIES
## D'AMÉRIQUE

LE FRANÇAIS, LANGUE MATERNELLE, EN MILIEUX MINORITAIRES

Pour ce troisième numéro de *Francophonies d'Amérique*, la compétence des linguistes a été mise à profit afin de présenter différents types d'analyses qui ont cependant un point en commun : l'état du français, première langue apprise à la maison, à l'extérieur du Québec, sur le continent nord-américain. L'abondance des textes soumis a été telle que nous avons dû les répartir sur deux numéros; les autres articles, portant sur le même thème, paraîtront donc dans la prochaine livraison de notre revue, en mars 1994.

Pour ce qui est de ce numéro-ci, chaque région représentée y a produit trois articles qui ont été groupés d'une façon particulière : le premier permet de faire un tour d'horizon de la situation du français dans la région donnée; le deuxième consiste en une analyse d'un corpus de français oral avec un traitement plus spécifiquement phonétique; dans le troisième, d'une lecture plus facile, on traite du français en milieu scolaire et l'approche est davantage sociolinguistique, lorsqu'on ne s'oriente pas résolument vers la tradition orale.

Afin de profiter au maximum de ce numéro thématique, plutôt que de suivre la pagination du début à la fin, nous vous suggérons une lecture comparatiste, par strates, en parcourant d'abord tous les premiers articles au début de chaque section, de même pour les articles deux et trois. Voici donc, plus en détail, comment se présente cet itinéraire de lecture suggéré.

### Articles premiers : vastes panoramas

L'article de Bernard Rochet sur « le français parlé en Alberta » commence par un historique du peuplement français dans cette province et aborde les différents aspects de la langue, sur le plan du vocabulaire, de la morphosyntaxe et de la phonétique. L'auteur signale, à la fin de son texte, qu'« il reste à établir, à partir d'études plus vastes et plus détaillées, quelles

1

sont les différences qui existent entre le français que l'on parle dans les provinces de l'Ouest et celui qui s'entend au Québec et en Ontario ». Lecteurs et lectrices pourront jouer le jeu et faire eux-mêmes le tamisage suggéré par Bernard Rochet pour constater que nombre de caractéristiques signalées dans l'article s'appliquent au français du « Canada central », à preuve que l'éloignement dans le temps et la transplantation de notre idiome dans un environnement massivement anglophone n'ont pas altéré de façon dramatique l'homogénéité du français chez nous, qu'il soit québécois, ontarois ou albertain.

Raymond Mougeon de l'Ontario adopte sensiblement le même plan, c'est-à-dire un bref historique du peuplement français en Ontario, puis une énumération des principales caractéristiques lexicales, morphosyntaxiques et phonétiques du français parlé dans cette province. À la différence de Rochet cependant, il ne traite que de la spécificité du français ontarois par rapport au français québécois. On s'en doute, c'est surtout l'influence de l'anglais qui fait la différence, mais Mougeon ne se contente pas de répertorier des emprunts ontariens plus audacieux à la langue dominante. Avec une approche de psycholinguiste, il tente de percer la motivation des choix effectués par les locuteurs bilingues; ailleurs, il nous convie à jeter un coup d'œil à travers le viseur de son appareil sensible aux infrarouges afin d'évaluer l'influence occulte de l'anglais sur le plan des occurrences, les « mots non congruents » d'une langue à l'autre subissant une « perte de vitalité » en français, phénomène qualifié d'« évolution à bascule ».

Dans son article, James Crombie aborde la question de la langue acadienne avec une tout autre perspective, inévitable du fait que l'auteur est à la fois un littéraire, un linguiste et un philosophe, anglophone par surcroît mais parfaitement à l'aise en français, chargé de l'enseignement de cette langue, tant à des anglophones qu'à des francophones. Les jugements reçus quant au français en Acadie sont remis en question avec lucidité et cette réévaluation du patrimoine linguistique culmine avec un plaidoyer en faveur du droit de cité de la langue acadienne dans les écoles.

Becky Brown, également anglophone, adopte elle aussi une approche différente ainsi que le laisse entendre le titre de son article : « Une remise en cause de la situation linguistique de la Louisiane française ». Plutôt que de reprendre les catégories traditionnelles du français colonial, de la langue cadienne et du créole des Noirs, l'auteure tente de montrer l'influence de ces différents parlers les uns sur les autres en évoquant un « *continuum* linguistique où ces variétés se chevauchent ». Autre élément novateur, Becky Brown délaisse le traditionnel constat d'agonie linguistique et voit des signes encourageants dans un changement d'attitude des Cadiens vis-à-vis de leur langue maternelle : « La perception du français louisianais est en train de passer rapidement d'une langue à réprimer à une langue dont on est fier. »

### *Articles deuxièmes : radioscopies en profondeur de documents sonores*

La langue des Métis de l'Ouest canadien demeure mystérieuse pour les gens de l'extérieur et nous sommes reconnaissants à Robert A. Papen d'avoir accepté de préparer cet article qui permet de clarifier plusieurs notions, comme la distinction entre le français des Métis et la langue « mitchif ». Sous forme de tableaux et de résumés solides, il nous communique les résultats préliminaires d'une étude portant sur une série d'entrevues effectuées chez les Métis de Saint Laurent, au Manitoba.

France Martineau prend elle aussi comme point de départ un ensemble d'entrevues, mais sa démarche est complètement différente puisqu'elle tente d'expliquer un phénomène de morphosyntaxe : « l'ellipse de *Que* en français du Québec et de l'Ontario ». Cet article constitue un bel exemple d'approche scientifique où l'on met à profit les travaux déjà effectués pour faire progresser la recherche avec rigueur, méthode qui permet d'aboutir à des conclusions du genre : l'ellipse du morphème *que* dans les complétives, les relatives et les circonstancielles « ne serait pas un calque direct de l'anglais, mais aurait sa source dans la grammaire même du français ».

On trouve la même démarche scientifique chez Karen Flikeid et Ginette Richard, sauf qu'on a adapté au microscope un objectif grand angle afin de produire une « comparaison phonétique entre deux variétés acadiennes : la baie Sainte-Marie et l'île Madame ». Encore là, les recherches antérieures sont mises à profit, et l'analyse minutieuse des documents sonores permet d'établir des rapprochements avec d'autres parlers de l'espace acadien et aussi de remonter dans le temps, grâce à une perspective diachronique, pour rattacher certains traits de prononciation à des usages européens du XVIIe siècle, particulièrement dans le cas de la baie Sainte-Marie, en filiation directe avec l' « ancienne Acadie ».

Pour sa part, Cynthia A. Fox, en plus de nous entraîner à l'extérieur de la Nouvelle-Angleterre, fait une utilisation autre de sa documentation sonore. En effet, son article porte sur le français de la ville de Cohoes, dans l'État de New York, et si on y trouve quelques données portant sur la phonétique, l'auteure aborde aussi les questions de vocabulaire et de morphosyntaxe, en assortissant son analyse de considérations sociolinguistiques. Ce point de vue donne lieu à divers commentaires éclairants sur la perception que ces Francos ont d'eux-mêmes et de leur propre langue.

### *Articles troisièmes : le français à l'école, dans la tradition orale*

Sans s'être consultés, Liliane Rodriguez de l'Ouest canadien et James Crombie de l'Acadie aboutissent à la même conclusion : il faut accorder un traitement valorisant aux régionalismes et surtout éviter de leur faire subir le même sort qu'aux anglicismes, dans une opération normative. Selon l'auteure, dans l'Ouest et ailleurs dans la francophonie, le français doit être enseigné avec ses variantes régionales, de façon à « mettre en relief ce qu'il a de particulier, donc d'irremplaçable ».

Francois-Pierre Gingras, dans une étude sociolinguistique, nous invite à écouter quelques réflexions de jeunes Franco-Ontariens sur leur langue maternelle. De ces opinions transcrites telles quelles, il déduit des observations et des commentaires qui s'appliquent non seulement au milieu scolaire, mais aussi à la famille et à l'environnement social en général. Il faut savoir que ces jeunes sont originaires de Penetanguishene, une municipalité qui été le théâtre d'âpres luttes scolaires, au cours des années 1970 notamment, et où on a fait la preuve qu'on pouvait infléchir des tendances assimilatrices.

Notre rubrique « Portrait d'auteur » est consacrée à une grande figure acadienne, le père Anselme Chiasson, un spécialiste de la tradition orale et des monographies historiques, un genre qu'il a porté à un sommet de perfection avec son *Histoire de Chéticamp*.

Susan K. Silver nous entraîne en Acadie tropicale et utilise cinq chansons traditionnelles pour nous montrer, avec humour et finesse, comment les femmes cadiennes percevaient le mariage et quelle dynamique réglait les relations entre maris et épouses dans la Louisiane française d'antan.

\* \* \*

D'un numéro à l'autre, nous tenons à produire la liste des thèses soutenues et des livres publiés dans l'intervalle, en français ou portant sur la vie française à l'extérieur du Québec en Amérique du Nord, assurés que cette documentation constitue un outil de recherche utile. D'autre part, on ne peut qu'être agréablement surpris par le nombre et par la diversité des titres parus en un an, dans ce créneau particulier.

Nous avons poursuivi notre politique des comptes rendus qui servent de lieu d'échanges entre les différentes régions du continent, les ouvrages étant généralement recensés ailleurs que dans leur lieu d'édition. Cette façon de faire permet de dérégionaliser l'imprimé et un regard « autre » favorise une lecture plus détachée, renouvelle le point de vue.

Le prochain numéro, le quatrième, portera donc en partie sur « Le français, langue maternelle, en milieu minoritaire », et le numéro cinq, dont la parution est prévue pour mars 1995, traitera de la tradition orale en Amérique française.

Jules Tessier, directeur
*Francophonies d'Amérique*

# LE FRANÇAIS PARLÉ EN ALBERTA

Bernard Rochet
Université de l'Alberta (Edmonton)

Selon Statistique Canada, seulement 6,4 % de la population de l'Alberta est, de nos jours, capable de s'exprimer en français[1]. Les régions où l'on rencontre la plus forte concentration de gens parlant ou comprenant la langue française sont celles de Saint-Paul et Bonnyville (18,5 % de la population totale de la division et 10,5 % du total du groupe francophone albertain); celle de Rivière la Paix (11,7 % de la population totale de la division et 11,8 % du groupe francophone albertain); et celle d'Edmonton (7 % de la population totale de la division et 41 % du groupe francophone albertain)[2]. Bien que la plus grande partie de la population de langue française se trouve à Edmonton, elle n'y représente que 7 % de la population totale et est dispersée au sein de la population anglaise, si bien qu'on entend rarement parler français dans les rues de cette ville. Par contre, à Saint-Paul, à Bonnyville et à Falher (dans le district de Rivière la Paix), on entend assez souvent parler français dans la rue et dans les magasins.

Le peuplement français de l'Alberta remonte à la seconde moitié du XIXe siècle, avec l'arrivée de quelques petits groupes de Canadiens français dès 1874 à Lamoureux, et quelques années plus tard à Saint-Albert et à Edmonton, le mouvement de migration s'accélérant à partir de 1890. La plupart des immigrants de langue française étaient des Canadiens français dont la plus grande partie (environ 70 %) venait du Québec[3], le reste venant des Maritimes, du nord de l'Ontario, ou des États-Unis où ils s'étaient dirigés en premier lieu. Par contre, très peu d'Européens ont contribué à l'immigration française en Alberta.

Le but de cette étude est de décrire les traits principaux du français parlé en Alberta (FA), en ce qui concerne le vocabulaire, la morphologie, la syntaxe et la prononciation. Les données qui suivent ont été obtenues à partir d'un corpus de 35 enregistrements effectués à Bonnyville, au cours de l'année 1976. Chaque enregistrement, d'une durée de 30 à 40 minutes, présente un échantillon du parler de chaque locuteur et fournit les données de base à une enquête sociologique. À cette fin, le format des entrevues a été standardisé afin que les mêmes questions soient posées à chaque locuteur.

Ainsi, les locuteurs donnaient leur opinion sur des sujets tels la francophonie, le sentiment d'appartenance culturelle, l'assimilation culturelle ou linguistique. De plus, la personne qui effectuait les entrevues (un Franco-Albertain originaire de Falher), privilégiait les sujets qui semblaient intéresser ses interlocuteurs, et on peut affirmer que la plus grande partie des enregistrements constituent d'excellents exemples de conversation libre, dans un niveau de langue le plus souvent familier.

On se concentrera dans la présentation qui suit sur les variables linguistiques qui sont généralement considérées comme caractéristiques du français parlé au Canada (FC), en s'attachant, dans la mesure du possible, à signaler les différences et les ressemblances entre les caractéristiques du français parlé en Alberta et celles du français standard (FS), ainsi que celles d'autres variétés du français canadien[4].

## Lexique

Le vocabulaire du FA reflète ses origines — un amalgame de plusieurs dialectes de l'ouest de la France — et les nouvelles conditions auxquelles ont dû faire face les colons et leurs descendants en Nouvelle-France. Mis à part les mots qui sont communs au FA et au FS — mots qui sont de loin les plus nombreux —, il comprend des mots qui ne s'emploient plus en FS, mais que l'on retrouve parfois dans certains dialectes ou patois, ainsi que des mots qui, bien qu'ils soient communs au FA et au FS, ne s'y emploient pas avec le même sens. De plus, en raison des contacts entre francophones et anglophones, aussi bien lors de l'arrivée des premiers colons en Nouvelle-France que de nos jours en Alberta, le vocabulaire franco-albertain a été marqué par une influence importante de l'anglais.

### i. L'élément français

Tout comme le FC en général, le FA contient un grand nombre de vocables que l'on a l'habitude de considérer comme des « archaïsmes » et des « provincialismes » avec, à l'appui, des exemples tirés de Rabelais ou de Montaigne[5]. Il est toutefois bon de signaler que ces deux termes suggèrent une description et une classification établies en fonction du lexique du FS, tel qu'il est présenté dans les dictionnaires contemporains. Les mots que l'on considère comme des archaïsmes et des provincialismes ne le sont que par rapport au FS, lorsque celui-ci ne les emploie plus. De plus, il est très difficile de faire la distinction entre les archaïsmes et les provincialismes, puisqu'un grand nombre de mots qui ne s'emploient plus en FS, et se voient donc considérés comme archaïsmes, sont encore utilisés dans une ou plusieurs régions de la francophonie, ce qui en fait des provincialismes ou des régionalismes.

Parmi les mots qui s'emploient dans le FA (ainsi que dans d'autres régions de la francophonie), mais qui ne sont plus acceptés en FS, on peut citer : *achaler* (Anjou, Aunis, Poitou, Saintonge), *adonner* (Poitou, Saintonge), *bavasser* (Bas-Maine, Saintonge), *chicoter* (Normandie), *jaser* (Saintonge), *placoter* (Bretagne), *tanné* (= fatigué; Normandie, Picardie). Il faut ajouter à ces mots les périphrases verbales suivantes : *être après* (FS : être en train de), et *être pour* (FS : avoir l'intention de, être sur le point de), suivies de l'infinitif. *C'est rendu que* a le sens de « on en est rendu au point où ».

Un certain nombre de mots s'emploient à la fois en FA et en FS, mais avec un sens différent, et le même mot peut désigner un objet différent dans ces deux variétés du français : *char* (FS : voiture, automobile), *fournaise* (FS : chaudière), *roulotte* (FS : caravane). Ces différences sont le résultat de changements sémantiques qui se produisent dans un dialecte, mais pas dans l'autre. Ainsi, le mot *char*, au sens de « véhicule », s'est vu restreint en France au domaine militaire et a été remplacé ailleurs par *voiture*. En ce qui concerne le mot *fournaise*, il a gardé son sens de « grand fourneau dans lequel brûle un grand feu » en FA, alors qu'il n'a conservé que la notion de grand feu ou de feu violent en FS. *Roulotte* garde le sens de « véhicule qui sert de logement » en FA, alors qu'en FS, ce mot, bien qu'il garde le même sens, ne s'applique plus qu'aux nomades et aux forains, et a été remplacé par *caravane* (de camping) pour les vacanciers. Le FA, comme le FC en général, utilise de nombreux mots du vocabulaire de la marine. Ces mots, qui continuent à s'employer dans le contexte maritime en FS, ont souvent vu leur sens s'élargir en FA. Ainsi, *bord* s'y emploie avec un sens abstrait (*ces deux politiciens ne sont pas du même bord*); *amarrer* signifie « attacher » en général, et pas seulement « attacher un bateau », comme c'est le cas en FS; *embarquer* et *débarquer* ne signifient plus uniquement « entrer et sortir d'une barque ou d'un bateau », mais s'emploient avec un sens beaucoup plus général (*entrer dans un bain*)[6]; *adonner* s'emploie en FS pour indiquer que le vent change de façon favorable pour le matelot manœuvrant son bateau à la voile, alors qu'en FA ce mot a gardé le sens de « favorable », mais dans un contexte beaucoup moins restreint (*la plupart des Anglais s'adonnent bien avec les Français; ça s'adonne bien*)[7].

Le FA contient aussi quelques termes qui semblent avoir été formés au Canada, et que l'on appelle canadianismes. Si l'on veut y voir uniquement des produits du cru, des vocables qui sont exclusifs au Canada, il faut se rendre à l'évidence qu'il y en a très peu. Les plus courants sont sans doute *raquette à neige* et *magasiner*, ce dernier ayant été formé à partir du terme *magasin*, peut-être sous l'influence de l'anglais *to shop*. Il est impossible d'affirmer qu'un mot est un canadianisme sans avoir établi de façon certaine qu'il n'est pas employé en dehors du Canada, et la plupart des mots qui sont souvent cités comme exemples de canadianismes se retrouvent en réalité dans d'autres régions de la francophonie. C'est le cas de *char* (voir ci-dessus) ou de *balise*, que Victor Barbeau considère comme un canadianisme parce qu'il « sert à désigner les petits arbres que l'on plante dans la neige afin d'indiquer le tracé d'une route[8] ». Ce mot est employé dans le même sens par les ostréiculteurs saintongeais qui marquent ainsi les limites de leurs parcs à huîtres. On peut toutefois penser que le terme *dérougir*, au sens de « ne pas cesser », est un canadianisme authentique, du moins si l'on en croit l'origine que lui attribue Henri Bélanger : « Ça a sans doute commencé par les froids d'hiver, alors qu'*on chauffait le poêle au rouge. Les ronds de poêle*, effectivement, tournaient au rouge. Il fallait *entretenir le poêle.* On rajoutait des bûches, à mesure, pour ne pas que le feu baisse. Le poêle *dérougissait pas*[9]. »

On ne saurait parler du lexique du FA sans mentionner son vocabulaire des jurons ou *sacres*. Leur particularité, comme dans le FC en général, et contrairement au FS, est le fait qu'ils sont tirés du vocabulaire religieux : *maudit, vierge, christ, tabernacle, hostie, calice, sacrer*[10]. Ces termes de base apparaissent sous des formes diverses, soit à la suite de modifications phonétiques caractéristiques du FA : *viarge, tabarnac, crisse, stie* (changement de *er* en *ar*, simplification de groupes consonantiques en position finale de mot, perte de syllabe inaccentuée); soit par défiguration euphémistique : *tabarnouche, mosus*[11]. Le même mot peut s'employer comme adjectif, nom, interjection, adverbe (*maudit chialeux, un gros maudit, maudit, dangereux en maudit*); il peut exprimer des sentiments favorables ou défavorables selon le mot qu'il modifie et renforce (*maudit chialeux, une maudite bonne soirée*); et s'octroyer toute une gamme de valeurs sémantiques, auxquelles il confère un aspect affectif de renforcement, selon le contexte (*se faire sacrer la tête dans les planches* (en jouant au hockey), *sacrer son camp, je vas te sacrer ça dans la gueule*). Les sacres constituent un excellent exemple de la productivité linguistique du FA.

## ii. *L'élément anglo-saxon*

L'influence de l'anglais sur le FA se fait sentir à plusieurs niveaux. Elle comprend les emprunts directs, ces mots anglais qui s'emploient sans modification au sein d'une phrase française; les emprunts assimilés, dont la prononciation et parfois la forme grammaticale s'adaptent au système du FA; les calques, mots anglais traduits en français; les anglicismes sémantiques; et les mots français dont le sens ou la forme (orthographe ou phonétique) est modifié sous l'influence de mots anglais correspondants.

Les emprunts directs sont très nombreux et se retrouvent dans tous les domaines du lexique : *chum, job, team, truck, smart, coach, border, gang, boss, blow out, fun* (*c'est le fun, avoir du fun*), *shack de log*; ils englobent même des mots et des expressions charnières comme *anyway, (but) I mean*. Ces emprunts peuvent conserver leur prononciation d'origine ou bien subir quelques modifications phonétiques qui les intègrent au système phonologique du FA. De telles modifications sont fréquentes pour les emprunts qui s'assimilent au cadre morphologique du FA, et se combinent avec des suffixes grammaticaux et lexicaux du français : *canner* (de la viande), *cannage, mouver, improuver, promoter, checkage* (au hockey), *watcher des shows, chummer, order* [ɔrde] (son dîner).

Lorsque le mot (ou l'expression) emprunté est en même temps traduit, il s'agit d'un « calque ». Parce qu'ils ont une forme française, les calques sont plus difficiles à détecter que les emprunts directs, et il leur est très facile de s'implanter. Il n'est donc pas rare de les trouver même chez ceux qui s'efforcent de lutter contre l'influence anglaise. En voici quelques exemples : *prendre des chances, il y a des temps que* ( = there are times when), *geler les gages, je ne voulais pas avoir du trouble, demander une question, on était répondu avec politesse, je manque les mots, prendre son grade un chiquer la gue nille*.

Encore plus difficiles à détecter que les calques, les anglicismes sémantiques sont des mots de souche française dont le sens se voit modifié sous l'influence de mots anglais apparentés, processus que les professeurs de langue seconde appellent les « faux amis » : le mot *cassé*, employé avec le sens de « sans argent », a subi un changement sémantique sous l'influence de l'anglais *broke*. Il en est de même du mot *guetter* (influencé par *to watch*) dans la phrase suivante : *il faut que je guette que je sacre pas*.

Il faut toutefois se garder d'attribuer à l'influence de l'anglais tous les vocables qui ressemblent à un mot anglais correspondant — par la forme ou par le sens — et qui ne font pas partie du vocabulaire officiel du FS. Il est, par exemple, tentant d'attribuer le mot *patate* à l'anglais, puisque le FS emploie *pomme de terre*. Ce serait oublier que le français populaire emploie *patate* (et non pomme de terre) et que ce mot nous vient — comme l'anglais *potato* — de la langue arouak d'Haïti. De même, le mot *grocerie* ne nous vient pas de l'anglais, mais de l'ancien français auquel l'anglais lui-même l'a emprunté. Le terme *appointement* au sens de « rendez-vous » est un autre exemple de « faux anglicisme » puisqu'on le trouve chez Froissart et Villon avec le même sens. Il en est de même d'*appointement* au sens de « nomination » (à un poste). En ancien français, *appointer* signifiait « préparer, arranger, fixer, nommer ». Lorsqu'une personne était *appointée* (c'est-à-dire *nommée*) à un poste quelconque, un des aspects de l'arrangement était son salaire, et petit à petit, le terme *appointements*, qui englobait toutes les conditions contenues dans le contrat d'embauche, en est arrivé à désigner seulement les conditions financières et à signifier en FS moderne « émoluments ». De même, les mots *fournaise* du FA et *furnace* de l'anglais ont gardé le sens de « four » ou de « fourneau » de l'ancien français, alors que seule l'idée de chaleur est restée associée à ce terme en FS, qui a adopté le mot *chaudière* pour désigner l'appareil à combustion qui sert à produire la chaleur nécessaire au chauffage des maisons. On ne saurait, par conséquent, voir en ces mots des anglicismes puisqu'ils ont existé avec le même sens dans le FS, à une époque antérieure, ou existent encore dans d'autres dialectes du français que l'on ne peut soupçonner d'être soumis à l'influence de l'anglais. On peut se demander si la cohabitation de ces mots avec les mots anglais correspondants ne renforce pas leur emploi avec des significations qu'ils n'ont pas ou n'ont plus en FS. Ce processus de renforcement est celui que Vinay appelle « anglicisme de maintien[12] ».

Finalement, l'influence de l'anglais peut se traduire par la modification phonétique de mots français, par exemple, le mot *chèque* du FA prononcé [tʃɛk] sous l'influence de son correspondant anglais; ou par la modification de leur représentation orthographique : *danse → dance, mariage → marriage*.

## Morphologie et syntaxe

Certains noms du FA sont du genre opposé à celui qu'ils ont dans le FS, et ce phénomène peut être le résultat de deux processus différents. Dans certains cas, c'est le FA (comme d'autres dialectes du français) qui a changé le genre qu'avaient les mots à l'origine : *air, ouvrage, argent, hiver*, employés au féminin. Ce passage du genre masculin au genre féminin est un changement courant en français populaire pour les mots qui commencent par une voyelle et pour ceux qui finissent par une consonne. Dans d'autres cas, cependant, le FA a conservé le genre d'origine et c'est le FS qui a changé; c'est le cas de *poison*, féminin en latin, en ancien français, en français populaire et dans de nombreux dialectes, mais qui a adopté le genre masculin en FS au XVIIe siècle.

En ce qui concerne la marque du genre des adjectifs qualificatifs, elle donne lieu à des changements analogiques qui tendent à donner à tous les adjectifs une consonne finale prononcée pour leur forme féminine, comme *pointuse* pour *pointue, pourrite* pour *pourrie*, en conformité avec l'alternance voyelle (masculin)/consonne (féminin) que l'on observe en général, par exemple *petit/petite*.

Le phénomène d'analogie joue d'ailleurs un rôle très important dans la morphologie du FA (comme dans celle du français populaire en général) et, en particulier, dans la morphologie du verbe. Là aussi, ce phénomène consiste à ajouter dans de nombreux cas une consonne au radical (dans la prononciation), d'après le modèle des verbes de la première conjugaison (*elles chantent*), et des alternances caractéristiques de verbes d'autres conjugaisons (*vend/vendent/vendait*). Ainsi, *elles marient* devient *elles marissent*, *continuent* et *rient* deviennent *continussent* et *risent*, *asseyait* devient *assisait*, *jouent* devient *jousent*. Ce genre de nivellement s'applique aussi à certaines formes irrégulières, et aussi bien aux formes impersonnelles qu'aux formes personnelles : *ils allent* (= *ils vont*, < *ils allaient*), *ils sontaient* (= *ils étaient*, < *ils sont*), *ils ont commencé à ouvert* (= *ouvrir*), *ça leur a pas trop plaît* (= *plu*), *qu'il m'a répond* (= répondu).

Un des faits les plus marquants concernant les pronoms personnels est la chute de la consonne [l] des pronoms compléments d'objet direct *la* et *les*, lorsqu'ils se trouvent en position inaccentuée (c'est-à-dire dans tous les cas où ils ne sont pas compléments d'un verbe à l'impératif les précédant) et qu'ils sont précédés d'une voyelle : *il irait (l)a voir* [jirɛavwar], *elle va (l)es trouver* [avaetruve]. Par contre, le *l* des pronoms *le* et *la* se redouble (ou s'allonge) lorsqu'ils perdent leur voyelle *e* ou *a*, par élision devant une voyelle suivante, et qu'ils sont précédés d'une voyelle prononcée : *on l'est toujours* [õlletužur], *je l'ai vue* [žəllevu][13].

La chute de la consonne [l], observée pour les pronoms *la* et *les*, est aussi caractéristique des articles *la* et *les*, lorsqu'ils sont précédés d'une voyelle : *dans (l)es montagnes* [dãemõtaɲ], *tous (l)es fins de semaine* [twefɛ̃dsəmɛn][14]. Lorsque, à la suite de la chute du [l], deux voyelles semblables se trouvent côte à côte, ces deux voyelles peuvent se combiner pour former une voyelle allongée : *dans (l)a maison* [dã : mɛzõ], *à (l)a maison* [a : mɛzõ]. Toutefois, cet allongement vocalique est souvent imperceptible, et il y a fusion vocalique sans allongement : *dans (l)a tête* [dãtɛt], *à (l)a messe* [amɛs].

Un autre fait marquant concernant les pronoms personnels est le renforcement de *nous*, *vous* et *eux* en *nous autres*, *vous autres*, et *eux autres*, en position accentuée. En contexte inaccentué, *nous* est généralement remplacé par *on*, et de ce fait, *on* est la variante inaccentuée de *nous autres* (*nous autres*, *on a pas honte*). *Vous* s'emploie en position accentuée lorsqu'il renvoie à une seule personne (forme de respect ou de politesse), par exemple, *c'est vous qui devez décider, docteur*. Le pronom de respect *vous* s'emploie toutefois assez rarement et le tutoiement est beaucoup plus fréquent en FA qu'en FS, où il est limité aux membres de la famille et aux proches amis.

À la troisième personne, *il* est le plus souvent prononcé sans *l* final, et se prononce [i] devant une consonne et [j] devant une voyelle : *i(l) crie* [ikri], *i(l) écrit* [jekri]. Le pronom féminin *elle* se prononce en général [al] (souvent devant une voyelle : [al] *arrive*) ou [a] (il perd son *l* final comme le pronom masculin *il*, bien que moins souvent que ce dernier) : *elle* ([a]) *vient tous les soirs*; lorsque la variante [a] s'emploie devant une voyelle semblable, elle se confond avec elle, pour former une voyelle longue, ou disparaît complètement : *elle a été bien malade* [a : etebɛ̃malad]. Au pluriel, *elles* et *ils* sont la plupart du temps confondus et prononcés [i] devant une consonne et [j] devant une voyelle (comme c'est le cas pour le pronom masculin singulier *il*). Les pronoms accentués *moi* et *toi* sont souvent prononcés [mwe] et [twe], sauf en niveau de langue soutenu.

En position inaccentuée, le pronom *lui* se réduit la plupart du temps à [i] ou [j], selon le contexte : *je lui donne du feu* [židɔndᶻyfø], *je lui ai donné du feu* [žjedɔnedᶻyfø]. Au pluriel, *leur* subit de moins grands changements, mais perd généralement son *r* final : *on leur demande* [õlødmãd]; lorsqu'il est suivi d'une voyelle, en langage populaire, *leur* se prononce parfois [løz] (c'est-à-dire avec perte de la consonne finale *r* et épenthèse hypercorrective de [z] comme consonne de liaison) : *je* [løz] *ai dit*. En position accentuée, c'est-à-dire comme complément d'un verbe à la forme impérative le précédant, le pronom masculin de la troisième personne du singulier *le* se prononce [le] : *Emporte-le* [le] *avec toi*. Lorsque plusieurs pronoms personnels compléments se suivent, l'objet indirect apparaît en général avant l'objet direct et ce, dans tous les types de phrases. À la forme impérative, l'ordre des pronoms est donc différent de celui qui prévaut en FS : *donne-moi-les; prends-moi-les pas*. À la forme affirmative, cet ordre est le même pour le FS et le FA lorsque le complément d'objet direct est à la première ou à la deuxième personne : *il me la donne, il te la donne*; toutefois, dans le cas de deux pronoms compléments de la troisième personne, où l'ordre est renversé en FS (*il la leur donne*), seul le pronom complément d'objet indirect subsiste en général en FA : *il (la) leur donne*.

En ce qui concerne les adjectifs démonstratifs du FA, il faut signaler les variantes populaires [stə] (en position préconsonantique) et [st] (en position prévocalique), pour *cette* et *cet* : *cette femme* [stəfam], *cette orange* [stɔrãž], *cet homme* [stɔm]. Là où le FS emploie les particules *-ci* et *-là* pour préciser la position de l'objet mentionné vis-à-vis de la personne qui parle (ou de son interlocuteur), le FA emploie *ici(tte)* et *là-bas* : *ce char ici(tte), ce char là-bas*.

Il y a très peu de différences entre les adjectifs possessifs du FA et ceux du FS. On peut toutefois noter la prononciation sans *r* final de *leur* en position préconsonantique : *leur table* [løtab]; en position prévocalique, *leur* se prononce soit [lœr], soit [løz] : *leur ami* [lœrami]/[løzami]. Il faut aussi souligner l'emploi populaire des formes de la troisième personne du singulier *son, sa* au lieu de la première personne *mon, ma*, lorsqu'on s'adresse à son *père* et à sa *mère* : *son père, qu'est-ce que tu dis?* Il semble s'agir là de syntagmes figés, comme ceux qui emploient l'adjectif de la première personne avec *oncle* et *tante*, syntagmes figés qui peuvent eux-mêmes être précédés de l'adjectif possessif en dehors des formes d'adresse : *mon mononcle, ma matante*[15]. De plus, l'adjectif possessif peut être remplacé par l'article défini : *la mère, t'en viens-tu?*

La dérivation joue un rôle important dans le FA, qui fait un usage abondant de suffixes. En particulier, le suffixe *-age* s'emploie couramment pour former des mots qui ne sont pas utilisés en FS : *chialage, choquage, crachage, dansage, jouage, réparage, sautage*. Il s'applique à des mots nouveaux comme *magasiner*, qui donne *magasinage* (*faire son magasinage*, c'est-à-dire ses courses, ses provisions), et à des emprunts de l'anglais : *cannage* (de *canner* < anglais *to can*), *chequage* (équivalent de l'anglais *checking*, comme terme de hockey). Le suffixe *-eux* est aussi d'un emploi fréquent pour décrire des individus en fonction d'un trait de leur personnalité (*chanceux, gratteux*) et, souvent, avec une connotation péjorative (*niaiseux, chialeux, branleux, pisseux*).

Mis à part les phénomènes d'analogie mentionnés plus haut, le système verbal du FA se caractérise par l'usage restreint du subjonctif : *il faut que je le fais pour demain*; par l'emploi plus fréquent des formes du futur composé : *je vais le faire* ou *je m'en vais le faire*, et sa forme réduite : *ma* ([ma]) *vous dire quelque chose*; et par l'utilisation de l'auxiliaire *avoir* dans des contextes où le FS utilise l'auxiliaire *être* et, en particulier, avec les verbes réfléchis et les verbes intransitifs de mouvement : *il s'a fait ben mal, tous ceux-là qui ont venu ont aimé ça*; par contre, *être* peut s'employer dans des cas où le FS utilise *avoir* : *on est déménagé*. De plus, les formes du conditionnel s'emploient souvent dans les propositions subordonnées introduites par *si* : *si je serais ca-*

*pable, ben je le ferais.* Il faut aussi signaler la réanalyse populaire des verbes *s'en aller* et *s'en venir*, qui explique les formes suivantes : *je me suis en allé, je me suis en venu.*

Les formes de l'interrogation du FA reflètent les tendances du FC et du français populaire en général. L'interrogation totale est signalée par une intonation montante, avec ou sans inversion syntactique, et à l'aide du groupe interrogatif *est-ce que : Tu viens?; As-tu beaucoup de travail?; Est-ce que tu as compris?* De plus, on remarque qu'un des procédés très répandus consiste à employer la particule *-ti,* ou, et de plus en plus, sa variante *-tu.* Ces deux particules s'emploient quels que soient le genre, le nombre et la personne du sujet de la phrase interrogative : *Ta sœur habite-ti à Saint-Paul?; On est-tu plate tout de même?; Elles ont-ti téléphoné?; C'est-tu fini?* Elles s'emploient aussi dans les phrases à interrogation partielle (*Où c'est-tu que tu restes?*), qui peuvent être aussi introduites par *est-ce que* ou par un mot interrogatif suivi de *que, c'est que* ou *ce que c'est (que) : Pourquoi est-ce qu'il est pas venu?; Où que tu travailles?; Comment c'est que tu t'appelles?; Comment ce que c'est son nom?; Comment ce que c'est qu'on dit?*

Les mêmes formes renforcées par *que* et *ce que c'est que* sont utilisées comme conjonctions de subordination et pour l'interrogation indirecte : *il restait où ce que c'est que je travaillais, quand qu'on était jeune..., je sais pas qu'est-ce que c'est qu'il avait mis.*

La physionomie de la phrase du FA est fortement marquée par l'emploi de la particule explétive *là* [la/lɔ], qui apparaît en fin de groupe et sert à renforcer le mot précédent ou à remplir le rôle de marque d'hésitation : *Quand que la boucane était modérée, là, les maringouins rentraient...; Si je veux être réaliste, là, pis aller avec mes enfants qui déjà, là, tu sais, comme nous autres, disons...* Cette particule est inaccentuée et, de ce fait, ne se confond pas avec l'adverbe *là,* et peut même apparaître à la suite de ce dernier, ou de l'adverbe *ici : quand ils ont arrivé là, là..., elle va rester icitte, là...*

## Phonétique

### i. Consonnes

Un des traits phonétiques du français parlé au Canada qui a reçu le plus d'attention est le *r*[16], et on considère en général qu'il y a deux variétés de *r* : une apico-alvéolaire « roulée » ([r]) et une uvulaire (à battements multiples [R] ou constrictive). La plupart des interlocuteurs de notre corpus prononcent un *r* apical[17]. Les plus jeunes semblent, toutefois, lui préférer le *r* uvulaire. Cette évolution rappelle celle que l'on observe à Montréal où le *r* apical céderait le pas à la variante uvulaire[18].

Le FA se caractérise aussi par son traitement du *h* aspiré. On sait que, pour le FS, le « *h* aspiré » ne désigne pas une consonne, mais plutôt le fait que les phénomènes de liaison et de chute du *e* caduc sont bloqués devant les mots qui commencent par un *h* aspiré : le haut [ləo] (par opposition à l'eau [lo]); les hauts [leo] (par opposition à les eaux [lezo])[19].

Dans le FA, le *h* aspiré se prononce dans un certain nombre de mots comme *haut, hausses, honte, hâte, hors, dehors*. Ce phénomène a été observé dans d'autres variétés de FC et, en particulier, à Gravelbourg (Saskatchewan), à Windsor (Ontario) et à Papineauville (Québec)[20]. De plus, dans notre corpus, le *h* aspiré a été entendu plusieurs fois au début du mot *un*, phénomène noté aussi par Alexander Hull dans son étude sur le français de Windsor. Par contre, dans d'autres mots où il est présent en français standard, non seulement le *h* aspiré ne se prononce pas, mais il n'entraîne pas l'absence de liaison ou le maintien du *e* caduc dans le mot précédent : l'hibou (FS : le hibou); les hiboux [lezibu] (FS : [leibu])[21].

Ces deux procédés (prononciation du *h* aspiré, et son absence, accompagnée de liaison/chute du *e* caduc) contribuent à simplifier le système phonologique en éliminant les exceptions aux règles de liaison et de chute du *e* caduc, exceptions qui, dans le français standard, résultent du fait que certains mots commençant par une voyelle n'admettent pas la liaison et l'élision du *e* caduc à la fin du mot précédent (*le hameau*), alors que d'autres le font (*l'ami*)[22].

On peut aussi observer dans le FA le phénomène de spirantisation des fricatives /ʃ/ et /ž/, phénomène étudié par Charbonneau et par Chidaine[23]. Cette prononciation spirantisée n'est pas universelle en FA. On la rencontre surtout chez les personnes âgées, et les moins instruites. Par exemple, le locuteur #63 de Bonnyville l'emploie de façon générale (dans les mots *toujours, enragés, changements, gens, jamais, projet, bagage, charge, avantage, changés, acheter, chialage*). Certains l'emploient de façon sporadique et uniquement dans quelques mots. Ainsi, pour le sujet #58 de Bonnyville, la forme spirantisée ne se rencontre que dans les mots *toujours* et *déjà*[24]. Il semble que cette prononciation, qui, comme on le sait, est courante en Saintonge et dans certaines parties du Canada français, ait quelque peu perdu du terrain en Alberta, en particulier chez les jeunes et les gens instruits. On peut penser que son emploi, localisé dans certains mots, est surtout assuré par une fonction expressive, comme c'est le cas d'ailleurs pour le /h/[25].

Les formes assibilées [tˢ] et [dᶻ] des occlusives /t/ et /d/, qui sont typiques du FC, représentent une des caractéristiques les plus marquantes du FA. L'assibilation se produit devant les voyelles hautes antérieures /i/ et /y/, et les semi-voyelles correspondantes /j/ et /ɥ/. Alors que le phénomène d'assibilation est quasi général en position interne de mot (*étude, parti, midi*), il ne se produit que très rarement lorsque l'occlusive et la voyelle suivantes appartiennent à des mots différents, c'est-à-dire dans les cas de liaison et d'enchaînement. Dans notre corpus, l'assibilation s'est produite dans les exemples suivants : c'est_inévitable (2 exemples) [sɛtˢinevitab]; t'as toute_une série, là [tUtˢYnseri]; c'est_une bonne chose [sɛtˢYnbɔnʃoᵘz].

Par contre, elle ne s'est produite dans aucun des exemples suivants :

> C'en est_une; nous aut(res)_ici; c'est_une canadienne; qu'on est_ici à Bonnyville; c'est_une nuance; quand_y avait des changements; c'est_iné-vitable (5 exemples); toute_une façon de vivre; quand_ils seront[26]; c'est_une raison; sens d'_humour; c'est_une bonne question; c'est_une belle province; quand_ils sont arrivés; éducateurs d'_ici; mille neuf cent vingt_huit; y a peut-êt(re)_eu; ça fait 5 ans qu'on est_ici; au bout d'_une semaine; toute_une bouffée; à l'entour d'_icitte; quand_ils sont; c'est_une bonne chose (2 exemples); quand_ils te serrent la main; c'est_une des grandes raisons; il a fait_une très belle vieillesse.

Ces exemples illustrent bien le caractère facultatif de l'assibilation en contexte de liaison et d'enchaînement[27]. Ils suggèrent aussi que, pour le FA, les variantes non assibilées sont bien plus courantes que les variantes assibilées, et il se peut qu'il y ait là une différence entre le français de l'Alberta et celui du Québec en ce qui concerne l'étendue de l'assibilation en contexte de liaison et d'enchaînement. On sait, en effet[28], que dans ce contexte, dans le français du Québec, les variantes assibilées et les variantes non assibilées sont aussi courantes les unes que les autres.

De plus, dans notre corpus, l'assibilation ne se produit pas dans les emprunts de l'anglais : trois teepee [tipi]; melting-pot [mɛltɪŋpɔt]; T.V. (television) [tivi]; A.T.A. (Alberta Teachers Association) [etie].

## ii. Voyelles

Comme dans les autres variétés de français parlé au Canada, les voyelles hautes /i, y, u/ du FA sont fermées (ou tendues [i, y, u]) en syllabe accentuée libre. Elles sont aussi fermées en syllabe accentuée entravée par une consonne allongeante ([v, z, ž, vr]) et ouvertes (ou « relâchées ») ailleurs ([I, Y, U]). C'est la même distribution que l'on retrouve à Willowbunch et à Gravelbourg (Saskatchewan), au Manitoba et à Maillardville (Colombie-Britannique)[29]. Gendron a toutefois noté des « exceptions individuelles ou locales ... [à cette règle générale] surtout devant la consonne *v* et le groupe *vr* » à Montréal et à Québec, où l'on entend parfois la variante ouverte, en particulier pour la voyelle /u/. Hull signale aussi quelques cas d'ouverture de voyelles hautes devant /v/ (*gencive*)[30]. Notre corpus albertain contient aussi quelques exemples d'ouverture de la voyelle /u/ devant /r/ et /v/ (*trouve* et *toujours*), et de la voyelle /i/ devant /v/ (un exemple dans le mot *native*). Il semble donc, comme le déclare Laurent Santerre, qu'il y ait une « très grande liberté même devant le /R/ » et que « l'allongement n'empêche pas nécessairement l'ouverture[31] ». Soulignons que ces cas d'ouverture de voyelles hautes devant des consonnes allongeantes sont assez rares en FA et qu'ils sont peut-être attribuables à un conditionnement lexical plutôt qu'à un conditionnement phonologique. C'est du moins ce que suggère le fait que la variante ouverte de la voyelle /u/ semble être surtout utilisée

15

dans le mot *toujours* et dans le syntagme *je trouve que*. Ces prononciations sont probablement à mettre sur le même plan que les variantes antérieures de la voyelle /u/ que l'on entend dans certains mots ou syntagmes fréquents comme *nous-autres* ([nyzot]), *tout de suite* ([tysɥIt]), et *tout seul* ([tysœl])[32]. Dans l'ensemble, on peut affirmer que les voyelles hautes du FA suivent la règle générale d'ouverture mentionnée plus haut. Malgré l'existence de quelques exceptions, nous sommes loin de la situation observée par Gendron dans les comtés de la rive sud du Saint-Laurent depuis Québec jusqu'à la Gaspésie, où l'emploi de la variante ouverte est généralisé devant les consonnes allongeantes; ou de celle décrite par Locke pour le français de Brunswick, dans le Maine[33], où la voyelle /i/, qui est fermée en finale absolue et devant /v/ et /r/, reste fermée devant /z/ dans les substantifs tels que *chemise, cerise, surprise*, mais est ouverte dans les formes du présent du subjonctif (*dise*) et devant la consonne /ž/.

L'ouverture des voyelles hautes se produit parfois en syllabe libre (ou en syllabe fermée par une consonne allongeante) en finale de mot, lorsqu'il s'agit de clitiques : v*ous* avez, s*ur* le champ, jusqu'*où* va, pl*us* rapides, p*our* une chose, beauc*oup* d'esprit, c'est pl*us* le point.

La prononciation ouverte des voyelles hautes dans les exemples ci-dessus ne constitue pas une exception à la règle générale, mais va de pair avec la nature inaccentuée (au sein du groupe phonologique) des syllabes contenant les voyelles en question. C'est pour la même raison que la voyelle *a*, qui se prononce [a] (ou [ɔ] en position finale de mot : *chat* [ʃa]/[ʃɔ], *là* [la]/[lɔ]), conserve son articulation d'avant ([a]) en position clitique[34].

Le corpus albertain contient aussi de nombreux cas d'harmonisation vocalique[35]. Ainsi, une voyelle relâchée peut influencer la voyelle haute qui la précède dans la voyelle pénultième et provoquer son ouverture : physiques [fIzIk]; politique [pɔlItˢIk]; magnifique [maɲIfIk]; ça communique [kɔmYnIk]; facilite [fasIlIt].

Ce phénomène est cependant facultatif, comme le montrent les exemples suivants : équilibre [ekilIb]; honorifique [ɔnɔrifIk].

Ainsi, le relâchement de la voyelle haute en position accentuée n'entraîne pas nécessairement l'ouverture des voyelles hautes dans la syllabe précédente. On observe la même variabilité dans les mots de trois syllabes. Dans certains cas, seule la voyelle accentuée est relâchée : difficile [dᶻifisIl]; infinitif [infinitˢIf]; mysticisme [mistˢisIsm]. Dans d'autres cas, l'harmonisation influence la voyelle pénultième, mais pas l'antépénultième : difficile [dᶻifIsIl]; discipline [dᶻisIplIn]. Il arrive aussi que les trois voyelles soient relâchées : difficile [dᶻIfIsIl].

Ce dernier cas est d'ailleurs très commun dans le FA. Par contre, les enregistrements étudiés jusqu'à présent n'ont pas révélé de cas où l'harmonisation influence la voyelle de l'antépénultième mais pas celle de la pénultième, comme c'est le cas à Montréal, où des formes comme [dᶻIfisIl] sont courantes[36]. Bien que le phénomène d'harmonisation soit facultatif, il

16

semble avoir produit quelques formes figées dans lesquelles la voyelle de la pénultième est toujours relâchée. Tel semble être le cas du mot *minute* ([mInYt]). Ce mot se rencontre sous la forme « menute » dans les pièces de Michel Tremblay, qui épelle aussi *pilule* « pelule ».

La désonorisation des voyelles hautes est aussi très fréquente dans le FA. Elle suit les règles formulées par Jean-Denis Gendron[37], c'est-à-dire qu'elle se produit essentiellement dans des syllabes en position faible et au contact d'une ou deux consonnes sourdes. Bien que les prononciations obtenues par la lecture de mots révèlent que la position la plus favorable à la désonorisation est la position médiane de mot, les voyelles hautes du français parlé de l'Alberta sont souvent désonorisées en position initiale et finale de mots et dans les clitiques : les patois qu*i* se parlent; c'est pas d*u* français d*u* tout; les gens qu*i* sont; p*ou*r avoir; je v*ou*s trouve; travail qu*i* s'est fait; anglais qu*i* se parle; par c*i* par là; beauc*ou*p plus; faut qu'*i*ls disent; t*ou*t feu, t*ou*t flamme.

L'affaiblissement des voyelles, qui contribue à leur désonorisation, peut mener à leur disparition. Il est en réalité rare qu'une voyelle disparaisse complètement et, la plupart du temps, les voyelles qui semblent avoir disparu se sont simplement raccourcies au profit d'une consonne continue voisine qui, elle, s'est allongée et s'est vue « colorée » par la voyelle. Les cas de voyelles disparues que nous avons observés dans notre corpus répondent bien à cette description du phénomène et il s'agit, dans la plupart de ces cas, de voyelles hautes dans un contexte désonorisant comme dif-f(i)cile, s(u)pposé ou ch(i)caner. Toutefois, il arrive aussi que des voyelles soient absorbées par une continue dans un contexte voisé : *n(ou)s avons*.

Les voyelles nasales du FA, comme les voyelles nasales du FC étudiées par Jean-Denis Gendron et René Charbonneau[38], sont très différentes des voyelles nasales du FS. Mentionnons tout d'abord que le FA a quatre voyelles nasales et que la confusion entre /ɛ̃/ et /œ̃/, qui est caractéristique du français parlé dans le nord de la France, ne se produit pas en Alberta. La voyelle /œ̃/ est toutefois plus fermée en FA.

Toutes les voyelles nasales du FA sont des voyelles diphtonguées (ou diphtongues, ou voyelles complexes) en syllabe entravée accentuée : quinze [kẽⁱz]; change [ʃãᵘž]; monde [mɔ̃ᵘd]. Cette prononciation est semblable à celle décrite pour le français parlé du Québec, pour le français de Brunswick, dans le Maine, de Windsor, du Manitoba, et de Willowbunch en Saskatchewan[39].

Comme l'a montré Denis Dumas dans son étude sur le français de Montréal, la diphtongaison est une caractéristique des voyelles longues, que leur longueur soit acquise (*bête, fâche, passe*), ou attribuable à un conditionnement externe (par une consonne allongeante) ou interne (trait de tension qui caractérise les voyelles /e, ø, o/ et les voyelles nasales en syllabe entravée accentuée)[40]. Comme on peut s'y attendre, les voyelles nasales en syllabe inaccentuée, ou accentuée libre, ne sont, en général, pas diphtonguées. Cependant, la voyelle d'avant /ɛ̃/ diffère des autres voyelles nasales en ce sens qu'elle est le plus souvent articulée comme voyelle complexe en syllabe accentuée libre. Cette particularité phonétique du FA correspond à la description donnée par Charbonneau pour le français parlé du Québec : « [ɛ̃] en syllabe libre et [ɛ̃] en syllabe entravée [...] manifestent [...] une certaine instabilité et, si fermées qu'elles soient lorsqu'elles atteignent la plénitude sonore, elles se ferment davantage et progressivement jusqu'à la fin de leur émission[41]. » De plus, et en cela aussi le FA se comporte comme le français du Québec, la voyelle nasale /ɛ̃/ a un timbre plus fermé que la voyelle correspondante en français standard ([ɛ̃]), plus fermé que la voyelle orale /ɛ/, et elle se rapproche plutôt de celui de la voyelle orale /e/.

En dehors de la syllabe accentuée et entravée, la voyelle nasale /ɑ̃/ a une variante plus ou moins antérieure en syllabe accentuée libre et une variante postérieure ([ɑ̃]) dans les autres contextes : enfant [ɑ̃fɑ̃ɛ̃]. La variante antérieure ([ɑ̃]) est souvent d'un timbre suffisamment avancé pour être perçue par des personnes parlant le français standard comme leur voyelle nasale d'avant /ɛ̃/. C'est aussi ce qu'a remarqué Charbonneau dans son étude sur le français du Québec : « La voyelle [ɑ̃], beaucoup plus antérieure que la voyelle parisienne, a le timbre d'un [ɑ̃ɛ̃] avec une légère tendance vers [ɛ̃] lorsqu'elle est en syllabe libre. Le mot ''banc'' est parfois entendu approximativement comme [bɛ̃], ''la ville de Caen'', comme [kɛ̃][42]. »

En dehors de ses variantes diphtonguées, /ɔ̃/ est la voyelle nasale du FA qui se rapproche le plus de la voyelle correspondante en français standard bien qu'elle soit un peu plus ouverte que cette dernière, ce qui explique l'observation de Pierre Léon et de Monique Nemni que, à l'oreille d'un Français, le /ɔ̃/ canadien « tend à être neutralisé au profit de /ɑ̃/[43] ».

La diphtongaison que l'on observe pour les voyelles nasales en syllabe accentuée entravée, c'est-à-dire quand elles sont longues, s'observe aussi pour les voyelles orales longues. Des diphtongues ont été relevées dans les mots suivants : i) exemples de longueur acquise : ancêtres, classe, graisse, même, passe ; ii) exemples de longueur attribuable à un conditionnement externe (consonnes allongeantes) : canard, française, gueulard, à l'aise, fer, fort, âge, corps ; iii) exemples de longueur attribuable à un conditionnement interne : autre, chose. La diphtongaison s'observe la plupart du temps en syllabe accentuée, ce qui se comprend facilement puisque seules les voyelles longues sont diphtonguées et que c'est sous l'accent que se retrouvent les voyelles les plus longues. En fait, on remarque fréquemment des voyelles longues en syllabe inaccentuée dans le FA et, en particulier, dans le cas de voyelles longues par nature ou suivies d'une consonne allongeante : niaiseux [njɛːzø], gêné [ʒɛːne], lâché [lɑːʃe]. Bien que de telles voyelles soient rarement diphtonguées, le maintien de leur longueur en syllabe inaccentuée est une caractéristique que le FA a en commun avec le FC général et qui le distingue du FS[44].

L'opposition entre /a/ antérieur et /ɑ/ postérieur est aussi vivante en FA qu'en français québécois. Cette opposition est renforcée en syllabe accentuée entravée, où le /ɑ/ postérieur est en général diphtongué (voir ci-dessus *canard, gueulard*). Par contre, l'opposition se voit neutralisée en finale absolue où l'on ne trouve qu'une voyelle postérieure [a] ou [ɔ], comme c'est le cas en français québécois[45] : Canada, Alberta, çà, là.

Comme pour le français parlé à Québec, cette variante postérieure ne se trouve qu'en finale absolue de groupe phonologique, et non pas dans les clitiques (article et pronom *la*, adjectifs possessifs *ma, ta, sa*, dont la voyelle est le [a] antérieur).

Finalement, tout comme en français québécois[46], la voyelle mi-ouverte /ɛ/ se prononce en général [æ] ou même [a] en finale absolue · *français, anglais, elle était*.

## Variation linguistique

Bien que les caractéristiques linguistiques décrites ci-dessus se retrouvent fréquemment dans le FA, et que l'on puisse, par conséquent, les considérer comme typiques de ce parler, elles ne s'emploient pas toutes avec la même régularité et ne sont pas toutes utilisées de la même façon par tout le monde. Une étude systématique et détaillée de la variation linguistique et de son conditionnement socio-culturel reste encore à faire. On peut toutefois en dégager les grandes lignes. Dans le domaine du lexique, on rencontre moins d'anglicismes dans les niveaux de langue les plus élevés et chez les locuteurs les plus instruits. Ceci est surtout vrai des emprunts non assimilés, qui sont facilement reconnaissables. Par contre, les anglicismes assimilés et surtout les calques et les anglicismes sémantiques, qui sont plus difficiles à détecter, semblent résister davantage à l'influence de l'éducation et se retrouvent chez la plupart des locuteurs, sauf chez ceux qui sont sensibilisés aux problèmes d'assimilation des langues minoritaires. De même, il semble y avoir moins de variation en ce qui concerne le vocabulaire de souche française, que certains qualifient d'archaïque et de provincial. Ceci s'explique certainement par le fait que les mots qui appartiennent à ces catégories ne constituent pas des incorrections, mais seulement des variantes qui, comme celles que l'on rencontre dans toutes les régions de la francophonie, leur permettent d'affirmer leur identité.

Quant aux caractéristiques morphologiques et syntactiques (nivellements analogiques, emploi rare du subjonctif, emploi du conditionnel après *si*), elles sont moins courantes chez les gens qui ont un niveau d'instruction plus élevé, ce qui se comprend bien puisqu'elles constituent des incorrections grammaticales que les enseignants s'efforcent d'éliminer.

En ce qui concerne la prononciation, il est possible de distinguer entre les traits phonétiques que tout le monde emploie, quelle que soit la situation dans laquelle se déroule l'interaction linguistique, et ceux dont l'apparition est soumise aux conditions du contexte (socio-démographiques, stylistiques, de situation). Il est aussi possible de dégager les grandes lignes selon lesquelles une variante *A* est en général associée à une variante *B* (et *C*...), mais jamais à une variante *D*. Parmi les phénomènes étudiés ci-dessus, on peut, par exemple, opposer l'allongement de la consonne *l* (je l'ai vu) à son effacement (dans (*l*)a maison). Alors que l'allongement se produit toujours pour la forme élidée (*l'*) des pronoms *la* et *le*, précédée d'une voyelle prononcée (c'est-à-dire que l'allongement est obligatoire dans ce contexte linguistique et que personne n'y échappe), l'effacement ne se produit pas toujours et semble être caractéristique d'un niveau de langue moins élevé[47].

Il semble bien que trois des phénomènes décrits plus haut, le relâchement et la désonorisation des voyelles hautes, et surtout l'assibilation des occlusives /t/ et /d/, se retrouvent chez tous les francophones albertains[48]. Ceci ne veut pas dire que, dans certaines conditions, la fréquence de ces phénomènes ne soit pas quelque peu influencée par les conditions de l'échange verbal. Dans son étude sur l'influence du contexte situationnel sur les variables phonologiques du français de l'Alberta, Gregg T. Carter a montré que l'assibilation de /t/ et /d/ ainsi que le relâchement et la désonorisation des voyelles hautes se produisent plus fréquemment en contexte de conversation que dans le contexte plus formel de la lecture[49]. Il faut noter toutefois que les trois sujets étudiés par Carter étaient tous instituteurs dans une école bilingue de sorte que l'on peut s'attendre à ce que certains traits de leur prononciation à la lecture d'un texte reflètent plutôt leur désir d'atteindre une norme artificielle que des tendances générales et caractéristiques de la communauté franco-albertaine. Les données de notre corpus spontané suggèrent, en effet, que les Franco-Albertains varient très peu dans leur utilisation de l'assibilation[50], et du relâchement et du dévoisement des voyelles hautes.

Pour ce qui est de la consonne /r/, la plupart des Franco-Albertains de notre corpus — de n'importe quelle appartenance sociale — utilisent la variante apicale. Ceux qui utilisent la variante vélaire appartiennent à la jeune génération et il se peut qu'il s'agisse ici d'un changement en cours, comme cela semble aussi être le cas à Montréal. Par contre, il ne semble pas y avoir fluctuation entre les deux types de variantes pour le même locuteur, en fonction du contexte situationnel.

La prononciation du *h* aspiré semble aussi être assez générale, bien que limitée à un certain nombre de mots. Comme l'a remarqué Léon[51], le maintien de cette consonne est probablement d'origine expressive, ce qui explique son étendue limitée sur le plan lexical. C'est sans doute aussi pour des raisons d'expressivité que la spirantisation des fricatives palatales est souvent réduite à un petit nombre de mots, du moins pour certains locuteurs. Pour d'autres, le phénomène a l'air plus général et affecte ces deux fricatives quel que soit le mot dans lequel elles se trouvent. De toute façon, il s'agit d'un phénomène qui, s'il est assez répandu pour être signalé, est loin d'être caractéristique de l'ensemble de la population. On l'associe surtout aux personnes plus âgées.

Contrairement à l'assibilation de /t/ et /d/, et au relâchement et au dévoisement des voyelles hautes, la diphtongaison (qu'il s'agisse des voyelles orales ou nasales) est un phénomène assez variable. En général, on peut affirmer qu'une grande quantité de diphtongues et une grande différence de timbre entre l'élément initial et l'élément final de la voyelle diphtonguée ([taⁱt], au lieu de [tɛⁱt] ou [tɛ : t]) sont plutôt caractéristiques de locuteurs moins instruits et/ou d'un contexte familier, mais semblent moins influencées par l'âge des locuteurs. Toutefois, l'influence de ces facteurs extra-linguistiques ne pourra être établie qu'à partir du dépouillement d'un corpus plus vaste que celui qui a servi de base à cette étude. Quel que soit le rôle des conditions socio-démographiques ou stylistiques, il est intéressant de remarquer que la diphtongaison accompagne souvent d'autres phénomènes phonétiques. Par exemple, on s'attend à ce qu'une personne qui, dans une situation particulière, diphtongue régulièrement les voyelles orales, diphtongue aussi les voyelles nasales; on s'attend également à ce que cette personne prononce la variante d'avant [ã] ou [ɛ̃] pour la nasale ouverte /ɑ̃/, la variante postérieure [ɑ] ou [ɔ] pour la voyelle *a*, et la variante abaissée [æ] ou [a] pour la mi-ouverte /ɛ/ en position finale absolue. Toutes ces variantes semblent se situer au même niveau sur l'échelle sociale et l'échelle stylistique. Il faut mentionner aussi que le comportement parallèle de certaines variables, s'il est souvent influencé par des facteurs socio-culturels et stylistiques, peut être aussi étroitement lié aux caractéristiques de la structure linguistique. C'est ainsi que, comme le fait remarquer Dumas[52], « /ɛ/ final peut d'autant plus facilement s'ouvrir en [a], même s'il le fait de façon variable et socialement conditionnée, que /a/ lui-même se postériorise catégoriquement en [ɑ], et d'autre part, cette postériorisation elle-même est rendue possible par le fait que la mi-ouverte /ɔ/ est représentée en finale par [o], produit de la neutralisation de /ɔ/ et /o/ dans ce contexte ».

## Conclusion

Le français parlé par les francophones de l'Alberta semble bien partager les caractéristiques générales du français des autres provinces de l'Ouest et du Canada central. C'est d'ailleurs ce que pressentaient Raymond Mougeon et Édouard Beniak, dans leur récent ouvrage sur le français canadien parlé hors Québec. C'est aussi la conclusion de Michael Jackson à la suite de son étude sur les tendances phonétiques du français parlé en Saskatchewan[53]. Ceci ne saurait surprendre puisque, comme on l'a mentionné plus haut, la plupart des immigrants de langue française vers l'Alberta étaient des Canadiens français originaires du Québec. D'autre part, on peut s'attendre à ce que des conditions sociologiques différentes (telles que le degré d'isolement et d'assimilation au sein d'une société anglophone) aient une influence sur la langue. Il reste à établir à partir d'études plus vastes et plus détaillées quelles sont les différences qui existent entre le français que l'on parle dans les provinces de l'Ouest et celui qui s'entend au Québec et en Ontario.

# NOTES

1. Suzanne Zwarun, « Le Français coast to coast », dans *Langue et identité : le français et les francophones d'Amérique du Nord*, Québec, PUL, 1990, p. 170.

2. Pour une étude détaillée de la société franco-albertaine, voir Ousmane Silla, *École bilingue ou unilingue pour les Franco-Albertains (premier rapport descriptif) : recherche interdisciplinaire menée par un groupe de professeurs et d'étudiants au Collège universitaire de Saint-Jean de l'Université de l'Alberta*, 2 tomes, Edmonton, Université de l'Alberta, 1974.

3. Voir Denis Dubuc, *Jean Côté, histoire générale et généalogie d'une paroisse française du nord albertain*, Falher (Alberta), Chez l'auteur, 1973.

4. Le terme « français canadien » est utilisé dans cette étude pour désigner les variétés de français parlées dans la majeure partie du Québec, en Ontario et à l'ouest de l'Ontario, mais n'inclut pas le français acadien.

5. Voir, par exemple, Mark Orkin, *Speaking Canadian French : An Informal Account of the French Language in Canada*, revised edition, Toronto, General Publishing, 1971, p. 22–25; Jean Désy, « Archaïsmes français dans le parler canadien », dans *Vie et Langage*, vol. 37, 1955, p. 159–163; Adjutor Rivard, *Études sur les parlers de France au Canada*, Québec, Garneau, 1914, p. 52–53; Frère George, « La Langue des *"essais"* de Montaigne et celle du Canada français », dans *Société du Parler Français au Canada*, vol. 1, 1938, p. 128–154.

6. Cet élargissement de sens s'est aussi produit, mais de façon moins extensive, en FS. Ainsi, on parle d'*embarquer dans un train, dans un avion*, de *s'embarquer dans une méchante affaire*, etc.

7. Le mot *adonner* s'emploie aussi avec le sens de « bien s'entendre » ou de « bien tomber » en Saintonge, comme le montre le proverbe *Ol adoune pas que la poule chant avant le jhau* ( = Il n'est pas bon que la poule chante avant le coq). Voir Raymond Doussinet, *Grammaire saintongeaise*, La Rochelle, Rupella, 1971, p. 242.

8. Victor Barbeau, *Le Français au Canada*, Québec, Garneau, 1970, p. 183.

9. Henri Bélanger, *Place à l'homme : éloge du français québécois*, Montréal, HMH, 1972, p. 145.

10. Des jurons d'origine religieuse ont été employés en France jusqu'à une époque récente : *par Dieu, mort de Dieu, ventre de Dieu*, etc. Ils ont été remplacés de nos jours par des mots du vocabulaire scatologique (*merde*) ou sexuel (*con, putain, foutre*), bien que l'on emploie encore *nom de Dieu* ou ses formes atténuées : *mon vieux, nom d'un chien*. Voir aussi la note suivante.

11. C'est le même processus qui a donné, par exemple, *pardi* et *parbleu* à partir de *par Dieu, morbleu* à partir de *mort de Dieu, diantre* à partir de *diable*.

12. Jean-Paul Vinay, « Montréal, ville bilingue », dans *Vie et Langage*, vol. 37, 1955, p. 167–169.

13. Cette phrase peut aussi se prononcer [žlevy]. Dans ce cas, le *e* du pronom *je* est élidé et le *l* du pronom *la* (l'), qui n'est pas précédé d'une voyelle, ne redouble pas.

14. On remarque dans ce cas que l'adjectif indéfini *tous* ( = toutes) se prononce sans [t] final, contrairement à sa prononciation habituelle, et bien que le nom qu'il accompagne (*semaines*) soit un féminin. Il s'agit là d'une prononciation courante de *tous* lorsqu'il est suivi de l'article *les* et, en particulier, lorsqu'il précède une expression de temps indiquant une répétition (*toutes les nuits*). Cette prononciation a été notée par Henri Bauche (*Le Langage populaire*, Paris, Payot, 1928, p. 100) : « Au pluriel, *tout* ne se met jamais au fém. lorsqu'il précède l'article *les* : *tous les semaines*. »

15. Le mot français *tante* est lui-même le résultat d'un processus d'agglutination semblable, à partir de *ante* (< latin *amita*), encore en usage jusqu'au XV$^e$ siècle.

16. Voir, en particulier, Jean-Paul Vinay, « Bout de la langue ou fond de la gorge? », dans *French Review*, Vol. 23, 1950, p. 489–498; Pierre Léon, « H et R en patois normand et en français canadien », dans *Études de linguistique franco-canadienne*, Paris/Québec, Klincksieck/PUL, 1967, p. 125–142; Jean Clermont et Henrietta Cedergren, « Les R de ma mère sont perdus dans l'air », dans *Le Français parlé : études sociolinguistiques*, Edmonton, Linguistic Research, 1983, p. 13–28; Laurent Santerre, « Des [r] montréalais imprévisibles et inouïs », dans *Revue québécoise de linguistique*, vol. 12, 1976, p. 77–97.

17. C'est aussi un *r* apical qui a été relevé à Maillardville en Colombie-Britannique (Patricia M. Ellis, « Les phonèmes du français maillarvillois », dans *Revue canadienne de linguistique*, vol. 11, 1965, p. 11), à Windsor en Ontario (Alexander Hull, « The Franco-Canadian Dialect of Windsor, Ontario : A Preliminary Study », in *Orbis*, Vol. 5, 1956, p. 49), à Willowbunch en Saskatchewan (Michael Jackson

et Bernard Wilhelm, « Willow Bunch et Bellegarde en Saskatchewan », dans *Vie française*, vol. 27, 1973, p. 305). Par contre, le r uvulaire semble être la variante dominante à Québec (Vinay, *loc. cit.*) et à Bellegarde en Saskatchewan (Jackson et Wilhelm, *loc. cit.*, p. 305).

18. Voir Clermont et Cedergren, *loc. cit.*

19. Devant les mots commençant par une voyelle, on observe aussi la chute de la voyelle dans l'article défini et le pronom personnel complément d'objet direct *la* : *l'alouette, je l'attrape*.

20. Voir Léon, *loc. cit.*, p. 129; Michael Jackson, « Aperçu des tendances phonétiques du parler français en Saskatchewan », dans *Revue canadienne de linguistique*, vol. 19, 1974, p. 131; Hull, *loc. cit.*, p. 50; Joseph A. Landry, *The Franco-Canadian Dialect of Papineauville, Québec : Phonetic System, Morphology, Syntax, and Vocabulary*, Doctoral Dissertation, University of Chicago, 1943.

21. C'est aussi ce que remarque Landry (*op. cit.*, p. 37) qui cite *l'héron, coup d'hasard* et *les héros* [lezero].

22. On peut, bien sûr, distinguer ces deux types de mots en disant que les premiers commencent par une « voyelle ouverte », et les seconds par une « voyelle nue ». Il n'en reste pas moins que, pour les sujets parlants, ces deux catégories de mots commencent par le même type de son, une voyelle, et qu'il leur faut considérer les mots qui n'acceptent pas la liaison et la chute du *e* caduc comme des exceptions. L'application de la règle générale aux exceptions, fait qui s'observe couramment en français populaire, constitue donc une simplification du système.

23. René Charbonneau, « La spirantisation du [ž] », dans *Journal of the Canadian Linguistic Association*, Vol. 3, 1957, p. 15–19 et p. 71–77; Jean G. Chidaine,

« Ch et J en saintongeais et en français canadien », dans *Études de linguistique franco-canadienne*, Paris/Québec, Klincksieck/ PUL, 1967, p. 143–151.

24. Par contre, pour le locuteur #65, originaire du Lac-Saint-Jean, les fricatives [ʃ] et [ž] n'existent pas, au point que même les emprunts anglais *shack* et *shop* sont prononcés avec la forme spirantisée.

25. Voir Léon, *loc. cit.*, p. 128.

26. Dans un grand nombre de cas, de tels syntagmes ne contiennent pas une séquence [t + i] puisqu'ils sont prononcés [kãkisɔ] (voir ci-dessus).

27. Voir Denis Dumas, *Nos façons de parler : les prononciations en français québécois*, Québec, Presses de l'Université du Québec, 1987, p. 3–4; Douglas Walker, *The Pronunciation of Canadian French*, Ottawa, University of Ottawa Press, 1984, p. 107–108.

28. Dumas, *op. cit.*

29. Voir Jackson et Wilhelm, *loc. cit.*, p. 307; Jackson, *loc. cit.*, p. 127–128; Clyde Thogmartin, « The Phonology of Three Varieties of French in Manitoba », in *Orbis*, Vol. 23, 1974, p. 341; Ellis, *loc. cit.*, p. 13–14; Walker, *op. cit.*, p. 56.

30. Voir Jean-Denis Gendron, *Tendances du français parlé au Canada*, Paris/Québec, Klincksieck/PUL, 1966, p. 19; Hull, *loc. cit.*, p. 47.

31. Laurent Santerre, « Voyelles et consonnes du français québécois populaire », dans *Identité culturelle et francophonie dans les Amériques (I) : Colloque tenu à l'Université d'Indiana, Bloomington, du 28 au 30 mars 1974*, Québec, PUL, 1976, p. 23.

32. Cette prononciation antérieure de la voyelle /u/ est attestée par les représentations orthographiques *tusuite* et *tuseul* que l'on retrouve dans les pièces de Michel Tremblay.

33. Voir Gendron, *op. cit.*, p. 19; William Locke, *Pronunciation of*

*the French Spoken at Brunswick, Maine*, American Dialect Society, 1949, p. 33.

34. Voir Santerre, *loc. cit.*, p. 26; Walker, *op. cit.*, p. 79; Dumas, *op. cit.*, p. 136.

35. Voir Denis Dumas et Aline Boulanger, « Les Matériaux d'origine des voyelles fermées du français québécois », dans *Revue québécoise de linguistique*, vol. 11, 1982, p. 49–72; Dumas, *op. cit.*, p. 96–101.

36. *Ibid.*, p. 97.

37. Jean-Denis Gendron, « Désonorisation des voyelles en franco-canadien », dans *Revue de l'Association canadienne de linguistique*, vol. 5, 1959, p. 99–108.

38. Gendron, *Tendances du français...*, *op. cit.*; René Charbonneau, *Étude sur les voyelles nasales du français canadien*, Québec, PUL, 1971.

39. Voir Gendron, *Tendances du français...*, *op. cit.*; Charbonneau, *op. cit.*; Locke, *op. cit.*; Hull, *loc. cit.*; Thogmartin, *loc. cit.*; Jackson et Wilhelm, *loc. cit.*

40. Denis Dumas, « Structure de la diphtongaison québécoise », dans *Revue canadienne de linguistique*, vol. 26, 1981, p. 1–61.

41. Charbonneau, *op. cit.*, p. 244.

42. *Ibid.*, p. 198. La même confusion est aussi signalée par Pierre Léon et Monique Nemni, « Franco-canadien et français standard : problèmes de perception des oppositions vocaliques », dans *Revue canadienne de linguistique*, vol. 12, p. 110.

43. *Id.*

44. Pour une discussion de la longueur vocalique en syllabe inaccentuée en français canadien, voir Walker (*op. cit.*, p. 47–48), qui fait aussi remarquer que le maintien de la longueur vocalique en position prétonique est aussi commun en français populaire d'Europe.

45. Laurent Santerre, « Deux E et deux A phonologiques en français québécois », dans *Cahier*

*de linguistique*, vol. 4, 1974, p. 117–145; Dumas, *op. cit.*, p. 148–149.

46. Voir Santerre, « Voyelles et consonnes... », *loc. cit.*; Dumas, *loc. cit.*; Walker, *op. cit.*

47. Pour André Bougaïeff et Pierre Cardinal (1980 : 93), les formes résultant de l'effacement du *l* « sont caractéristiques du français québécois populaire [...] et le démarquent nettement du français québécois cultivé ». (« La chute du /l/ dans le français populaire du Québec », dans *La Linguistique*, vol. 16, p. 93.

48. Pour le français québécois, Dumas considère que « la pronunciation en ts et en dz [...] ne sert pas à faire des discriminations d'origine sociale entre les locuteurs » et que le relâchement des voyelles hautes « est assez neutre au point de vue social ». (*op. cit.*, p. 9 et 95.)

49. *The Influence of Speech Context on Phonological Variation in Canadian French*, thèse de maîtrise, University of Alberta, 1975.

50. Ceci est bien en accord avec les observations de Dumas (*op. cit.*, p. 8) d'après lequel, « tout le monde [...] réalise toujours le phénomène [l'assibilation] de la même manière en parlant dans la vie de tous les jours. Tellement que si quelqu'un ne le fait pas, il n'y a que deux explications possibles : ou sa langue maternelle n'est pas le français québécois, ou il parle volontairement "pointu". »

51. « H et R en patois normand... », *loc. cit.*, p. 128.

52 « Structure de la diphtongaison... », *loc. cit.*, p. 34.

53. Mougeon et Beniak, *Le Français canadien parlé hors Québec : aperçu sociolinguistique*, Québec, PUL, 1989; Jackson, *loc. cit.*, p. 132.

# LA VARIATION DIALECTALE
# DANS LE PARLER FRANÇAIS
# DES MÉTIS DE L'OUEST CANADIEN

Robert A. Papen
Université du Québec à Montréal

Dans Papen (1984), nous avions essayé de démontrer qu'il existait en Amérique une variété de français qui, de par de nombreux aspects phonologiques, morphologiques, syntaxiques et lexicologiques, se distinguait de tous les autres parlers français du continent. Il s'agissait du français parlé par les Métis des Prairies canadiennes, parler (dorénavant FM) qui avait vraisemblablement vu le jour au début du XIXe siècle, mais dont les origines risquent de demeurer relativement obscures étant donné l'absence à peu près totale de données historiques. Nous avions également signalé l'existence d'une autre langue, appelée *mitchif*, utilisée par certains Métis plus âgés. Cette langue présente des caractéristiques tout à fait exceptionnelles, voire inattendues, puisque sa grammaire intègre des éléments français et cris. Plus précisément, le syntagme nominal est, à toutes fins pratiques, identique au français, alors que le verbe vient fondamentalement du cri (surtout du cri dit « des Plaines »). Les prépositions, les conjonctions, les adverbes, etc., se répartissent plus ou moins également entre les deux langues. La syntaxe générale de la phrase a tendance à être plus crie que française étant donné l'importance qu'a le verbe en cri. Voici quelques phrases typiques :[1]

(1) Li plãš plẽ-d-ny *nimije : te : n* pur la muraj
   « J'aime bien les planches pleines de nœud pour les murs. »

(2) La torčy su du jyr II mel *lšnihka : čika : te : w*
   « La carapace (son dos dur) de la tortue s'appelle le "mail". »

(3) Tut li fImel danimal *aja : wak* II let ẽ ku *ka : učiwa : šimišičik*
   « Toutes les femelles d'animaux ont du lait une fois qu'elles mettent bas. »

Si nous passons sous silence la partie crie du mitchif (à propos des verbes), pour nous attarder davantage sur les termes « français », il appert que nous sommes en présence d'un français phonologiquement, morphologiquement et syntaxiquement différent du français hexagonal ou de l'une ou l'autre des variantes du français parlé ailleurs au Canada ou en Amérique. Par exemple, la réalisation [tɔrčy] « tortue » là où en français standard on a [tɔRty] et en français canadien [tɔRtˢy]; la réalisation [ny] pour

« nœud », là où on s'attend à [nø]; la réalisation [du] pour « dos », normalement prononcé [do]; la forme « femelles d'animal » plutôt que « femelle d'animaux » et « la tortue son dos dur » plutôt que « le dos dur de la tortue ». C'est que la partie française du mitchif est relativement identique à la variété de français utilisée par les Métis dits « historiques », c'est-à-dire ceux qui s'étaient installés dans l'ancienne colonie de la Rivière-Rouge. Il est donc évident que ce sont ceux-ci, ou du moins leurs descendants, qui ont créé cette nouvelle langue, le mitchif.

Les recherches subséquentes (Papen, 1987; 1988) nous ont permis d'établir l'étonnante homogénéité de nombreux aspects structuraux du FM. Il faut souligner, par contre, que les données dont nous disposions venaient de locuteurs mitchifs de la Montagne à la Tortue (Dakota du Nord), ceux-ci étant bilingues mitchif-anglais; de locuteurs de Boggy Creek/San Clara et de Saint-Lazare (centre-ouest du Manitoba), locuteurs trilingues mitchif-français-anglais; et de locuteurs venant de Duck Lake, Batoche, Saint-Laurent, Saint-Louis (Saskatchewan), locuteurs bilingues français-anglais (sauf un qui parlait également le mitchif).

Selon les données que nous possédions à ce moment-là, et en nous limitant aux seuls aspects phonologiques, voici les particularités du FM, suivies d'un ou plusieurs exemples :

*Les voyelles*

1.1   La fermeture (plus ou moins systématique) des voyelles mi-fermées : /e/ > [i], -/ø/ > [y] et /o/ > [u]; dos : [du].

1.2   Le non-allongement des voyelles devant certaines consonnes, dites « allongeantes », surtout /R/; la terre : [later].

1.3   La non-diphtongaison des voyelles moyennes (longues) comme en français québécois; mon père : [mūper], au lieu de [mõpɑ‿jR].

1.4   La nasalisation des voyelles en contact avec une consonne nasale (surtout /ɲ/ ou /n/ + /j/); poignée : [pōjē], maison : [mǣzũ].

1.5   Le refus d'antériorisation de la voyelle nasale /ɑ̃/ comme en français québécois; Saint-Laurent : [sēlɔrɑ̃], et non pas [sēlɔRǣ].

1.6   Une tendance à réaliser la voyelle nasale /œ̃/, comme dans « défunte » : [difœ̃t]. Par contre, le déterminant « un, une » se prononce le plus souvent [ǣ], [ɛn] ou [ǣn].

Nous avions également noté, entre autres, les ressemblances phonologiques suivantes avec d'autres parlers canadiens :

1.7   Le relâchement des voyelles fermées : « petite » [pčIt], « lune » [lYn], « bout » [bUt].

1.8   La postérisation de /a/ en [ɔ] : « ça » [sɔ], « là » [lɔ], « soldat », [sɔldɔ].

1.9 L'ouverture de /ɛ/ en [æ] devant /r/ + consonne en fin de syllabe : « verte » [vært], « cervelle » [særvɛl], ferme [færm].

1.10 La réalisation en [wɛ] de la diphtongue *oi* (et l'effacement d'un /v/ qui précède) dans des mots comme « moi, toi, roi, loi, avoir, voir ».

Quant aux consonnes, nous avions observé les différences et les ressemblances suivantes :

*Les consonnes*

2.1 La réalisation en affriquée alvéopalatale ([č] et [ǰ]) des occlusives dentales /t/ et /d/ devant les voyelles /i/ et /y/ et les semi-voyelles correspondantes /j/ et /ɥ/, au lieu d'une réalisation purement alvéolaire ([tˢ] et [dᶻ]), comme dans la plupart des parlers québécois[2].

2.2 La palatalisation des occlusives vélaires /k/ et /g/ en [č] et [ǰ], respectivement, devant les voyelles antérieures : « culotte » [čylot], « cœur » [čœr], « gueule » [ǰœl][3].

2.3 La réalisation en [ǰ] de la nasale palatale /ɲ/ et du groupe /nj/ : « poignée » [pōǰē], « dernier » [dærǰē], « ivrogne » [ivrōǰ].

2.4 La réalisation d'un /r/ apical, jamais uvulaire comme en français du Québec à l'est de l'Outaouais; en cela, le FM se rapproche des parlers acadiens et de tous ceux à l'ouest de l'Outaouais.

2.5 L'assimilation nasale des groupes consonantiques finals comme dans « tombe » [tõm], « bombe » [bõm], « jambe » [žãm].

2.6 L'harmonisation des constrictives sifflantes et chuintantes; on a soit les unes, soit les autres : « chasser » [sase] mais pas [šase]; « sauvage » [šavaž] mais pas [savaž]; « sèche » [šɛš]; « châssis » [sasi].

2.7 La labialisation de /k/ et /g/ devant la voyelle postérieure /ɔ/, « cordon » [kʷɔrdū], « gorgée » [gʷɔrži].

2.8 La substitution de /r/ pour /l/ : « lougarou » [rugaru], « blaireau » [breru], « alcool » [arkohol].

Néanmoins, on retrouve en FM un certain nombre de phénomènes également connus dans d'autres parlers d'Amérique (et d'ailleurs) :

2.9 La simplification des groupes consonantiques en fin de mot : « trouble » [trub], « simple » [sēp], « chèvre » [šɛv].

2.10 La réalisation du « h aspiré » : « hache » [haš], « dehors » [dəhor].

Ces quelque vingt règles phonologiques suffisent pour démontrer à quel point le FM diffère de tous les autres dialectes français d'Amérique et à quel point aussi il peut leur ressembler.

Le fait que de nombreux locuteurs du mitchif ne connaissent pas le français (autre que les noms et leurs déterminants) et qui, néanmoins, prononcent systématiquement les énoncés « français » de leur langue de manière identique aux locuteurs du français métis prouve que le mitchif a été façonné assez tôt par des locuteurs bilingues français-cri et que le FM n'a pas beaucoup évolué depuis le XIXe siècle. Bien sûr, on peut se demander pourquoi le mitchif n'est pas (et même n'a jamais été) connu de tous les Métis; comment il se fait que le mitchif est constitué linguistiquement du FM et du cri, alors qu'on sait que c'est le saulteaux, dialecte manitobain de l'ojibwe, langue algonquienne parente du cri, qui était parlé dans la colonie de la Rivière-Rouge? On peut également se demander si tous les Métis francophones, éparpillés sur cet énorme territoire que représentent les trois provinces de l'Ouest à l'est des Rocheuses, et isolés les uns des autres, parlent effectivement le même dialecte.

Bakker (1992) nous donne des éléments de réponse à notre première question. Le mitchif serait constitué du FM et du cri, et non pas du saulteaux comme on aurait pu s'y attendre, parce que le mitchif s'est développé au cours du XIXe siècle au sein de la communauté des nombreux Métis qui gagnaient leur vie à chasser le bison et qui « hivernaient » (c'est-à-dire passaient l'hiver sous la tente avec les Indiens) dans les régions au sud et à l'ouest de la colonie, précisément là où se parle le cri, et non le saulteaux (Bakker, 1992, p. 162–169)[4]. C'est également Bakker (1992) qui explique pourquoi le mitchif n'est pas et n'a jamais été parlé par tous les Métis francophones. C'est qu'assez tôt une stratification sociale s'est établie chez les Métis — même si cela peut nous sembler assez étonnant de prime abord. Selon de nombreuses sources historiques (Giraud, 1945; Saint-Onge, 1990, cités dans Bakker, 1992), une distinction existait entre les Métis plus ou moins sédentaires, s'adonnant surtout à l'agriculture, à l'élevage ou à la pêche, et les Métis qui vivaient de la chasse au bison ou, encore, qui travaillaient pour les compagnies de fret, conduisant leurs charrettes d'un bout à l'autre des Prairies[5]. Selon Bakker (1992, p. 53):

> The French speaking agriculturalists held important positions in the Metis institutions. They cultivated the land and planted gardens and combined this with fishing [...] They were only little involved in hunting [...] That these class differences still played a role in this century is clear from St-Onge's [sic] study of the community of Saint-Laurent, a French-speaking Metis community on the southeastern shore of Lake Manitoba. There used to be a community adjacent to the village whose inhabitants were considered dirty and uncouth by the farmers and fishermen of Saint-Laurent.

Cet état de fait nous a incité à vérifier la thèse longtemps répandue concernant l'homogénéité des Métis. L'étude ethnographique du village de Saint-Laurent (Manitoba) menée par Lavallée (1988) s'est avérée non seulement d'un très grand intérêt, mais elle nous a permis d'aborder de front la question de l'homogénéité du FM. L'étude de Lavallée retrace l'histoire orale de son village natal telle que vécue par les résidents eux-mêmes[6]. Ce village est situé sur la rive orientale du lac Manitoba, dans la région qu'on appelle « l'entre-lacs » (*interlake region*), à quelque 90 kilomètres au nord-ouest de Winnipeg. La région fut habitée par quelques familles métisses dès 1824, originaires de Pembina (localité sise sur la frontière internationale actuelle, directement au sud de Winnipeg), attirées par la possibilité d'y faire de la pêche, ainsi que par un deuxième groupe venu de Saint-Boniface en 1826. Une mission oblate y fut installée en 1861 et une première école, en 1870. En 1881, la municipalité rurale de Saint-Laurent fut créée par l'assemblée législative provinciale; il y avait à ce moment-là une population d'une trentaine de familles. Aujourd'hui, la municipalité compte environ 1 100 personnes dont les trois quarts sont des Métis. La différence est constituée de quelques Ménonnites d'origine allemande, de quelques descendants de familles bretonnes, arrivées au début du siècle, de familles canadiennes-françaises installées là-bas au cours des années 30 et, plus récemment, de vacanciers saisonniers de Winnipeg, vraisemblablement de langue anglaise (Lavallée, 1988, p. 28–29).

Selon Lavallée, la très grande majorité des résidents de Saint-Laurent, quel que soit l'âge, parlent encore français, mais personne ne parle (et probablement n'a jamais parlé) le mitchif[7]. Selon lui, on peut caractériser l'histoire linguistique du village de la façon suivante :

1. Avant 1820 : Monolinguisme généralisé; les langues autochtones : le cri, l'assiniboine et, surtout, le saulteaux.

2. 1820–1930 : Bilinguisme plus ou moins généralisé : le français et une ou plusieurs langues autochtones.

3. 1930–1950 : Monolinguisme généralisé : les résidents ne parlent plus les langues autochtones, mais uniquement le français. Répression du français local en faveur du français « canadien ».

4. Depuis 1950 : Bilinguisme généralisé : le français et l'anglais. Prise de conscience de la valeur du parler local.

On nous permettra d'ajouter une autre période :

5. Futur : Monolinguisme plus ou moins généralisé : l'anglais. Même si de nombreux jeunes parlent encore français, le taux d'anglicisation est de plus en plus élevé, comme ailleurs dans l'Ouest canadien.

L'étude de Lavallée (1988) est basée sur une série d'entrevues effectuées auprès de 51 personnes (27 hommes et 24 femmes) âgées de 17 à 96 ans; ces entrevues ont une durée de une à deux heures chacune pour un total de 64 heures de conversations « dirigées » portant sur des sujets variés, mais toujours très familiers et très personnels pour les participants. Dans tous les cas, l'intervieweur, le père Lavallée lui-même, est très bien connu des interviewés, car il fait partie intégrante de la communauté. Le niveau de langue utilisé est à peu près toujours le « vernaculaire[8] ».

Nous avons réparti les 51 sujets selon des tranches d'âge telles que ventilées dans le tableau 1.

TABLEAU 1
*Répartition des sujets par tranche d'âge et par sexe*

|          | HOMMES | FEMMES |
|----------|--------|--------|
| 81 +     | 3      | 5      |
| 61–80    | 10     | 6      |
| 41–60    | 8      | 6      |
| 21–40    | 3      | 2      |
| 0–20     | 3      | 1      |
| TOTAL    | 27     | 20     |

Note : 4 personnes (1 H, 3 F) n'ont pas voulu donner leur âge, mais selon le contenu de l'interview, elles se situent dans les cases 61–80 ou peut-être dans celle des 81 +.

Dans le cadre de cette étude préliminaire, nous n'avons pas cru bon d'identifier les groupes socio-économiques car, selon les données fournies par Lavallée (1988), on observe maintenant peu de stratification sociale au village, par rapport à ce qui existait dans le passé.

La présente étude est une analyse préliminaire, car les entrevues n'ont pas encore été toutes transcrites. Nous ne sommes donc pas en mesure de fournir des données quantitatives précises. Notre objectif premier a été de nous donner une idée générale du parler des gens de Saint-Laurent, particulièrement par rapport aux vingt phénomènes phonologiques décrits plus haut. Nous avons sélectionné au hasard deux sujets pour chacune des cases identifiées au tableau 1, sauf pour la case F 0–20 puisqu'il n'y a qu'un seul sujet. Nous avons procédé à une analyse globale d'une bonne partie de chaque enregistrement afin de déterminer la présence ou l'absence des vingt traits phonologiques pertinents ainsi que la systématicité ou la variabilité de chaque phénomène[9].

Dans les tableaux suivants, nous indiquons par un « plus » (+) le trait qui nous semblait être présent de manière systématique, et par un « moins » (−) l'absence constante du trait concerné. Lorsque nous indiquons que le phénomène est variable (indiqué par ≈), c'est que nous avons pu remarquer soit une variabilité *interne* chez un même locuteur, ou une variabilité *externe* entre deux locuteurs ou plus. Un point d'interrogation indique que l'analyse préliminaire ne nous a pas fourni suffisamment de données pour déterminer la systématicité ou la variabilité du phénomène.

Voici le tableau des voyelles où nous avons repris dans le même ordre les dix traits identifiés en 1.0.

TABLEAU 2

*Réalisation des traits phonologiques retenus : les voyelles*

| | 81 + | | 61–80 | | 41–60 | | 21–40 | | 0>20 | |
|---|---|---|---|---|---|---|---|---|---|---|
| | H | F | H | F | H | F | H | F | H | F |
| 1.1<br>/e/ > [i] | ≈ | ≈ | ≈ | ≈ | ≈ | ≈ | ≈ | ≈ | ≈ | ≈ |
| 1.2<br>V > V :<br>dev. /r/ | − | ≈ | − | ≈ | ≈ | ≈ | − | ≈ | − | ≈ |
| 1.3<br>diphtong. | − | − | − | − | − | − | − | − | ≈ | ≈ |
| 1.4<br>V > Ṽ | ≈ | ≈ | ≈ | ≈ | ≈ | ≈ | + | ≈ | ≈ | ≈ |
| 1.5<br>ã > ǽ | − | − | − | − | − | − | − | − | − | − |
| 1.6<br>/œ̃/ > [æ̃] | ≈ | ≈ | − | − | ≈ | ≈ | − | ≈ | ≈ | ≈ |
| 1.7<br>/i/ > [I] | + | + | + | + | + | + | + | + | + | + |
| 1.8<br>/a/ > [ɔ] | + | ≈ | + | ≈ | + | + | + | + | + | + |
| 1.9<br>/ɛ/ > [æ]<br>dev. rC# | + | − | + | ≈ | + | ≈ | ≈ | ≈ | ≈ | ? |
| 1.10<br>/wa/ > [wɛ] | ≈ | ≈ | ≈ | ≈ | ≈ | ≈ | ≈ | ≈ | ≈ | ≈ |
| | + | + | + | + | ≈ | ≈ | ≈ | ≈ | ≈ | ≈ |

Ce tableau exige quelques explications :

1.1 La fermeture des voyelles moyennes, typiques de la partie FM du mitchif, est beaucoup plus variable dans le parler de Saint-Laurent. La fermeture de /e/ en [i] est relativement catégorique, surtout en position finale non entravée (« pied » [pji], « été » [iti]); le /ø/ se prononce variablement [ø] ou [y] et la fermeture du /o/ est plus rare : on entendra variablement « trop » [tro] ~ tru], « côté » [koti] ~ kuti]. Dans certains mots contenant /u/, on entend plutôt [o] : « souper » [sopi], « couteau » [koto], « loup » [lo]. Serait-ce là l'effet de l'« hypercorrection » ?

1.2 Le phénomène de l'allongement vocalique est fort complexe en français puisqu'il faut distinguer, d'une part, les voyelles longues inhérentes comme dans « bête » (par opposition à « bette ») et certaines voyelles qui sont toujours longues en syllabe accentuée entravée : « saule » [so:l], « veule » [vø:l], « hante » [ã:t], et, d'autre part, les voyelles « normales » qui s'allongent seulement devant les consonnes dites « allongeantes » : /ž/, /z/, /v/ et surtout /R/ (ainsi que le groupe /vR/). Nous nous sommes arrêté uniquement au cas de l'allongement vocalique devant /r/. Il est frappant que cet allongement ne se fait pas ou ne se fait que variablement dans le parler de Saint-Laurent. Ici, les femmes, de quelque âge que ce soit, semblent être plus conservatrices que les hommes. Les voyelles sont non seulement brèves devant un /r/ final, mais les moyennes ouvertes se ferment souvent : « père » [per], « sœur » [sœr] ~ [sør].

1.3 La diphtongaison des voyelles, comme en FQ, est totalement inconnue chez les Métis de Saint-Laurent, sauf chez les jeunes de moins de vingt ans qui réalisent /ɛ:/ en [e‿j] « seize » [se‿jz]. Le parler de Saint-Laurent est ici semblable au parler de nos autres informateurs et aux locuteurs du mitchif.

1.4 La nasalisation des voyelles au contact d'une consonne nasale, surtout la palatale /ɲ/ (prononcée le plus souvent [j]), est également plus variable qu'en FM du mitchif et de la Saskatchewan. Curieusement, les jeunes âgés de moins de vingt ans semblent nasaliser systématiquement : « maison » se prononce [mãezɔ̃], « poignée » [pɔ̃jãe].

1.5 Tout comme pour les autres locuteurs du FM, la nasale /ã/ se réalise [ã], jamais [ãe] comme dans de nombreux parlers québécois (surtout de la région de Montréal); « Saint-Laurent » [sãelorã].

1.6 La réalisation de la nasale /œ̃/ est, par contre, assez variable. En mitchif, ce phonème se prononce systématiquement [ãe]; à Saint-Laurent, on entendra soit [ãe], soit [œ̃], excepté chez des locuteurs âgés de 61 à 80 ans ou chez les hommes âgés de 21 à 40 ans où on n'entend que la variante [œ̃]. Une étude plus approfondie s'impose ici.

1.7 Le relâchement des voyelles fermées en syllabe entravée par une consonne non allongeante, trait systématique en FQ et en français acadien, est également systématique dans le parler de Saint-Laurent, tout comme en mitchif et ailleurs : « vite » [vIt], « tout, toute » [tUt], « butte » [bYt].

1.8 La voyelle postérieure ouverte /a/ se réalise presque toujours [ɔ] en position finale absolue : « là » [lɔ], « ça » [sɔ], « Manitoba » [manitobɔ], « gars » [gɔ]. Chez bon nombre de locuteurs, le /ɑ/ se prononce [ɔ] même en syllabe non finale : « cassé » [kɔ : si], « passé » [pɔ : si]. Encore une fois, cette réalisation rejoint celle des autres locuteurs métis.

1.9 L'ouverture de /ɛ/ devant /r/ suivi d'une consonne en fin de syllabe est variable : couverte [kuvært] ~ kuvɛrt]. Ici les hommes semblent le faire plus systématiquement que les femmes, du moins chez les plus âgés.

1.10 La réalisation de la diphtongue *oi* /wa/ est assez complexe. Flikeid (1988), dans son étude du parler acadien de la Nouvelle-Écosse et du Nouveau-Brunswick, en reconnaît deux types : le *oi* dans des mots comme « soir », « voile », « boîte », et le *oi* de « moi », « toi », « fois », « bois ». Nous avons également départagé *oi* en position entravée de celui qui se trouve en syllabe libre. En syllabe entravée (accentuée), comme dans « noir » ou, « poêle », *oi* se réalise systématiquement [wɛ] chez les aînés et variablement [wɛ] ou [wɔ] chez les plus jeunes (moins de 60 ans) : « framboise » [fʀɑ̃bwɛz], « histoire » [istwer]. Le groupe ...*voi*... se réalise le plus souvent ...[wɛ]... : « avoine » [awɛn], « savoir » [sawer].

En syllabe ouverte, la réalisation est variable pour tous les groupes d'âge. Chez les plus vieux, on entend [mwɛ] ([mwɛ̃]) ou [mwɔ] pour « moi »; [fwɛ] ou [fwɔ] pour « fois »; mais toujours [bwɔ] pour « bois ». Chez ceux âgés de 41 à 80 ans, on entend « roi » [rwɛ]; « poisson » [pwɛsɔ̃]; mais toujours [trwɔ] et [bwɔ] pour « trois, bois »; « soixante » se prononce [swasɑ̃t]. En mitchif « oi » est toujours prononcé [wɛ], quelle que soit la syllabe dans laquelle il se trouve : « poêle » [pwɛl], « loi » [lwɛ], « à soir » [aswer], « soie » [swɛ].

Passons maintenant aux phénomènes consonantiques (tableau 3). Comme pour les voyelles, nous reprenons les dix phénomènes analysés :

2.1 Dans le FM de la Saskatchewan et en mitchif, les occlusives dentales /t, d/ se réalisent systématiquement [č, ǰ] devant les voyelles antérieures fermées et les semi-voyelles correspondantes : « dur » [ǰyr], « petit » [pči], « midi » [miǰi], là où en canadien-français on a [tˢ, dᶻ]. Chez nos informateurs FM de la Saskatchewan, cette affrication se fait variablement devant les [i, y] issus de la fermeture des voyelles moyennes : « côté » [kuči], « parenté » [parɑ̃či]. En mitchif, les occlusives dentales deviennent des affriquées uniquement devant les « vraies » voyelles fermées, jamais devant les [i, y] issus de /e, ø/ : « été » se prononce [iti], jamais *[iči], « deux » se prononce [dø~dy], jamais *[ǰy]. À Saint-Laurent, l'affrication est très variable; on entend [č, ǰ] ainsi que [tˢ, dᶻ] comme en CF, mais aussi [tʲ, dʲ] et même [t, d] devant /i, y/. Nos deux témoins F 81 + n'utilisent jamais [č, ǰ]. Nous n'avons pas entendu l'affrication devant des [i, y] issus de la fermeture de /e, ø/. Plus les locuteurs sont

TABLEAU 3

*Réalisation des traits phonologiques retenus : les consonnes*

| | 81+ | | 61–80 | | 41–60 | | 21–40 | | >20 | |
|---|---|---|---|---|---|---|---|---|---|---|
| | H | F | H | F | H | F | H | F | H | F |
| 2.1 /t,d/ → [č,ǰ] | ≈ | – | ≈ | ≈ | ≈ | ≈ | ≈ | ≈ | + | ≈ |
| 2.2 /k/ → [č] /g/ → [ǰ] | – | – | – | – | – | – | – | – | – | – |
| 2.3 /ɲ/ → [j̃] | + | ? | + | + | + | ≈ | + | ≈ | + | ? |
| 2.4 [r] | + | + | + | + | + | + | + | ≈ | ≈ | – |
| 2.5 C → N | + | ≈ | + | + | + | + | + | + | + | + |
| 2.6 Harmonie C | ≈ | – | – | – | ? | – | – | – | – | – |
| 2.7 /k,g/→ [kʷ,gʷ] | – | – | – | – | – | – | – | – | – | – |
| 2.8 /l/ → [r] | – | – | – | – | – | – | – | – | – | – |
| 2.9 /CC/ → C# | + | + | + | + | + | ≈ | + | + | + | + |
| 2.10 [h] | ? | – | + | + | ≈ | ≈ | + | ≈ | + | ≈ |

jeunes, du moins pour les hommes, plus ils ont tendance à réaliser /t, d/ en [č, ǰ]. Chez nos deux locuteurs H > 20, l'affrication était systématique.

2.2 La palatalisation de /k, g/ devant les voyelles antérieures, typique des parlers acadiens et phénomène également connu en mitchif : « cœur » [čør], « culotte » [čylɔt], « curé » [čyri], « guerre » [jer], « gueule » [jœl], n'existe pas à Saint-Laurent. La seule et unique exception serait la réalisation [jœl] de « gueule ».

2.3 Le plus souvent, la consonne nasale /ɲ/ est réalisée phonétique- ment par [j̃], ce qui entraîne la nasalisation des voyelles environnantes : « poignée » [pɔ̃jɛ̃], « cogner » [kɔ̃jɛ̃]. Le phénomène s'étend également à la séquence /nj/ : « panier » [pɑ̃jɛ̃]. Ce phénomène est aussi présent en mitchif. Curieusement, on ne le retrouve nulle part ailleurs au Canada, mais il est typique de certains parlers « cajuns » de la Louisiane et des créoles de l'océan Indien.

2.4  Le /r/ est résolument apical à Saint-Laurent, sauf chez les moins de 20 ans où une réalisation uvulaire est plus typique. Nous croyons que cette réalisation est due à l'influence de l'école où il y a de nombreux enseignants du Québec.

2.5  Un autre phénomène typique du FM (ainsi que du cajun et des créoles) est l'assimilation des consonnes occlusives sonores précédées d'une voyelle nasale : « novembre » [novɑ̃m], « tombe » [tɔ̃m], « cendre » [sɑ̃n]. Cette réalisation est systématique à Saint-Laurent, sauf pour une locutrice F 81 +.

2.6  Nous avons dit qu'en mitchif et en MF, surtout chez les plus âgés, un mot contenant deux constrictives non labiales était limité à deux chuintantes ou à deux sifflantes ; on prononce « chasser » [sase] et non *[šase], « chaise » [sɛz] ou [šež] mais pas *[šez], « Jésus » se prononce [zezy]. Ce phénomène n'est pas présent à Saint-Laurent, sauf chez un locuteur H 81 + qui prononçait régulièrement [lašaš] pour « la chasse », mais il prononçait [šoz] pour « chose » et [seši] « sécher ».

2.7  La labialisation de /k, g/ en [kʷ, gʷ] devant /ɔ/, comme en mitchif, est totalement absente à Saint-Laurent : « gorgée » se prononce [gɔrži] et jamais [gʷɔrži], « cochon » [kɔšɔ̃] et pas *[kʷɔšɔ̃].

2.8  La substitution de [r] pour /l/, comme dans la réalisation [breru] pour « blaireau », ne se retrouve pas à Saint-Laurent, du moins pas dans les données que nous avons analysées.

2.9  Par contre, on observe la simplification des groupes consonantiques finals, comme dans tous les parlers français d'Amérique : « table » [tab], « contre » [kũt], « piastre » [pjas], « lièvre » [ljɛv].

2.10  Comme dans certains parlers du Québec, de l'Acadie et d'ailleurs en Amérique, le *h* dit « aspiré » de certains mots est réalisé par une constrictive laryngeale : « dehors » [dəhɔr], « haute » [hot]. Évidemment, c'est un phénomène variable, mais il semble prendre de l'ampleur chez les plus jeunes, car il devient systématique pour certains mots : « hâler » [hɑli], « hache » [haš].

Quelles conclusions pouvons-nous tirer de ces données ? Évidemment, étant donné le caractère exploratoire de notre étude, toute conclusion à laquelle nous pourrions arriver serait nécessairement sujette à caution. Néanmoins, nous proposons le tableau suivant qui permet de comparer, pour les vingt traits retenus, le MF des locuteurs mitchifs ainsi que le parler des locuteurs métis que nous avions interviewés en Saskatchewan aux locuteurs choisis au hasard pour notre analyse préliminaire de Saint-Laurent. En guise de comparaison, nous indiquons également la présence ou l'absence du trait en question dans les parlers français du Canada issus des parlers de la vallée du Saint-Laurent (le FQ) ou encore dans un des parlers acadiens (FA). Dans chaque cas, nous indiquons par un ✓ la présence du trait et par un – son absence (systématique). Pour les premiers, nous indiquons par un ≈ si leur présence est variable ou non[10].

TABLEAU 4

*Tableau comparatif des parlers métis, laurentien (FQ) et acadien (FA)*

| | SAINT-LAURENT | MF | FQ | FA |
|---|---|---|---|---|
| 1.1   /e/ → [i] | ≈ ✓ | ✓ | – | ≈ ✓ |
| 1.2   V → V : / – r | ≈ ✓ | – | ✓ | ✓ |
| 1.3   diphtongue | – | – | ≈ ✓ | ≈ ✓ |
| 1.4   V → Ṽ / – N | ≈ ✓ | ✓ | ≈ ✓ | ? |
| 1.5   /ɑ̃/ → /æ̃/ | – | – | ≈ ✓ | – |
| 1.6   /œ̃/ → [æ̃] | ≈ ✓ | ✓ | ≈ ✓ | ≈ ✓ |
| 1.7   /i/ → [I] | ✓ | ✓ | ✓ | ✓ |
| 1.8   /α/ → [ɔ] | ✓ | ✓ | ✓ | ✓ |
| 1.9   /ɛ/ → /æ/ – rC# | ≈ ✓ | ✓ | ≈ ✓ | ✓ |
| 1.10  /wa/ → [wɛ] | ≈ ✓ | ≈ ✓ | ≈ ✓ | ≈ ✓ |
| 2.1   /t, d/ → [č, ǰ] | ≈ ✓ | ✓ | ≈ ✓ | – |
| 2.2   /k/ → [č] | – | ≈ ✓ | – | ≈ ✓ |
| 2.3   /ɲ/ → [j] | ✓ | ✓ | – | – |
| 2.4   [r] | ✓ | ✓ | ≈ ✓ | ≈ ✓ |
| 2.5   C → N/Ṽ – # | ✓ | ✓ | – | ? |
| 2.6   Harmonie C | – | ✓ | – | – |
| 2.7   /k/ → [kʷ] | – | ≈ ✓ | – | – |
| 2.8   /l/ → [r] | – | ≈ ✓ | – | – |
| 2.9   CC → C/ – # | ✓ | ✓ | ✓ | ✓ |
| 2.10  [h] | ✓ | ✓ | ≈ ✓ | ✓ |

Ce tableau nous permet d'affirmer que le parler de Saint-Laurent diffère à certains égards de celui des autres locuteurs MF, particulièrement ceux du mitchif, soit qu'un trait particulier est absent dans le parler de Saint-Laurent, mais (variablement) présent dans le MF (par exemple, en 2.2, 2.6, 2.7 et 2.8) ou le contraire : un trait est (variablement) présent à Saint-Laurent, mais absent en MF (en 1.2). Néanmoins, le parler de Saint-Laurent et le MF partagent également un certain nombre de caractéristiques que le FQ ne possède pas (1.1, 1.4, 2.3, 2.5). Ces deux parlers diffèrent du FA par certains traits (1.3, 2.1 et 2.3), mais ils en partagent d'autres (comme en 1.1, 1.6, 1.7, 1.8, 1.9, 1.10). Il est frappant de constater que la différence entre le parler MF et le parler FQ est relativement importante : seulement 9 traits sur 20 se retrouvent dans l'une et l'autre variété. La différence entre le parler de Saint-Laurent et le MF tient surtout au phénomène suivant : plusieurs traits systématiques en MF (systématiquement présents ou absents) seront plutôt variables à Saint-Laurent; c'est le cas des traits 1.1, 1.2, 1.4, 1.6, 1.9 et 2.1.

Bien sûr, les données dont nous disposons grâce au corpus Lavallée nous permettent d'établir une parenté certaine entre le parler de Saint-Laurent et le MF sur des bases autres que phonologiques. Ainsi, les locuteurs des deux parlers utilisent systématiquement la forme *onvaient* pour la 3e personne du pluriel de l'imparfait de *avoir*, par opposition à *sontaient* pour le verbe *être*, phénomène unique au Canada. Dans les deux parlers, l'obligation est exprimée par *ça prend...* comme dans « ça prend tu connais ça » (= il faut que tu saches cela). À notre connaissance, cette tournure n'existe dans aucun autre parler canadien.

De même, certains pronoms interrogatifs tels que *ivoù* ou d'*ivoù* pour *où*, (ou ses variantes FQ (d')*ioù*, (d') *ioùsque*) se retrouvent uniquement dans les parlers métis. Une étude plus approfondie et plus détaillée nous permettra assurément de tracer les structures particulières du parler des Métis de l'Ouest canadien.

## BIBLIOGRAPHIE

Bakker, Petr, *A Language of Our Own : The Genesis of Michif; the Mixed Cree-French Language of the Canadian Métis*, Amsterdam, University of Amsterdam Press, 1992.

Dolbec, Jean et Claude Paradis, « Modélisation de la variation phonétique en français québécois », dans *Revue québécoise de linguistique théorique et appliquée*, vol. 10, n° 3, 1991.

Flikeid, Karin, « Recherches sociolinguistiques sur les parlers acadiens du Nouveau-Brunswick et de la Nouvelle-Écosse », dans Mougeon et Beniak (éditeurs), *Le Français canadien parlé hors Québec*, Québec, PUL, 1989.

Giraud, Marcel, *Le Métis canadien : son rôle dans l'histoire des provinces de l'Ouest*, Paris, Institut d'ethnologie, 1945.

King, Ruth et Robert Ryan, « La Phonologie des parlers acadiens de l'Île-du-Prince-Édouard », dans Mougeon et Beniak, *op.cit.*

Labov, William, *Sociolinguistic Patterns*, Philadelphia, University of Philadelphia Press, 1972.

Lavallée, Guy, *The Metis People of Saint-Laurent, Manitoba. An Introductory Ethnography*, mémoire de maîtrise, Vancouver, Université de Colombie-Britannique.

Papen, Robert, « Quelques remarques sur un parler français méconnu de l'Ouest canadien : le métis », dans *Revue québécoise de linguistique*, vol. 14, n° 1, 1984, p. 113–139.

Papen, Robert, « Linguistic Variation in the French Component of Métif Grammar », in W. Cowan (ed.), *Papers from the Eighteenth Algonquian Conference*, Ottawa, Carleton University Press, 1987a, p. 247–259.

Papen, Robert, « Le Métif : le *nec plus ultra* des grammaires en contact », dans *Revue québécoise de linguistique théorique et appliquée*, vol. 6, n° 2, 1987b, p. 57–70.

Papen, Robert, « Sur quelques processus phonologiques, morphologiques et lexicaux du métif », dans R.M. Babitch *et al.* (éditeurs), *Actes du onzième colloque annuel de l'A.L.P.A*, Shippagan, Université de Moncton, 1988.

Saint-Onge, Nicole, « Race, Class and Marginality in an Interlake Settlement : 1850–1950 », in *The Political Economy of Manitoba*, Regina, Canadian Plains Research Center, University of Regina.

# NOTES

1. Les données sont tirées de P. Laverdure et I. Allard (J. Crawford, ed.), *The Michif Dictionary*, Winnipeg, Pemmican Press, 1983. Nous donnons une transcription phonétique (large) ainsi qu'une traduction. Les séquences cries sont soulignées. Nous utilisons les symboles suivants : [š] : A.P.I. [ʃ] ; [č] : A.P.I. [tˢ] ; [j] : A.P.I. [dᶻ].

2. Certains parlers du Québec, surtout celui de la Beauce, ont également cette particularité.

3. En cela, le français métis semble se rapprocher de certains parlers acadiens (Flikeid, 1989).

4. Bakker (1992, p. 247–256) discute en détail des influences de l'ojibwe en mitchif.

5. Cette stratification sociale reprend d'ailleurs celle qui existait en Nouvelle-France entre les colons sédentaires et les « coureurs de bois », plus enclins à l'aventure et, de ce fait, considérés comme nomades.

6. Le père G. Lavallée est lui-même un Métis d'origine.

7. On doit noter ici que les Métis de Saint-Laurent (et d'ailleurs au Manitoba) appellent le français qu'ils parlent le mitchif « français » par rapport au mitchif « cri » — ce que nous appelons le mitchif propre. Afin d'éviter toute confusion, nous continuerons d'utiliser le terme français *métis* pour désigner les divers parlers français des Métis et nous limiterons l'utilisation du vocable *mitchif* à la langue mixte franco-crie que nous avons décrite plus tôt.

8. Selon Labov (1969), le registre « vernaculaire » est celui qui montre le plus de systématicité. C'est le parler qu'on utilise avec ses proches ou avec des personnes qu'on connaît bien dans des conversations familières portant sur des sujets également familiers. Nous remercions ici le père Guy Lavallée, o.m.i., ainsi que le *Metis Language Committee* de la *Manitoba Metis Federation* d'avoir si gentiment mis à notre disposition les enregistrements des entrevues à partir desquels nous avons réalisé nos analyses.

9. Nous rappelons ici qu'étant donné le caractère exploratoire de cette étude, les résultats sont sujets à une grande caution. Une analyse quantitative minutieuse devra certainement être effectuée afin d'appuyer ou d'infirmer les résultats préliminaires.

10. Les données sur le FQ et sur le FA sont basées, entre autres, sur les travaux de Dolbec et Paradis (1991) pour le FQ et sur Flikeid (1989), King et Ryan (1989) pour le FA.

# RÉGIONALISMES ET ANGLICISMES :
## LA DUALITÉ LINGUISTIQUE FRANCO-MANITOBAINE ET SES IMPLICATIONS EN 1992

Liliane Rodriguez
Université de Winnipeg

Avant de décrire les composantes du français en usage au Manitoba, il convient de décider s'il peut être désigné du nom de *parler*. Parmi les définitions proposées par les dictionnaires, laquelle ou lesquelles s'appliqueraient le mieux au cas manitobain?

« Une langue ou un dialecte étudiés en un point précis sont [...] étudiés en tant que parlers[1]. » Le type d'étude qui prend pour objet une langue dans un contexte géographique nettement défini, justifie déjà, méthodologiquement si l'on peut dire, le nom de *parler*. Mais qu'en est-il des formes linguistiques désignées sous ce nom? La définition choisie par *Littré* ne semble que partiellement adéquate : « Patois ou accent particulier de province[2] ». La langue parlée au Manitoba n'est évidemment ni un patois ni un dialecte, car sa source et son fonds ne se distinguent pas de la langue française, contrairement au « parler picard » (exemple donné par *Littré*). Le reste de la définition, « accent particulier », est acceptable à condition de remplacer « *de* province » (désignant tout ce qui, en France, n'est pas Paris) par « d'*une* province » (canadienne, en l'occurrence). La description du *Larousse*, « Langue particulière à une région[3] », revalorise le mot patois en lui donnant le statut de langue, mais convient moins puisque nous ne sommes pas, au Manitoba, en présence d'une « langue » autre que le français. La définition du *Robert*, plus large, s'applique mieux : « Ensemble des moyens d'expression employés par un groupe à l'intérieur d'un domaine linguistique[4]. » Ce groupe est celui des locuteurs franco-manitobains, le domaine linguistique où ils se placent est celui de la langue française, et l'ensemble de leurs moyens d'expression comporte un fonds de langue commune et des éléments régionaux. Parmi ces derniers, nous verrons ci-après que se trouvent des *dialectalismes* directement importés de provinces françaises ou, le plus souvent, après une étape au Québec. La présence de ces dialectalismes rattache indirectement, par « translation », le type de français en usage au Manitoba aux patois ou dialectes français.

Puisque nous étudions une langue commune (le français) en un lieu précis (le Manitoba), puisque cette langue y présente des variations régionales et que, parmi ces variations, se détectent des dialectalismes (même transplantés), nous pouvons, pour ces trois raisons, adopter l'expression *parler franco-manitobain*.

## Les composantes du parler franco-manitobain : le fonds commun

Tout d'abord, ce parler se caractérise par un fonds commun très vaste, celui du français normatif, de la *koinè dialexis*, langue commune à tous les locuteurs de la communauté francophone, quel que soit le pays (ou la région) qu'ils habitent.

Ce fonds commun s'est implanté au Manitoba dès l'arrivée des premiers explorateurs et des colons québécois et français, au début du XVIII$^e$ siècle. La langue française a vu son territoire (physique) se dessiner peu à peu : avec l'établissement en 1738 de Fort Maurepas et de Fort Rouge par Pierre Gaultier de Varennes, sieur de la Vérendrye; avec, au XIX$^e$ siècle, l'exploitation de terres manitobaines par des *voyageurs* anciennement employés par la compagnie du Nord-Ouest et celle de la Baie d'Hudson; et avec l'installation de l'archevêché de Saint-Boniface sur un terrain donné à l'Église catholique par Lord Selkirk.

Les circonstances historiques donnent toutes à penser que le français qui se répandait alors au Manitoba était fortement normatif. D'une part, l'enseignement dispensé par les sœurs grises et les oblats (dès le milieu du XIX$^e$), puis par les Jésuites, l'était pour l'essentiel, comme le prouvent les documents, correspondances, récits de voyages et publications contemporains de cet enseignement. D'autre part, à l'époque de la colonisation du Canada, le mouvement de normalisation national était déjà largement amorcé en France, depuis le XVI$^e$ siècle, comme en témoignent les écrivains de la Pléiade. Ce mouvement s'accentua aux XVII$^e$ et XVIII$^e$ siècles sous l'action de grammairiens-lexicologues comme Vaugelas.

## Les archaïsmes

Ce fonds français normatif, transmis par le système éducatif, n'était cependant pas totalement dépourvu de dialectalismes de France, dont certains ont encore cours dans le parler franco-manitobain actuel. De plus, après la Conquête, il y eut, au Québec, un phénomène de « provincialisation de la langue française[5] ». Cette rupture avec le lieu-source de la langue française s'est prolongée jusqu'au milieu du XIX$^e$ siècle. La reprise des relations politiques et culturelles (donc linguistiques) s'est intensifiée depuis 1970 dans le cadre de la francophonie. Il est à noter que cette reprise, très marquée au Québec, est absente au Manitoba.

À l'issue de cette rupture, des éléments de langue, normatifs aux XVII$^e$ et XVIII$^e$ siècles, ont survécu au Manitoba. Nous les désignons sous le nom d'*archaïsmes*. Remarquons aussi que bon nombre des dialectalismes français encore en usage dans cette province se rangent aujourd'hui, en France, parmi les archaïsmes, c'est pourquoi nous pouvons ici les désigner ainsi.

Ces archaïsmes caractérisent le parler franco-manitobain par leur nombre important, leur nombre fixe (la liste en est fermée) et par leur récurrence. Dans une perspective différentielle (comparaison avec la norme actuelle en France), ils se regroupent en trois catégories[6] : archaïsmes intégraux (ceux qui ont disparu de la norme), archaïsmes partiels (ceux qui ont subi un changement sémantique) et archaïsmes potentiels (ceux qui se sont maintenus dans la norme, mais avec une fréquence plus faible).

Ces trois catégories d'archaïsmes s'observent dans toute la structure de la langue. En phonétique, par exemple, le « h aspiré », introduit en Gaule au Ve siècle au moment des invasions germaniques, s'entend régulièrement à l'initiale, et aussi en position médiane (dehors, en haut). Parmi les archaïsmes lexicaux, *croche* a le sens de *tordu* ou de *malhonnête*, ainsi employé au Manitoba, comme du temps de Montaigne : « les doigts un peu croches » (*Essais*, II, 12). En France, ce mot devint rare au XVIIe siècle et disparut au cours du XVIIIe. Les archaïsmes morphologiques abondent aussi : *ouvrage* est au féminin, comme il l'était au XVIIe (sauf dans l'entourage du roi); le suffixe, *-ment* se retrouve encore au Manitoba dans *vitement*; certains mots ont conservé leur préfixe d'antan (*épeuré* pour *apeuré*; *renfermer* pour *enfermer*). En syntaxe, les archaïsmes « aider *à* quelqu'un », « désirer *de* faire quelque chose » et « espérer *de* faire quelque chose » évoquent, respectivement, la langue classique de Marivaux, Madame du Deffand et Madame de Sévigné.

Parmi les archaïsmes dialectaux, *achalant, bavasser, besson, croche, peinturer*[7], sont autant de mots d'origine poitevine (certains d'entre eux ont aussi été attestés en Normandie). D'autres offrent des variantes morphologiques : *grafigner* au Manitoba, *égrafigner* en gallo de Loire-Atlantique[8].

### Les canadianismes

Contrairement aux archaïsmes et aux dialectalismes, les canadianismes sont un type de régionalismes qui n'ont pas leur origine en France. Ce sont parfois des mots amérindiens. Si *mocassin* et *wapiti*, par exemple, ont fait le voyage en sens inverse, vers l'Europe, d'autres mots comme *wabaso, ouache* ou *chichicois*[9] n'ont guère dépassé l'usage canadien, d'ailleurs restreint. Les mots amérindiens sont rares dans le parler franco-manitobain (ils sont plus nombreux dans le parler métis).

Les canadianismes les plus fréquents sont des mots français ou anglais. Ils décrivent le système politique, social, scolaire (etc.) canadien : *palais législatif, école d'immersion, Gendarmerie royale du Canada*, ... Ils désignent des réalités alimentaires (*muffin, brunch*), culturelles (*chalet, patio, soirée sociale*) ou métrologiques (*pied, pouce, verge, tasse*).

Les faits de langue que nous venons de citer ne sont pas exclusifs à une région (le Manitoba). Beaucoup d'entre eux sont aussi attestés au Québec, mais leur fréquence y diffère souvent. Ce sont toutefois des « régionalismes » puisqu'ils sont en usage dans une partie d'une communauté linguistique (la communauté de langue française), inconnus dans les autres régions de cette communauté, et qu'ils « tranchent » sur le fonds normatif.

Les archaïsmes, les dialectalismes et les canadianismes, tels que nous les avons définis, sont donc les trois types de « régionalismes » qui constituent le parler franco-manitobain. Qu'en est-il alors des anglicismes?

Un certain nombre d'anglicismes figurent parmi les canadianismes mentionnés ci-dessus, mais nous avons préféré les nommer « canadianismes », lorsqu'il n'existe pas de termes français de même sens. Les autres anglicismes, ceux qui n'ont aucune raison d'accéder au statut de « canadianismes », et qui sont pourtant les plus nombreux, ne sauraient être considérés comme l'une des composantes du parler franco-manitobain, car ils n'ont de statut défini ni en lexicographie ni en lexicologie. Quelques-uns d'entre eux sont fréquents, mais avec des variations sociolinguistiques importantes (comme « *ploguer* son auto en hiver »). La majorité naissent au hasard des circonstances énonciatives, compositions individuelles dont la liste est malheureusement ouverte (à l'infini!), et dont la fréquence varie considérablement. Ces anglicismes, loin d'être une composante du parler franco-manitobain, agissent en ennemis de *toutes* ses composantes.

## Un parler en danger d'anglicisation : l'anglais, superstrat

La menace d'anglicisation qui pèse sur le parler franco-manitobain est presque aussi ancienne que la présence de la langue française au Manitoba. Les principaux jalons de la francisation de la province que nous avons mentionnés ci-dessus, ont alterné avec ceux de l'anglicisation.

En effet, l'année 1864 vit l'arrivée de centaines de colons ontariens de langue anglaise. Depuis, des immigrants de tous horizons, d'ethnies et de langues ancestrales diverses, ont régulièrement augmenté le nombre des Manitobains anglophones, l'anglais devenant une « langue véhiculaire[10] », supralocale, mais surtout supraethnique.

Du fait de son rôle à l'aube de la colonisation de la province, la langue française jouit d'un statut officiel depuis l'Acte du Manitoba (1870, article 23), statut ensuite « oublié » (en 1890, l'anglais devient seule langue parlementaire et, en 1916, seule langue scolaire), puis restauré (1970, article 113).

Si le territoire juridique semble désormais nettement balisé, celui de la scolarité l'est moins. En effet, après son « expulsion » officielle des salles de classe (entre 1916 et les années soixante), la langue française est revenue en force par le biais des écoles d'immersion, ouvertes à une population scolaire en principe anglophone. En 1992, il existe trente écoles françaises (gérées par le Bureau de l'Éducation française) où 75 % de l'enseignement se fait en français et 25 %, en anglais. Par ailleurs, il existe aussi une centaine d'écoles d'immersion, où 50 % de l'enseignement se déroule en français (ou au moins 25 %).

Par son expansion, l'anglais joue le rôle d'un écrasant superstrat, et ce, malgré le phénomène scolaire de l'immersion. Les étapes de cette expansion ont laissé et laissent encore leurs marques dans la langue française parlée au Manitoba. Il n'est pas de notre propos de faire ici le bilan sur les anglicismes qui l'émaillent, mais citons, à titre d'exemple, l'existence de nombreux anglicismes phonétiques (les noms anglais et les mots ayant des équivalents phonologiquement proches de l'anglais sont prononcés à l'anglaise), d'anglicismes morphologiques (*des* raisins pour *du* raisin; *du* spaghetti pour *des* spaghettis), d'anglicismes syntaxiques (du type « ma question a été répondue ») et sémantiques (des « os » de poisson, au lieu d'« arêtes »).

## Exemple d'énoncé franco-manitobain

L'analyse d'un court énoncé authentique montrera comment le parler franco-manitobain est livré à l'anglicisation et comment il y a résisté jusqu'à présent, mais peut-être de moins en moins intensément. Dans celui qui suit, sur un fonds normatif se détachent archaïsmes (AR) et anglicismes (ANG). Le sujet émetteur de ces paroles décrivait des images.

> Ici, on trouve deux gamins en train de... *discuss* (ANG), *discuter un arbre* (ANG). Alors un des gamins saute par-dessus la clôture et va chercher une pomme *dessus l'arbre* (AR). Ensuite, on trouve l'autre gamin qui *lui* (AR) rencontre et prend une autre pomme (...)
> Sur cette *page-ici* (AR), on trouve un homme qui est en train de *prendre un petit sommeil* (ANG) et les gamins qui jouent au baseball. Et la balle vient *frapper* (ANG) le bonhomme dans la *face* (AR)[11].

À l'oral, ce locuteur présentait une alternance similaire d'anglicismes et d'archaïsmes. *Baseball* fut prononcé en anglais et tous les « o ouverts » (comme dans *pomme* et *homme*) furent légèrement antériorisés et complètement délabialisés, confondus ainsi avec la voyelle anglaise de *cup*. Du côté des archaïsmes, l'accent tonique était souvent placé sur l'avant-dernière syllabe ('*bon*homme), la durée des voyelles, allongée (s*au:*te), etc.

On peut concevoir qu'une telle imbrication d'anglicismes dans un fonds français et un parler régional archaïsant soit difficile à corriger, voire à cerner. Les locuteurs eux-mêmes, sauf s'ils ont reçu une formation linguistique, sont peu aptes à le faire, à résoudre cette dualité. C'est pourquoi cette situation linguistique soulève de sérieuses implications pédagogiques. Cependant, le fait de ne pouvoir se corriger facilement n'exclut nullement, bien au contraire, un sentiment, une perception linguistique aiguë et d'autres implications, cette fois d'ordre sociolinguistique.

## Implications sociolinguistiques

Le double aperçu historique, donné précédemment pour retracer l'implantation parallèle du français et de l'anglais au Manitoba, permet d'imaginer les fluctuations de la perception linguistique des Franco-Manitobains.

La longue mise à l'écart de la constitutionnalité du français a contribué, au cours de plusieurs générations, à perpétuer une image négative de cette langue : infériorité économique et sociale, ou conservatisme religieux. Au contraire, pendant cette longue période, l'anglais brillait de connotations de supériorité économique, de prestige social et de modernisme (mode, techniques et autres). Ainsi, pendant plus de la moitié du XXᵉ siècle, la perception linguistique que les Franco-Manitobains ont eu du français s'est inscrite dans leur développement personnel, individuel (réaction envers les générations antérieures) et dans leur développement social (accession, par l'anglais, à un niveau de vie supérieur).

Le rétablissement du statut de la langue française et le phénomène du système scolaire de l'immersion ont récemment changé la situation, mais pas la perception linguistique. Celle-ci ne peut guère changer, et encore moins s'inverser, sous l'effet d'un double coup de dés. Certes, la politique du bilinguisme officiel (tant au provincial qu'au fédéral) renverse, ou tout au moins combat, l'idée que l'escalade sociale n'est liée qu'à l'anglais : la connaissance du français est devenue un atout. Mais cette réorientation, par les voies politique et économique, ne se fait pas sans conflit. Un changement externe relativement récent (dix à quinze ans) ne peut effacer ni l'évolution linguistique ni la perception linguistique et ethnolinguistique de plusieurs décennies. Un même locuteur peut présenter des contradictions, marques de ce conflit : d'un côté, on veut « garder son français » ; de l'autre, on ne veut pas « prendre de retard en anglais ». Nous avons analysé précédemment un exemple d'énoncé comportant des traces de l'attitude ambiguë de tels locuteurs : malgré la résistance de ses archaïsmes, le parler franco-manitobain est en butte constante aux anglicismes, à tous les niveaux du système linguistique.

Au tournant politique et scolaire pris par le statut de la langue française au cours des années soixante-dix ne correspond pas un tournant de la perception linguistique. Cette absence de changement dans la perception de la langue, voire le négativisme accru de la majorité des Franco-Manitobains et la baisse continue de la cote de popularité du français expliquent peut-être le « hiatus » révélé par les chiffres de deux recensements[12].

En 1961, c'est 60 899 personnes qui s'étaient déclarées de langue maternelle française (ou langue parlée à la maison), contre seulement 23 840 en 1986 : le nombre de locuteurs parlant français à la maison a baissé de 60,8 %. Ces chiffres donnent la mesure de l'assimilation linguistique *de fait*. Mais une autre série de chiffres reflète l'évolution de la perception ethnolinguistique : en 1961, 83 936 personnes s'étaient déclarées d'origine ethnique française contre 55 725 en 1986. Comme nous pouvons difficilement imaginer que 28 211 personnes de souche française ont quitté la province, nous ne pouvons expliquer ce « hiatus » qu'ainsi : ces 28 211 personnes ne se perçoivent plus, ou ne veulent plus se percevoir, comme étant d'origine française (soit 33,6 % de moins qu'en 1961). Cette baisse de 60,8 % du français langue maternelle et ce recul de 33,6 % de la perception ethnolinguistique nous ont conduits à affirmer que la « majorité » des Franco-Manitobains n'ont pas bénéficié, en tant que francophones, du redressement du statut politique du français au Manitoba.

En revanche, les chiffres se montrent plus optimistes en ce qui concerne l'usage du français chez les locuteurs d'origines ethnolinguistiques variées. En 1961, c'est 68 368 personnes qui parlaient les deux langues officielles, et 92 560 en 1986. Cette augmentation de 35,5 % (soit 24 192 locuteurs) atteste les progrès de la langue française en tant que *langue de scolarité*. Ces progrès, corroborés par les chiffres des recensements, sont à l'origine de la dernière partie de notre propos : les implications pédagogiques.

### Implications pédagogiques

Les chiffres ont prouvé que le redressement du statut de la langue a peu joué dans le rehaussement de la perception linguistique et ethnolinguistique des Franco-Manitobains. Par contre, si paradoxalement le français a mieux survécu au Manitoba, à l'époque de ses déboires constitutionnels, cela pourrait être en partie attribué à la qualité de l'enseignement dispensé alors. C'est pourquoi nous devons insister sur le fait que les éducateurs ont un rôle à jouer dans la cote de popularité d'une langue (quelle qu'elle soit) et dans la perception linguistique en général.

Leur influence renforce ou contrebalance celle qui vient du milieu familial ou social. Les enseignants transmettent, consciemment ou inconsciemment, leur propre perception linguistique à leurs élèves : autant donc, que ce soit consciemment. Il faut alors faire de la perception linguistique et ethnolinguistique un sujet de réflexion pédagogique et un élément actif de l'enseignement.

Pour appliquer ces principes à notre sujet, la dualité linguistique franco-manitobaine, disons que la perception linguistique et ethnolinguistique s'améliorerait si tous les enseignants avaient eux-mêmes une claire perception de cette dualité. Ils sauraient alors démêler ces deux tendances chez les jeunes locuteurs : la tendance à l'archaïsme et la tendance à l'anglicisme. Au nom de la norme, on ne doit pas confondre les deux. En aucun cas, les régionalismes ne devraient être rapprochés des anglicismes sous l'effet d'une même tentative normalisante ou dans le cadre d'une même leçon. Les anglicismes demandent à être corrigés systématiquement, tandis que les archaïsmes (et autres composantes du parler franco-manitobain) sont à remarquer, à comparer avec d'autres synonymes (dans le cas d'un cours sur les niveaux de langue, par exemple). En classe, il faudrait découvrir les régionalismes, mettre en valeur leur mode d'emploi.

Cette distinction entre les composantes d'un parler régional et les éléments d'un superstrat qui les minent implique une formation particulière des professeurs, si l'on souhaite que ces derniers prennent de telles précautions dans leur enseignement.

Cette formation inclurait *deux volets* : d'une part, un repérage efficace des anglicismes par un entraînement à la rédaction (séparée) en français et en anglais, par des cours de grammaire comparative (ou de stylistique comparée) et de syntaxe française (pour apprendre à déloger les épineux anglicismes syntaxiques); d'autre part, une analyse des régionalismes, grâce à une formation (au moins minimale) en histoire de la langue française, en littérature de la Renaissance au XVIIIe siècle (oui, il y a des textes abordables!), en géographie linguistique, en dialectologie française et franco-canadienne. L'étude d'une langue amérindienne locale pourrait compléter ce programme. La correction des anglicismes est axée sur une approche plutôt synchronique (rédaction en langue moderne, étude de textes contemporains), alors que l'étude des régionalismes est fondée sur une approche diachronique et diatopique, sortant du cadre présent et du territoire manitobain pour retrouver les liens (qui existent) avec d'autres époques et d'autres lieux. Quelles faibles chances de succès aurait un aménagement linguistique qui ne s'accompagnerait pas de réformes dans la formation des enseignants! Nous sommes convaincue que les enseignants ont un rôle à jouer dans le redressement de la perception linguistique, dans la présence ou l'absence d'une fierté linguistique. Pour cela, le français enseigné au Canada ne doit pas être envisagé et présenté par les enseignants à leurs élèves comme étant dans un état de survie, même dans ses variations régionales. Il ne doit pas, non plus, être enseigné *contre* l'anglais, mais *en soi*, dans son histoire, sa norme, mais aussi avec ses régionalismes, et par des moyens pédagogiques qui mettent en relief ce qu'il a de particulier donc... d'irremplaçable.

Notre analyse de la dualité linguistique franco-manitobaine et de ses implications ouvre, plutôt qu'elle ne se ferme, sur une conclusion qui est en soi un vaste sujet de réflexion : paradoxalement, c'est en se tournant vers l'histoire de sa langue (et de son parler), en comprenant d'où elle vient, quels besoins l'ont fait évoluer, qu'on découvre qu'elle est un instrument de communication et d'expression moderne — et l'une des grandes langues du monde de demain, dans le cas du français.

Des enseignants autant que des locuteurs, des journalistes et des écrivains, dépend que « le français continue de s'appauvrir et de s'étioler ou qu'il devienne l'instrument de communication riche et souple qui seul peut avoir des chances de s'imposer dans la compétition entre les langues que nous prépare l'évolution de l'humanité[13] ».

# NOTES

1. *Dictionnaire de linguistique*, Larousse, 1973.

2. *Littré*, 1959.

3. *Petit Larousse illustré*, 1976.

4. *Le Petit Robert 1*, 1985.

5. J.-D. Gendron, « La Langue française au Canada face à ses grands voisins », actes du colloque *Les Grands Voisins*, Bruxelles, 1984, p. 135.

6. Catégories analysées par L. Rodriguez dans *Mots d'hier et mots d'aujourd'hui*, Éditions des Plaines, 1984.

7. R. Mineau et L. Racinoux, *Glossaire des vieux parlers poitevins*, Poitiers, Brissaud, 1982.

8. P. Brisseau, *Dictionnaire patois du canton de Blain de L. Brizeul*, Université de Nantes, 1988.

9. Pour la définition de ces mots, consulter G. Dulong, *Dictionnaire des canadianismes*, Larousse, 1989.

10. *Le Langage*, Encyclopédie de la Pléiade, Gallimard, 1968, p. 577.

11. Le mot « face », courant dans la norme française jusqu'au XVIII<sup>e</sup> siècle et encore attesté dans de nombreuses provinces de France, passe à tort pour un anglicisme au Canada à cause de sa ressemblance avec le mot anglais « face » : c'est confondre l'origine et l'usage régional d'un mot avec l'une (et une seule) des circonstances de sa survivance.

12. Statistique Canada, recensements de 1961 et de 1986.

13. A. Martinet, *Le Français sans fard*, P.U.F., Paris, 1974, p. 32.

# CONTES STATIQUES ET NÉVROTIQUES
## de PAUL SAVOIE
### (Montréal, Guérin, 1991, 246 p.)

Georges Bélanger
Université Laurentienne (Sudbury)

Avec ce recueil, *Contes statiques et névrotiques*, Paul Savoie, originaire de Saint-Boniface (Manitoba) publiait son dixième ouvrage. Avant d'aborder cet univers étrange et insolite dans lequel le lecteur est plongé — à cet égard le titre annonce bien le contenu — il est important de souligner avec quelle précision et minutie ce livre a été conçu et structuré.

Il contient trente contes ou récits également partagés en cinq chapitres. Deux autres récits d'à peine quelques pages, *Tout converge* et *Tout dévie*, jouent un rôle déterminant dans l'ouvrage. Sortes de prologue et d'épilogue, ils servent pour ainsi dire de balises parce qu'ils établissent les limites et la thématique de cet univers.

On y fait la connaissance d'un couple, Alain et Anne, qui se retrouve dans un chalet de montagne. Chacun vaque à ses occupations, le premier à l'intérieur est assis à sa table de travail, l'autre est étendue à l'extérieur sur une banquette sous une fenêtre. Sur le plan visuel, unique point de rapprochement et de communication entre eux, leurs regards, leurs gestes et leurs actions se reflètent dans la vitre. En effet, tout converge vers cette fenêtre. Pourtant les rayons du soleil et les jeux d'ombres et de lumière trahissent le reflet et le renvoi des images : tout dévie. Loin d'échanger ou de communiquer, les personnages se dévoilent étrangers l'un l'autre, si près et pourtant si distants : la rupture a lieu. À cet égard, la page couverture reproduit une illustration de Josée Perreault qui évoque bien l'ambivalence de ces images. Isolés et solitaires malgré leur proximité, ils se laissent envahir et envelopper tour à tour par le monde environnant, en particulier par les objets, s'abandonnent, coulent au fond d'eux-mêmes et basculent hors du réel.

Ces deux récits constituent en quelque sorte la matrice du recueil. L'auteur s'en inspire pour créer tous les contes et, par le fait même, occupe un territoire où s'exerce son imaginaire. Les thèmes et les personnages se multiplient au fil des textes et projettent toujours une parcelle de ces deux récits clés.

L'objectif visé demeure toujours une réflexion sur l'homme, ses désirs, ses interrogations, ses rapports avec les autres et avec l'univers ambiant, mais elle est présentée de manière très singulière. Et le lecteur ne s'y trompera pas. Il apprendra tôt les règles du jeu et découvrira que le monde qui s'offre à lui laisse peu d'emprise sur le réel, puisqu'il abolit presque toutes les lois, les règles et les normes. Il se rendra compte que plus rien ne tient que le rêve et l'imagination, et que celle-ci vogue à la dérive, entièrement soumise, dans une sorte d'éclatement, aux êtres et aux choses. Ses limites n'ont d'égales que son immense pouvoir.

Partant de là, tout se précipite et les pièces du mécano tombent bien en place. Ordonnée et précise, la thématique d'abord se déploie et regroupe cinq thèmes majeurs (il s'agit des titres de chapitres) : *Fenêtre*, *Chat*, *Chevelure*, *Baignoire* et *Couteau*. Pour chacun, l'auteur propose une étude de variation en six mouvements distincts, c'est-à-dire qu'il crée six récits dont le rythme et le degré d'intensité varient beaucoup. Ainsi sont-ils statiques dans la mesure où des forces, celles du bien et du mal entre autres, s'affrontent continuellement et agissent sur les personnages; et névrotiques, parce qu'ils témoignent de toutes les affections nerveuses possibles, de l'hystérie à l'obsession.

Autre caractéristique importante à noter également, les contes se déroulent selon un rite et un cérémonial particuliers et garantissent au lecteur toutes les gammes de l'émotion. L'événement apparemment le plus banal ou le plus anodin risque à tout coup de provoquer la surprise ou l'étonnement, de semer l'épouvante à tous vents, voire de basculer directement, et plus d'une fois, dans l'horreur et la terreur. Le lecteur fait face à un univers hétéroclite et profondément imprégné de fantastique, d'insolite et d'étrange.

Les personnages, hommes ou femmes, aussi énigmatiques et bizarres les uns que les autres, sont toujours déstabilisés, dépossédés de leurs moyens et en déséquilibre sur le plan émotif et psychique. Victimes ou proies toutes désignées, ils évoluent dans un monde où les objets et les êtres, souvent personnifiés ou métamorphosés, exercent des pouvoirs puissants et extraordinaires.

Découvrons-les en prenant comme exemple le troisième et le cinquième chapitres, et admettons sans détour qu'il s'agit là d'un choix prémédité, pour deux raisons. Ces douze récits semblent très représentatifs et parlent beaucoup de vie, d'amour et de mort. Et puis, à notre avis, ils contiennent les deux meilleurs textes du recueil. Deux thèmes donc, celui de la chevelure et du couteau, qui présagent de beaux mouvements et d'un certain suspense. À qui et à quoi ces termes peuvent-ils faire penser ou référer si l'on considère qu'ils doivent s'inscrire dans un récit statique et névrotique d'environ cinq ou six pages? Paul Savoie en surprendra plus d'un.

Chevelure? Quoi de mieux que d'imaginer une coiffeuse sur qui s'abattent plusieurs malheurs, comme la visite d'une cliente, sorte de Méduse des temps modernes, dont les cheveux se transforment en de nombreux serpents, qu'elle est appelée à coiffer, à « figer » (*Salon de coiffure*). Le terme évoque aussi la présence de la femme, renvoie à sa chevelure pour décrire l'amour perdu (*Décharge*), pour expliquer plusieurs facettes des rapports amoureux (*La toison*), pour montrer la mort ou la disparition de la femme aimée (*Pèlerinage*); ou, dans une finale, pour dépeindre la mort : l'exemple d'une cavalière, cheveux et crinière unis, emportée par sa folle monture (*À cheval*) et cette étrange évocation du bruit du couperet d'une guillotine qui élimine les têtes « aux chevelures blondes, chevelures noires; crinières fines; cheveux fournis, ébouriffés, en boucles, en nattes » (*L'échafaud*).

Les couteaux, objets omniprésents, tournoient et fauchent mortellement au cinquième chapitre. Tantôt la mort revêt la forme d'une égorgeuse ou d'une bouchère dont le métier est justement de tuer avec dextérité, d'égorger ou de dépecer les animaux, ou de faire passer de vie à trépas quelques humains, par vengeance (*L'égorgeuse*, *La bouchère*); tantôt elle n'épargne personne : un moribond (*Catacombes*), un grand-père (*Réunion de famille*), ou un individu assassiné au cours d'une rixe (*Enchevêtrement*). Un de ces textes se démarque de l'ensemble. Véritable hymne à la découverte de l'amour, s'il relate avant tout la rencontre amoureuse d'un homme et d'une femme, il représente, à un autre niveau, plus que la petite mort reliée à l'acte d'amour. Au-delà des premiers émois et des premières douleurs, il appelle le désir, la force, la vie et la victoire de l'amour sur la mort. *Décharge* présente des caractéristiques semblables, bien qu'il mette l'accent sur la douleur provoquée par la perte de la femme aimée. Il s'agit des deux plus beaux contes du livre.

Seule l'écriture a permis à l'auteur d'éviter les nombreux pièges et de relever l'important défi que comportait la création de cet ouvrage. Elle sert d'assise et de garantie : sans sa parfaite maîtrise, l'œuvre risquait de tourner à la catastrophe et à l'échec. Très forte et évocatrice, elle explore à fond le langage, la puissance des mots et des images, et revêt la forme d'une prose poétique.

Mais n'entrera pas qui veut dans ce monde inhabituel et déroutant. Des lecteurs seront sans doute rebutés par ce livre, par la façon dont l'auteur imagine et aborde la matière. Sans doute jugeront-ils, à l'occasion, certains textes trop morbides ou trop absurdes. Pourtant, nous pensons que Paul Savoie nous invite à découvrir autre chose que cet aspect un peu provocateur de son livre. Et qui cédera à la tentation de se laisser emporter par cette écriture poétique, ouvrira les portes d'un monde certes hors de l'ordinaire, mais envoûtant et séduisant.

# PAROLE ET MUSIQUE :
## MÉTHODE DE PHONÉTIQUE CORRECTIVE
### de LILIANE RODRIGUEZ
(Saint-Boniface, Éditions des Plaines, 1991, 446 p.)

Louise Larivière
Université de Montréal

En 1990, une première pour les Éditions des Plaines : la publication d'un manuel, *Introduction à la sociologie* par Jean Lafontant. En 1991, une « récidive » : la publication d'un autre manuel portant, cette fois-ci, sur la phonétique corrective, *Parole et musique* par Liliane Rodriguez.

L'ouvrage de Rodriguez a pour but d'améliorer la performance orale des étudiants anglophones en se fondant sur la phonétique comparée du français et de l'anglais et sur des techniques correctives musicales (articulatoires et acoustiques). Il ne se contente donc pas de proposer une méthode de phonétique corrective; il se veut aussi un essai qui situe les rapports liant la parole et la musique. Pour ce faire, il propose un itinéraire où s'associent une rééducation auditive, une rééducation articulatoire et une compréhension du système linguistique. Ainsi, sur le plan de l'audition, comme les constituants du son se retrouvent dans la parole et dans la musique, l'auteure croit que, pour se familiariser avec la structure des sons, « il est plus naturel (et plus agréable!) » d'écouter chanter que d'écouter une conversation dans un idiome inconnu (p. ii). Aussi propose-t-elle quelques exercices de solfège et l'écoute d'extraits musicaux pour affiner la perception auditive et préparer à l'analyse des sons de la langue à apprendre. Cet ouvrage est accompagné de deux cassettes qui contiennent des séries d'exercices de toutes sortes.

Dans l'introduction appelée justement *Ouverture*, l'auteure précise à qui est destiné son manuel. *Parole et musique* s'adresse d'abord aux anglophones du Canada, de toutes origines, qui étudient le français au niveau universitaire ainsi qu'à des francophones qui ont acquis, en contexte minoritaire, des anglicismes de prononciation. Cet ouvrage est aussi destiné aux professeurs de français, particulièrement aux professeurs de français langue seconde qui enseignent au niveau secondaire ou universitaire, ainsi qu'aux musiciens, chanteurs et acteurs désireux d'améliorer leur prononciation en français.

Il est heureux que les Éditions des Plaines aient pris le risque (car il faut bien parler de risque pour une maison d'édition francophone faisant affaires en milieu minoritaire) de se lancer dans la publication de manuels s'adressant à une population étudiante de niveau universitaire. C'est une pratique, malheureusement trop absente, dans les milieux universitaires francophones, même en milieu majoritaire.

D'une tenue soignée, un peu trop sobre peut-être, ce manuel présente certaines lacunes : un *index* des termes utilisés serait fort utile et une *table des matières* en début de volume serait plus pratique. Il aurait été pratique également que les sigles utilisés pour les ouvrages cités dans la bibliographie soient explicités en début de volume, d'autant plus que ces sigles renvoient aux titres (comme OPC pour *Œuvres poétiques complètes*) et non aux auteurs, afin d'éviter d'avoir à parcourir toute la bibliographie pour trouver l'ouvrage correspondant au sigle. On y décèle aussi des erreurs de transcription phonétique, particulièrement en anglais : le « r » de *fruit* [fRu : t] (p. 368), le « th » de *ethics* [eʃiks] (p. 131), et quelques erreurs orthographiques en français : *lingo* au lieu de *lingot* (p. 222–223) et *landeau* au lieu de *landau* (p. 230–231).

Par ailleurs, certains choix phonétiques nous semblent critiquables : par exemple, les transcriptions des mots en -isme tel, entre autres, *prisme* prononcé [pRizm], alors qu'en français l'assimilation est progressive et dévoise le [m] sous l'influence du [s], donc [pRism̩], et non régressive, comme le suggère la sonorisation du [s] en [z] sous l'influence du [m]. On s'explique mal, aussi, l'utilisation du terme « affrication » et la transcription [tˢi :], *tea* (p. 404), pour caractériser une tendance que l'on veut corriger pour en arriver à prononcer correctement les mots qui commencent par [t] ou [d] en français; dans ce cas, ne s'agit-il pas plutôt d'*aspiration* que d'affrication qui se produit uniquement pour les occlusives sourdes [p, t, k] devant voyelles?

Les cassettes d'accompagnement comportent, elles aussi, quelques erreurs : l'utilisation du phonème [ã] dans [pãsɔm], *pensum*, alors que la norme (voir la transcription du *Petit Robert*) exige le phonème [ɛ̃] (cassette 1, côté A); les [a] sont systématiquement prononcés [ɔ] par l'un des lecteurs; le « t » dans *lot* est prononcé alors qu'il ne le devrait pas; le mot *doux* est prononcé [duz]; trop souvent, les mots de deux syllabes prononcés isolément portent l'accent sur la *pénultième* et non sur la *tonique*; les mots prononcés en détachant les syllabes manquent de naturel et ne contribuent pas vraiment à donner une image réelle de la prononciation française; il n'y a aucun intérêt à faire prononcer les syllabes muettes finales dans des mots tels que *pro-ba-ble* ou *to-lé-ra-ble*. En outre, les exercices ont été conçus de façon à ce que l'on répète, par imitation, les énoncés prononcés; or le temps laissé entre chaque énoncé est insuffisant pour pouvoir répéter. De plus, on entend à l'occasion, sur les cassettes, des bruits de feuille que l'on tourne…

En somme, malgré ces quelques réserves, *Parole et musique* est un manuel fort complet au plan du contenu, original quant à sa façon de traiter la matière, et destiné à combler un vide certain en matière de manuels en français de niveau universitaire. On ne peut que se réjouir que les Éditions des Plaines aient pris l'initiative de se lancer dans l'aventure du manuel scolaire avec un deuxième ouvrage qui pourrait, sans contredit, s'imposer au plan national.

# MARIE-ANNA ROY, UNE VOIX SOLITAIRE
de PAUL GENUIST, avec la collaboration de MONIQUE GENUIST
(Saint-Boniface, Éditions des Plaines, 1992, 178 p.)

Paul G. Socken
Université de Waterloo

Marie-Anna Roy avait quinze ans à la naissance de sa sœur, Gabrielle, qu'elle critique sévèrement dans son livre, *Le Miroir du passé*, lui reprochant la complaisance avec laquelle elle se décrit.

Quand j'ai appris qu'un chercheur avait fait publier un livre sur la vie et l'œuvre de cette même Marie-Anna Roy, j'ai été pour le moins décontenancé. Pourquoi accorder de l'importance, même posthume, à l'œuvre et à la vie de cette femme de toute évidence envieuse et méchante? Parlerait-on d'elle si elle n'était pas la sœur de Gabrielle Roy?

Rien dans le premier chapitre ne m'a dissuadé de ma première impression. Paul Genuist dit que Marie-Anna a hérité de ses parents « un caractère plutôt raide, également despotique, qui rend difficile les rapports d'autrui, ce dont elle souffrira toute sa vie ». Il confirme son « goût impérieux de la domination » et va jusqu'à dire que ce goût « lui colle à la peau ».

Cependant, Genuist a très bien su mener son entreprise. Dès le deuxième chapitre, où commence vraiment l'histoire de la vie de cette femme singulière, le portrait psychologique se précise et s'équilibre. On découvre alors une femme intelligente, travailleuse et résolue qui a vécu une vie exceptionnellement difficile. À une époque où les filles n'allaient pas à l'université, elle a suivi des cours par correspondance, en plus des cours d'été, pendant vingt-deux ans, avant d'obtenir son diplôme. Puis, « à force de courage et de persévérance, elle réussit à écrire et à publier ses œuvres ».

Genuist donne un bref résumé de ses livres qui « n'ont pas connu de succès de vente » et des inédits de l'auteure. Dans ses écrits controversés, Marie-Anna prétend que Gabrielle était, à une époque, une communiste agressive qui devait beaucoup de son succès au critique Henri Girard, avec qui elle avait formé une union libre : « Le mariage de Gabrielle aura un effet dévastateur sur Henri Girard. » Ces écrits ont causé une rupture, suivie d'une trêve quand Gabrielle a envoyé à ses sœurs, Clémence et Marie-Anna, des chèques de 2 000 $. Cependant, à la suite d'une visite de Gérard Bessette, Marie-Anna décide de faire publier *Le Miroir du passé* et rompt définitivement. Après la mort de Gabrielle en 1983, Marie-Anna ne cesse

57

d'écrire à son sujet, manifestation littéraire d'une « tension que même la mort de [Gabrielle] ne peut abolir ».

Ce n'est toutefois qu'au chapitre sur l'écriture que Genuist révèle la raison de ce livre. Il se range du côté des critiques qui lui reconnaissent « un grand talent, celui de l'observation… Elle a le don du regard juste qui ne modifie pas ce qu'elle voit, mais le rend avec exactitude et relief ». *Le Pain de chez nous*, par exemple, « forme une excellente chronique de la vie en terre de colonisation au tournant du siècle » et *Valcourt* constitue « un document de réelle valeur sur ces plus récents colons, pauvres et incultes, à l'assaut des dernières terres neuves ». Genuist reproduit quelques descriptions faites par Marie-Anna, pour conclure que « La Bruyère ne faisait guère mieux en son temps pour présenter, sous forme aussi condensée, le fruit de ses observations satiriques ». Ses descriptions de la nature suscitent l'admiration : « elle a tout noté parce qu'elle a tout senti. » Genuist reconnaît le manque d'imagination de l'auteure, mais compare son œuvre aux lettres et aux rapports des « explorateurs des premiers temps de la colonisation en Nouvelle-France », et la place dans « cette tradition documentaire, basée sur l'observation ».

Bien que les écrits de Marie-Anna Roy exposent la misère et la difficulté de sa vie, son œuvre « n'occasionne chez elle aucune remise en question fondamentale d'un système social injuste ». Marie-Anna Roy n'est ni réformatrice sociale ni martyre : « Ancrée dans la misère, son œuvre ne la sacralise pas, pas plus qu'elle en appelle à des tentatives exaltées de solution. » Genuist accorde plutôt à son œuvre une valeur historique : « Par son aspect de document ou de témoignage, jugé comme éminemment authentique, elle entre sans fracas, par la petite porte peut-être, mais de façon très réelle, dans l'histoire de l'Ouest. »

Genuist finit non seulement par admirer l'œuvre, mais malgré lui et malgré elle, la personne aussi. Elle a pris des décisions radicales, « voire révolutionnaires pour son milieu : se cultiver, contre l'avis général; suivre des cours universitaires; rompre un mariage qu'elle voit comme une entrave à sa liberté; faire carrière; s'établir sur une terre à plus de quarante-cinq ans; plus tard encore, sa tentative de réalisation de soi par l'écriture ». Elle semble incarner pour Genuist l'esprit même de l'Ouest canadien, la liberté et l'espoir en des lendemains meilleurs. Tout en admettant ses défauts, Genuist la voit comme une victime de son époque antiféministe — ou peut-être pré-féministe — et autoritaire, qui réprime son indépendance et sa curiosité intellectuelle. Genuist réussit à dévoiler le mystère de la sœur aînée de Gabrielle Roy dans un portrait psychologique fin et nuancé.

Monique Genuist a ajouté un dernier chapitre dans lequel elle prétend que Marie-Anna Roy « annonce et rejoint, sans doute involontairement et inconsciemment, quelques aspects du discours féministe ». Elle fait la distinction dans l'œuvre de M.-A. Roy entre les ouvrages historiques, qui participent du « discours masculiniste qui a effacé le nom des femmes du cours de l'histoire et de l'humanité », et les romans qui font, pour la plupart, le portrait de la femme forte et indépendante.

Il résulte de tout cela une étude assez surprenante. Marie-Anna Roy prend sa place dans l'histoire des écrivains documentaires sur l'Ouest et est, en quelque sorte, réhabilitée par les Genuist. En ne cachant rien, ces chercheurs mettent au jour la tragique mésentente entre deux sœurs, dotées de personnalités et de talents entièrement différents, qui n'avaient pas l'esprit assez large pour s'apprécier mutuellement et s'entendre.

# DU QUÉBÉCOIS À L'ONTAROIS :
## APERÇU GÉNÉRAL SUR LE FRANÇAIS ONTARIEN

Raymond Mougeon
Université York (Toronto)

La présente étude est consacrée au français de l'Ontario[1]. Elle a pour but de fournir un aperçu de ses caractéristiques phonétiques, morphologiques, syntaxiques et lexicales, d'identifier les grandes tendances de son évolution et de faire état des facteurs historiques, démographiques et socio-psychologiques que l'on peut relier à ces caractéristiques linguistiques et aux tendances évolutives.

Il vaut la peine de mentionner qu'il y a environ douze ans, dans une revue destinée aux spécialistes des sciences de l'éducation et dans des journaux destinés au grand public, nous avions, à titre de linguiste, publié une courte présentation générale sur le français ontarien, dans laquelle nous signalions, entre autres, la nécessité et l'intérêt d'effectuer des recherches sociolinguistiques d'envergure sur cette variante méconnue et stigmatisée du français canadien[2]. Cet appel n'est pas resté lettre morte, loin de là. Des recherches sociolinguistiques ont eu lieu (certaines sont encore en cours) et ont fourni un vaste ensemble de données scientifiques sur le français parlé en Ontario. À tel point que l'objectif que je me suis fixé dans le cadre de cette étude m'apparaît comme un défi de taille, d'autant plus que celle-ci est publiée dans une revue multidisciplinaire.

En plus de reposer sur les principales données de la recherche sociolinguistique sur le français ontarien, notre étude profitera aussi du double éclairage d'arrière-plan fourni par les recherches (socio)linguistiques sur le français québécois (français dont est largement issu le français ontarien) et par celles consacrées aux langues minoritaires (on sait qu'en Ontario, le français a le statut de langue minoritaire).

### Le français ontarien : un provignement du français québécois

Les recherches sociolinguistiques sur le français ontarien font ressortir clairement le lien génétique étroit qui l'unit au français québécois. Bien que, durant son histoire plus ou moins récente, le français ontarien ait, sans aucun doute, acquis des traits distinctifs qui le différencient de son « parent » québécois, il demeure une large congruence entre l'ontarois et le québécois. Seuls les Canadiens français aux « oreilles averties » peuvent, en se basant seulement sur les caractéristiques linguistiques du parler d'un locuteur qui leur serait inconnu, détecter ses origines franco-ontariennes. L'existence de nombreux points communs entre le québécois et l'ontarois s'explique par l'histoire du peuplement français en Ontario. La présence d'une communauté francophone en Ontario est en grande partie le résultat de plusieurs vagues migratoires en provenance du Québec (la première ayant débuté en 1850), coïncidant avec l'expansion de l'industrie forestière et minière (dans le nord et le moyen-nord de la province) et, plus tard, de l'industrie automobile dans le sud. Bien que, dans quelques localités, les Acadiens aient pu représenter, à partir des années trente, une proportion non négligeable des nouveaux arrivants francophones (notamment à Windsor, à Sudbury et à Toronto), leur afflux n'a pas été suffisamment intense pour entraîner l'adoption, dans ces localités, d'usages typiques du français acadien. Finalement, l'arrivée relativement récente à Toronto et à Ottawa de francophones qui ne sont pas nés en Amérique du Nord ne semble pas non plus avoir eu d'influence remarquable sur le français vernaculaire. Dans ces deux villes, les francophones de l'étranger constituent une part, somme toute, assez modeste de la population francophone locale et ils n'ont pas de contacts très étroits avec les Franco-Ontariens de souche.

Voyons brièvement quelques-unes des nombreuses caractéristiques phonétiques, lexicales et morphosyntaxiques que le français ontarien partage avec le québécois. En ce qui a trait à la prononciation, on mentionnera, au chapitre des consonnes : la coarticulation de sifflantes avec /t/ et /d/ devant les voyelles /y/ et /i/ (tu dis = [t$^s$y d$^z$i])[3]; le /r/ apical [ɾ] prononcé avec le bout de la langue qui entre en contact avec le haut des dents (la raison [la ɾɛ:zɔ̃]), et qui subit actuellement, comme en québécois, la concurrence du /r/ uvulaire, son qui rappelle le /r/ des Parisiens[4]; le /h/ aspiré (dehors [dəhɔɾ], la hache [la haʃ]), plus répandu en français ontarien qu'en français québécois[5], qui constitue une subsistance d'une ancienne prononciation jadis commune en France; l'élision du /l/, notamment dans les pronoms et les articles (il les a mis sur la table [yɛzamisyatab])[6], trait que le québécois lui-même partage dans une certaine mesure avec le français de France, etc. En ce qui concerne les voyelles, on peut mentionner : la diphtongaison des voyelles longues (les roses blanches [lɛɾoʷzblɑ̃ʷʃ]), trait qui serait en partie hérité des patois ou des français régionaux du nord-ouest de la France[7]; la postériorisation (avec ou sans arrondissement des lèvres) du /a/ en finale de mot, (le Canada [ləkanadɑ] ou [ləkanadɔ])[8]; l'ouverture du son /ɛ/, également en finale de mot (le poulet [ləpulaʼ]), trait typique de la prononciation parisienne au XVII$^e$ siècle[9]; la conservation de l'ancienne prononciation [we] pour [wa] (trait typique du français de la France prérévolutionnaire) dans plusieurs mots qui incluent la séquence orthographique « oi » (moi [mwe])[10].

Passons maintenant au vocabulaire. Pour ce qui est du lexique général, une consultation des concordances produites à partir de mes corpus linguistiques de français ontarien (notamment celui du français parlé à Welland, au sud de l'Ontario[11]) révèle l'existence de nombreux mots également attestés en québécois. Mentionnons, entre autres, les mots *tralée* (« ribambelle » en français de France), *banc de neige* (« congère »)[12], *niaiseux* (adjectif ou substantif dépréciatifs qui n'ont pas d'équivalents exacts en français de France)[13] *piastre* [pjas] (« dollar »), *vue* (« film »)[14], *cave* (« soussol »), *musique à bouche* (« harmonica ») ou encore les variantes synonymiques *char/machine/auto/automobile/voiture* et *cenne(s)/sou(s)/cent(s)* et, finalement, un certain nombre d'emprunts à l'anglais, qui sont généralement des variantes synonymiques familières et/ou populaires : *checker* (du verbe *check*), synonyme de « vérifier »; *tough*, synonyme de « dur »; *poque* (de l'anglais *puck*), synonyme de « rondelle » (terme du hockey); *truck*, synonyme de « camion ».

Finalement, au chapitre de la morphosyntaxe, on peut signaler que, comme les Québécois, les Franco-Ontariens expriment, à la première personne du singulier, le futur immédiat à l'aide de deux variantes synonymiques : *je vas/m'as* (*je vais* est rare aussi bien en québécois qu'en ontarois) : *j'vas/m'as t'en parler plus tard*[15]. Ils utilisent aussi, comme leurs « cousins » québécois, entre deux propositions reliées par une relation large de cause à effet, la conjonction consécutive *ça fait que* (synonyme de « alors »), qui est souvent prononcée [fak(ə)] : *c'est trop cher, ça fait que je l'achète pas*[16]. En ontarois, tout comme en québécois, on emploie la préposition *chez* mais également plusieurs variantes de la préposition *sur* (*sur/su/d'sus*) devant les substantifs qui renvoient au domicile d'une personne (*j'ai passé la fin de semaine chez/su ma mère* : usage attesté en ancien et en moyen français), ou encore la préposition *à* (synonyme de « de ») pour exprimer la possession au sens large ou restreint (*la cousine à mon père* : vieil usage que l'on entend encore en français populaire hexagonal)[17]. Signalons aussi que dans les énoncés négatifs, la forme commune de l'impératif présent des verbes pronominaux, en français ontarien comme en québécois, est du type verbe + pron. tonique + pas : *inquiète-toi pas* (« (ne) t'inquiète pas » en français standard).

## Divergence par rapport au québécois

Comme nous venons de le voir, il y a une large part de congruence entre le français québécois et le français ontarien. Cependant, il est également indéniable que, à la suite de son exportation en terre ontarienne, le français du Québec a progressivement acquis une coloration propre. Nous allons, tout d'abord, rendre compte des principaux changements sociologiques et politiques qui ont affecté la communauté franco-ontarienne et qui sont, sans doute, les causes majeures d'une telle divergence linguistique.

## Montée du bilinguisme et de l'assimilation

Durant son histoire récente, la minorité franco-ontarienne a toujours constitué une proportion modeste de la population de l'Ontario (majoritairement anglophone). S'il y a plus d'un demi-million d'individus de langue maternelle française en Ontario, ils ne représentent que 5 % de la population de cette province. Le recensement canadien, qui définit le bilinguisme comme la capacité de soutenir une conversation dans les deux langues officielles du pays (le français et l'anglais), révèle qu'il y a 84 % de locuteurs bilingues chez les Franco-Ontariens et qu'il y a peu de différence entre le taux de bilinguisme des plus vieilles générations et celui des générations adolescentes (78 % contre 90 %). La montée du bilinguisme chez les Franco-Ontariens n'est donc pas chose récente. Elle est sans doute due en partie à leur statut de minoritaires (au sens démographique et économique). Dans un même ordre d'idées, le recensement national a révélé la présence au sein de la population ontarienne de langue maternelle française (c'est-à-dire les personnes ayant appris le français dans leur enfance et le comprenant toujours le jour du recensement) de plus de 25 % de personnes qui, en fait, ont appris cette langue en même temps que l'anglais! On a montré ailleurs que ce type de bilinguisme précoce n'est pas favorable au maintien du français, car ces personnes ont, par la suite, tendance à abandonner l'usage du français au foyer[18]. Ces statistiques générales cachent, cependant, des différences régionales et intergénérationnelles intéressantes. Ainsi, par exemple, dans la communauté franco-ontarienne très fortement majoritaire de Hawkesbury, la proportion générale des bilingues n'est que de 66 % alors que, dans la communauté franco-ontarienne très minoritaire de Pembroke, le pourcentage de bilingues est proche du seuil maximal, soit de 96 %[19]! Par ailleurs, une enquête menée au sein des jeunes générations franco-ontariennes a révélé l'existence de nombreuses personnes hautement bilingues (c'est-à-dire qui se considèrent capables de s'exprimer avec autant de facilité en français qu'en anglais, voire, pour certains, plus facilement en anglais qu'en français)[20]. Ces faits expliquent sans doute pourquoi plusieurs chercheurs ont découvert, d'une part, que le bilinguisme est une dimension importante de l'identité franco-ontarienne, notamment au sein des jeunes générations et, d'autre part, qu'il y a un taux élevé et croissant de mariages linguistiquement mixtes (mariage avec un anglophone) au sein de la population franco-ontarienne[21]. Le haut niveau de bilinguisme des Franco-Ontariens a probablement eu pour effet de les rapprocher linguistiquement et culturellement de la majorité anglo-ontarienne et de favoriser ainsi l'exogamie. Une des conséquences notables de la montée du bilinguisme et de l'exogamie parmi les Franco-Ontariens est que le foyer n'est plus la place forte du français en Ontario comme il l'était auparavant. À ce sujet, les données du recensement national ont permis de découvrir que si 72 % des francophones marié(e)s à un(e) francophone déclarent communiquer surtout en français au foyer, il y en a quand même 18 % qui déclarent communiquer surtout en anglais. Par ailleurs, 90 % des francophones mariés à un anglophone déclarent, quant à eux, communiquer surtout en anglais! Fait remarquable, l'abandon du français au foyer ne se traduit pas nécessairement par la décision d'envoyer les enfants dans les écoles de langue anglaise. En fait, plusieurs études montrent qu'en Ontario on trouve dans les écoles de langue française non seulement les enfants des parents qui maintiennent le français au foyer, mais aussi les enfants des parents qui tendent à l'abandonner, qu'ils forment un couple mixte ou non[22]. En ce qui concerne ces derniers enfants, c'est donc l'école, par opposition au foyer, qui devient le lieu privilégié de la transmission du français. Cette situation est fort différente de celle qu'ont connue les générations franco-ontariennes plus âgées. En majorité, elles ont été élevées en français au foyer. Toutefois, contrairement aux jeunes générations, elles n'ont pas été scolarisées en français ou ne l'ont été que partiellement. La légalisation de l'instruction publique en français et l'expansion du système des écoles de langue française qu'elle a entraînée ne remontent qu'à la fin des années soixante. Auparavant, la plupart des enfants franco-ontariens passaient par les écoles de langue anglaise.

## Officialisation relative du français en Ontario

Bilinguisation quasi maximale, montée de l'exogamie, abandon accru du français au foyer sont autant d'indices montrant que la communauté franco-ontarienne est en pleine mutation sociolinguistique. Toutefois, grâce aux vigoureux efforts des leaders franco-ontariens, à la promulgation des lois fédérales sur le bilinguisme et à l'adoption de la nouvelle constitution nationale, les Franco-Ontariens ont obtenu durant les vingt-cinq dernières années la reconnaissance de droits linguistiques importants. Nous rappelons brièvement ici les principaux : extension du réseau français de télévision et de radiodiffusion de la Société Radio-Canada aux principales localités ontariennes, légalisation de l'enseignement en français dans les écoles élémentaires et secondaires publiques et catholiques, création d'une chaîne française de télévision éducative et, récemment, offre de services en langue française dans les ministères ou agences du gouvernement provincial, services qui sont venus s'ajouter à ceux déjà offerts par les ministères et agences du gouvernement fédéral. Il importe cependant de préciser que l'offre de tels services est loin d'équivaloir à une bilinguisation à grande échelle de ces deux paliers gouvernementaux. Il est malheureusement fort difficile de mesurer l'effet passé ou à venir de l'obtention de ces droits linguistiques sur le maintien du français en Ontario. Toutefois, il est indéniable qu'ils fournissent au « noyau dur » de la communauté franco-ontarienne des occasions accrues de vivre en français, une aide appréciable pour la transmission de la langue aux jeunes générations et qu'ils sont une source d'emplois requérant une connaissance de cette langue.

## Les différentes manifestations de la divergence linguistique

Dans les sections suivantes, on aura l'occasion de voir que la divergence du français ontarien par rapport au québécois se manifeste de deux façons principales. D'une part, on peut observer aux différents niveaux du système linguistique (lexique, syntaxe, phonétisme, etc.) l'émergence de nouveaux usages. En tant que tels, on peut à juste titre les considérer comme des innovations linguistiques. D'autre part, on atteste des changements qui se manifestent seulement par une modification de la fréquence d'emploi de certains usages que le français ontarien partage avec le québécois. Certains montrent une tendance à disparaître, d'autres sont, au contraire, plus fréquemment employés qu'en québécois. Cette deuxième manifestation est donc une forme plus subtile de la divergence linguistique. On ne peut la mesurer adéquatement sans avoir recours à une approche quantitative.

## Atténuation de la stratification sociale du langage

En milieu francophone majoritaire (la communauté francophone du Québec), l'école peut jouer un rôle non négligeable dans l'apprentissage de la langue normée (le français standard). Ceci est particulièrement vrai des communautés francophones où l'on parle communément une variété de français bien distincte du français standard. Dans de telles communautés, l'école est le lieu principal d'exposition à ce dernier type de français et elle joue un rôle clé dans la stratification sociale du langage. En d'autres termes, dans ces communautés, le niveau de scolarisation d'une personne est généralement un bon indicateur de sa connaissance du français standard. Il en va autrement en communauté francophone minoritaire, car l'instruction en français fait généralement défaut. Nous avons vu plus haut que les générations franco-ontariennes plus âgées — disons les francophones de plus de 30 ans — n'ont pas été éduqués en français ou ne l'ont été que partiellement, bien que, par ailleurs, elles aient aussi reçu une scolarisation plus ou moins élevée en anglais. Dans une étude consacrée à la prononciation des voyelles longues qui connaissent une réalisation vernaculaire diphtonguée (la voyelle /o/, *une rose* [Yn ɾoʷz], voir plus haut), on a constaté que lorsque les francophones avec un haut niveau d'éducation n'avaient été scolarisés que partiellement en français (ce qui est souvent le cas), ils employaient à un taux anormalement élevé des variantes diphtonguées[23]. Ce résultat est pour le moins frappant car, dans une étude récente sur la diphtongaison en québécois, on a trouvé que les locuteurs hautement éduqués utilisent rarement les variantes diphtonguées[24]. Il apparaît donc que, parmi les Franco-Ontariens plus âgés, le parler des locuteurs hautement scolarisés tend à se rapprocher de celui des locuteurs moins instruits. En d'autres termes, dans le parler des générations franco-ontariennes plus âgées, on peut observer un rétrécissement relatif de la stratification sociale du langage.

Un phénomène connexe, mais inverse, se manifeste au sein des jeunes générations, en particulier chez les jeunes qui, bien qu'ils soient entièrement scolarisés en français, n'emploient pas ou emploient rarement cette langue à la maison. Au sein de ce groupe, le parler des individus issus de la classe ouvrière tend à être dépourvu des traits typiques du français canadien populaire et, conséquemment, à rejoindre celui des jeunes des classes sociales plus élevées. Cela se comprend, car les jeunes de la classe ouvrière qui communiquent rarement en français au foyer sont, par là même, privés d'une source importante d'exposition au français populaire. Parmi les traits caractéristiques du français canadien populaire qui tendent à disparaître du parler de ces jeunes Franco-Ontariens, on peut mentionner, entre autres, la locution consécutive *ça fait que, su(r)/d'ssus* (dans le sens de « chez »), la préposition de possession *à*, la réalisation [we] de la graphie *oi*, l'effacement du /l/ et le mot *truck*, synonyme familier de « camion », autant de traits que, nous l'avons vu, les Franco-Ontariens ont hérité de leurs ancêtres québécois.

Il vaut sans doute la peine de mentionner que les deux phénomènes que nous venons d'évoquer ne sont pas propres à la communauté franco-ontarienne. On les retrouve aussi (notamment le second) au sein des minorités linguistiques où l'obtention du droit à la scolarisation dans la langue minoritaire n'a pas pour autant résorbé la tendance à l'abandon de la langue ancestrale et donc, où l'école est, pour certaines familles, le lieu majeur, voire unique, de la transmission de cette langue aux enfants.

## Simplification de la morphosyntaxe

Les recherches sur le français parlé des adolescents franco-ontariens ont montré que lorsque ces locuteurs ne parlent pas le français le plus souvent possible à la maison, ils tendent plus ou moins à simplifier les aspects irréguliers de la grammaire, ou ceux qui manquent de motivation sémantique et dont seule une pratique soutenue assure la maîtrise. Ainsi, on a constaté, entre autres, qu'ils tendent à remplacer les formes du subjonctif présent par des formes de l'indicatif (*il faut qu'il « sort » le chien à tous les matins*), à remplacer les terminaisons verbales de la troisième personne du pluriel de l'indicatif présent par des terminaisons du singulier (*eux autres, ils comprend pas l'anglais*), ou encore à omettre le pronom réfléchi des verbes pronominaux (*je lève à sept heures tous les matins*[25]).

On doit faire une remarque importante au sujet de ces cas de simplification de la morphosyntaxe du français. Pour surprenants qu'ils puissent paraître à ceux qui ont coutume de hiérarchiser les parlers en fonction de leur degré de conformité à la norme du français standard, ils ne sont pas pour cela aberrants. Par exemple, on sait qu'en français contemporain parlé, tous les verbes du premier groupe et même des verbes du troisième groupe (couvrir, offrir, mourir, voir, etc.) ne présentent plus de forme distinctive à la 3ᵉ personne du pluriel de l'indicatif présent, (*il parle* /parl/ et *ils parlent*

/parl/ ; *il couvre* /kuvr/ et *ils couvrent* /kuvr/). On sait aussi qu'en français contemporain, à l'oral comme à l'écrit, il y a davantage de verbes qui ne distinguent plus le subjonctif présent de l'indicatif présent (*il travaille fort* et *il faut qu'il travaille fort*) que de verbes qui maintiennent ces distinctions. En d'autres termes, le français contemporain, même sous sa forme standard, nous fournit les preuves qu'il peut « fonctionner » sans formes verbales distinctives à la 3ᵉ personne du pluriel de l'indicatif présent et dans les contextes qui requièrent le subjonctif présent. Et donc, bien qu'elle ne soit pas nécessaire, l'élimination du reste de ces formes verbales distinctives va dans le sens de l'histoire de la langue[26]. En ce qui concerne les verbes dits pronominaux, on sait que le pronom « réfléchi » de plusieurs d'entre eux n'est plus qu'un appendice morphologique vide de son sens, à preuve le fait que ces verbes n'existent pas sous une forme simple (s'en aller, se souvenir, s'emparer, s'esclaffer) et que le pronom de nombre d'entre eux a perdu une large partie de son sens réfléchi (*se rappeler* ne veut pas dire « rappeler soi-même », *se trouver* ne veut pas dire « trouver soi-même »). Ce sont donc des éléments linguistiques dont le rendement fonctionnel est faible ou nul qui sont éliminés.

On peut signaler aussi que les simplifications morphosyntaxiques que nous avons observées sont inégalement diffusées dans le parler des adolescents. Certaines, comme l'élimination du subjonctif, sont observables avant tout dans le parler des locuteurs qui ne communiquent pas souvent en français au foyer, mais aussi dans celui des locuteurs qui maintiennent cette langue à la maison (ceci indique peut-être que ce phénomène existe en québécois). D'autres, par contre, telles l'élimination des pronoms réfléchis ou celle des formes distinctives de la 3ᵉ personne du pluriel de l'indicatif présent, sont quasi inexistantes dans le parler de ces derniers. La sous-utilisation du français à la maison semble donc exercer une influence double sur la simplification morphosyntaxique : intensification du processus de simplification déjà inscrit dans le français vernaculaire et déclenchement de nouvelles simplifications.

### Influence de l'anglais

Comme nous l'avons mentionné plus haut, le bilinguisme est généralisé au sein de la communauté franco-ontarienne. Dans les faits, cela se traduit par un recours à l'anglais pour la communication de tous les jours, dans les rapports entre les groupes (ceux-ci peuvent être très fréquents dans les localités où les Franco-Ontariens côtoient une forte majorité anglophone), mais aussi dans les interactions intra-communautaires. C'est le cas notamment des jeunes générations qui peuvent avoir plus ou moins souvent recours à l'anglais pour communiquer entre elles et pour qui, nous le rappelons, le bilinguisme constitue sans aucun doute un pôle identitaire. Par ailleurs, étant donné la faiblesse démographique des Franco-Ontariens et leur statut socio-économique inférieur[27], de nombreux secteurs de la société ontarienne sont dirigés par des anglophones et donc, la langue française n'y a pas droit de cité. On comprend ainsi que, dans une telle situation, l'anglais, langue de la majorité, exerce une influence certaine sur le français.

## L'influence directe de l'anglais

L'influence directe de l'anglais se traduit par l'emprunt de mots à cette langue, comme les noms *high school* (« école secondaire »), *fridge* (« réfrigérateur »), *cable* [ke¹bl] (« le câble », c'est-à-dire « la câblodiffusion »), *movie* (« film »), *mortgage* (« hypothèque »), l'adverbe exclamatif *sure!* (« certain(ement)! »), la conjonction *so* (« ça fait que/alors ») ou encore la particule *back*, (il lui a donné *back* son argent) qui fait concurrence au préfixe *re-* dans son sens de retour (*donner back* = redonner). Précisons tout de suite que ces emprunts sont différents des mots d'origine anglaise plus anciens que les Québécois ont « apportés » avec eux lorsqu'ils sont venus s'installer en Ontario (des mots tels que *smatte, le fun, une poque*). Ces mots font partie du fonds lexical commun qui unit le français québécois et le français ontarien. Ils se sont intégrés au lexique du français québécois à une époque maintenant révolue, où celui-ci a subi une forte domination de l'anglais. Nous avons brièvement fait allusion plus haut au fait qu'en français ontarien ces emprunts marquent un net déclin dans le parler des locuteurs qui communiquent peu souvent en français à la maison, alors qu'ils demeurent vivaces dans le parler de ceux qui maintiennent cette langue au foyer! Cela constitue une excellente illustration du fait que ces emprunts sont intégrés au lexique du français vernaculaire.

Les emprunts qui sont propres aux Franco-Ontariens constituent, en quelque sorte, une nouvelle génération d'emprunts à l'anglais qui a vu le jour en Ontario et qui témoigne du fait que, dans cette province, le contact avec l'anglais est nettement plus intense qu'il ne l'a jamais été au Québec. À l'intérieur de la catégorie des emprunts spécifiquement franco-ontariens, on peut distinguer deux sous-groupes. Le premier inclut des mots anglais qui concurrencent des mots français qui font partie du vocabulaire de base et dont la disponibilité est grande (ce qui rend ces emprunts insolites). C'est le cas des mots *sure* et *so* et de la particule adverbiale *back*. Le deuxième sous-groupe comporte des mots anglais qui viennent concurrencer des mots qui existent certes en français, mais dont la disponibilité, en Ontario, est amoindrie, car ils appartiennent à des domaines de la société qui sont sous domination anglophone. Ainsi les emprunts *movie, mortgage, fridge* et *cable* ont des équivalents français, mais la disponibilité de ces derniers est sans nul doute bien inférieure à celle qu'ils ont au Québec et ce, pour la raison que nous venons d'invoquer[28]. Le mot *high school* appartient à ce deuxième sous-groupe, excepté que les anglophones ne dominent plus le domaine de l'éducation et, par conséquent, cet emprunt est en régression (voir l'avant-dernière section de cette étude). Avant d'examiner de manière plus détaillée des cas spécifiques d'emprunts proprement franco-ontariens, il importe de signaler que, même lorsqu'ils connaissent une large diffusion communautaire (ce qui est rarement le cas), ces emprunts n'évincent pas leurs équivalents français, et c'est pourquoi nous avons sciemment utilisé plus haut le terme *concurrencer*. Par ailleurs, il conviendrait de ne pas exagérer leur importance au sein du lexique du français ontarien. À ce sujet, une recherche récente a révélé qu'ils ne représentent que 3 % de ce lexique et que, dans le discours, leur fréquence d'occurrence est encore plus faible[29].

Comme nous l'avons dit plus haut, la première sous-catégorie d'emprunts franco-ontariens (*back, so*, etc.) est pour le moins surprenante. En effet, on comprend mal que des mots français, hautement disponibles et qui ne sont pas reliés à des domaines sociétaux spécifiques sous domination anglaise, subissent la concurrence de leurs équivalents anglais. Cela dit, l'examen détaillé de cas types de ce genre d'emprunt peut révéler les raisons linguistiques ou sociopsychologiques cachées, mais non moins réelles, de leur entrée dans le lexique du français ontarien. Par exemple, l'emprunt de la particule adverbiale *back* vient combler un « trou » dans la morphosyntaxe du français. Au cours de l'histoire du français, les valeurs sémantiques du préfixe *re-* se sont affaiblies progressivement, un affaiblissement compensé par la création d'alternatives adverbiales en ce qui concerne la valeur de répétition (*tu me le redis, ton nom* et *tu me le dis encore/à nouveau, ton nom*). Une alternative adverbiale pour *re-* dans son sens de « retour » (*il est revenu chez lui*) n'ayant pas encore vu le jour, il y a donc une case vide sur ce point de la structure du français, case vide que *back* vient remplir : *il est venu back chez lui*. Par contraste, on peut noter que les adverbes *encore, à nouveau*, etc., font obstacle à l'emprunt de leurs équivalents anglais *again, once more*, etc., ces derniers mots n'ayant point trouvé place dans le lexique du français ontarien. En bref, en empruntant la particule adverbiale *back* à l'anglais, les Franco-Ontariens ont, en quelque sorte, devancé l'évolution morphosyntaxique du français sur ce point précis du système aspectuel[30]. Plus intrigants encore, peut-être, sont les emprunts de cette sous-catégorie qui, contrairement à *back*, échappent à toute explication linguistique. On a mené une étude sociolinguistique détaillée de l'un d'entre eux, l'emprunt de la conjonction consécutive *so* mentionné plus haut (*c'est trop cher, so je l'achète pas*), qui concurrence le doublet *ça fait que/alors*[31]. Elle a mis au jour une dimension sociopsychologique originale de l'emprunt lexical en milieu bilingue. L'emprunt de la conjonction *so* est insolite, car on comprend mal que des mots aussi fondamentaux et vivaces (contrairement au préfixe déclinant *re-*) que *ça fait que* et *alors* soient concurrencés par un de leurs équivalents anglais. Dans l'étude de cet emprunt, on est donc parti de l'hypothèse que *so* devrait se trouver surtout (voire exclusivement) concentré dans le parler des Franco-Ontariens qui sous-utilisent le français et/ou dans les communautés où ces locuteurs sont nombreux, locuteurs à la rigueur susceptibles de méconnaître *ça fait que* et *alors*. On est arrivé au résultat surprenant que ceux qui emploient le plus volontiers (et de loin!) *so*, sont en fait les locuteurs qui sont les plus bilingues (ceux qui sont également compétents en français et en anglais), qui ne montrent pas de tendance évidente à sous-utiliser le français et donc, qu'on ne peut soupçonner d'ignorer des mots courants comme *ça fait que* ou *alors*. Les observations de plusieurs chercheurs qui se sont penchés sur le phénomène de l'emprunt lexical en communauté bilingue nous mettent sur la piste d'une explication plausible de cette découverte. Selon ces chercheurs, les locuteurs d'une langue minoritaire qui sont hautement bilingues, feraient des emprunts « gratuits » au vocabulaire de base de la langue majoritaire pour symboliser leur double appartenance linguistique et culturelle[32]. Cette interprétation cadre avec un fait observé dans plusieurs recherches en milieu scolaire franco-ontarien. Il n'est pas rare que, quand ils s'expriment en français, les jeunes Franco-Ontariens qui sont et qui se perçoivent comme des locuteurs vraiment bilingues, « passent » brièvement à l'anglais lorsqu'ils estiment nécessaire de rappeler leur double appartenance[33].

Nous terminerons cette présentation des manifestations directes de l'influence de l'anglais, en mentionnant un aspect de cette influence qui est particulièrement saillant pour l'observateur externe comme pour les membres de la communauté. Il concerne la prononciation des emprunts à l'anglais. D'une façon générale, on constate que les Franco-Ontariens montrent une nette tendance à prononcer ces emprunts en respectant les règles de la prononciation anglo-canadienne et qu'ils se distinguent ainsi des Québécois et *a fortiori* des francophones d'Europe qui tendent, au contraire, à franciser la prononciation des emprunts à l'anglais. Par exemple, dans le cas des mots *hockey, diesel, toboggan, T.V.* ou des noms de marque comme *Plymouth, Toyota*, les Franco-Ontariens adoptent des prononciations très proches (sinon identiques) de celles des Canadiens anglophones : [hɒ'ki:], [di:'zal], [tabɒ'gan], [tʰi'ːviː'], [pli'maθ], [tʰayoᵂ'ta]. Alors que les Québécois prononceraient ces mots, respectivement, [ɔke'], [dᶻjezɛl'], [tɔboga'], [teve'], [plimut'], [tɔyota']. À ce sujet, deux recherches sur la prononciation des emprunts à l'anglais en québécois et en ontarois montrent que si les Franco-Ontariens prononcent ces emprunts nettement plus à l'anglaise que les Québécois, c'est que dans l'ensemble les premiers ont une bien meilleure connaissance de l'anglais que les seconds[34]. Ce facteur ne semble pas toutefois être une condition suffisante, puisque les francophones hautement bilingues, mais vivant en milieu québécois, prononcent les emprunts moins à l'anglaise que les Franco-Ontariens[35]. Un autre facteur, d'ordre sociopsychologique, semble donc aussi entrer en ligne de compte. Il est relié aux différences d'attitudes que l'on constate entre les deux communautés, envers les Anglo-Canadiens et le bilinguisme, celles des Franco-Ontariens étant nettement plus favorables que celles des Québécois. À la limite, ces différences vont faire que, pour un Québécois, la prononciation à l'anglaise peut suggérer un manque de fierté ethnolinguistique et que, pour un Franco-Ontarien, la francisation des emprunts peut être perçue comme le signe d'un nationalisme excessif ou refléter un manque déplorable de connaissance de l'anglais[36].

## *L'influence indirecte de l'anglais*

Nous nous limiterons à une présentation des deux manifestations principales de l'influence indirecte de l'anglais. La première se traduit principalement par des modifications du sens ou des contraintes syntaxiques de mots français, résultant d'un transfert du sens de mots ou de règles syntaxiques anglaises. Elle est donc plus subtile que l'influence directe, puisqu'elle n'implique pas, comme dans le cas des emprunts directs, le transfert de formes (signifiants) anglaises en tant que telles. En voici un exemple : l'emploi de la préposition *à* après les verbes *écouter* et *regarder* : il écoute *à* son radio (les verbes anglais équivalents, *listen* et *look*, sont suivis d'un objet indirect introduit, respectivement, par *to* et *at*, les équivalents de *à*)[37]. On peut faire plusieurs remarques au sujet de ce genre d'innovations linguistiques. On constate, tout d'abord, qu'elles représentent des déviations plus ou moins fortes par rapport à la sémantique des mots pleins ou grammaticaux du français. Parmi les cas de déviation forte, on peut mentionner les calques linguistiques, tournures produites à l'aide de mots français mais dont le sens ou la syntaxe reflètent presque entièrement ceux d'usages anglais équivalents et donc, qui ne sont pas toujours facilement compréhensibles pour un francophone ignorant l'anglais. En voici quelques exemples : l'emploi du verbe *être* à la place des verbes *avoir* ou *faire* pour exprimer un état ou une mesure : *je suis peur* (*I am scared*) pour « j'ai peur », ou *je suis douze* (*I am twelve*) pour « j'ai douze ans »; ou encore l'emploi de l'adverbe *dessus* avec les verbes *être* ou *mettre*, pour signifier qu'un appareil est allumé ou qu'on l'allume : *il est dessus* (*it is on*), *met le dessus* (*put it/switch it on*). Parmi les cas de déviation mineure par rapport à la sémantique ou à la syntaxe des mots français, on peut mentionner l'emploi de la préposition *sur* devant les mots *télévision* et *radio* : *je vas regarder la finale de hockey ce soir sur la télévision* (dans ce contexte en anglais, on emploie la préposition *on*, équivalent de la préposition *sur*); ou encore l'emploi de la préposition *à* après les verbes *regarder* et *écouter*, mentionné plus haut. Généralement compréhensibles pour un francophone qui ne connaîtrait pas l'anglais, ces innovations ont ceci de remarquables qu'elles sont compatibles avec la « logique » du sous-système de la langue où elles font surface. Ainsi, l'emploi d'un complément d'objet indirect après les verbes *écouter* et *regarder* n'est pas si étonnant que l'on pourrait le croire au premier abord, compte tenu du fait qu'il existe entre ces verbes et leurs compléments une relation de directionnalité qui est explicitement exprimée par la préposition *à* après des verbes de sens connexes tels que *parler* ou *penser* : il parle *à* son chat. Dans certains cas, on peut même se demander si l'on n'aurait pas affaire à des innovations qui pourraient tout aussi bien découler de la dynamique interne du français ontarien ou, tout au moins, qui sont renforcées par ce facteur. C'est le cas de l'emploi de *sur* devant les mots *radio, télévision* qui, bien qu'il soit incontestablement une innovation par rapport à l'usage québécois, n'est pas du tout incompatible avec le sémantisme de la préposition *sur*, à preuve l'usage connexe et tout à fait standard de *sur* devant le mot *ondes* : diffusé *sur* ondes courtes[38]. La deuxième remarque qu'il importe de faire au sujet de ces cas d'influence indirecte de l'anglais est qu'ils sont inégalement diffusés au sein de la communauté À ce sujet, plusieurs études de cas ont montré que plus la déviation sémantique ou syntaxique de l'innovation est forte, moins elle est diffusée dans la communauté. Ainsi, on a constaté dans une étude sur le parler des Franco-Ontariens adolescents que l'emploi du verbe *être* à la place du verbe *avoir*, pour exprimer un état ou une mesure, n'est observable que dans le parler des jeunes qui communiquent rarement en français au foyer. Par contraste, l'usage de *sur* devant *radio* et *télévision* connaît, quant à lui, une diffusion nettement plus large. On l'observe même (à un niveau de fréquence moindre, il est vrai) dans le parler des adolescents qui maintiennent le français au foyer.

Le deuxième type d'influence indirecte de l'anglais se traduit par une évolution « à bascule » : un élément du français voit sa fréquence discursive augmenter, alors qu'un autre, doté du même sens, voit sa fréquence décliner[39]. Fait remarquable, l'élément qui est plus fréquemment utilisé est relié par le sens et la forme à un élément anglais équivalent; celui qui fait l'objet d'un abandon progressif, par contre, n'a pas de contrepartie anglaise de forme et de sens similaire. Au bout du compte, donc, ce type de changement linguistique a lui aussi pour effet d'augmenter la congruence entre le français et l'anglais. Cela dit, il procède non pas par importation de mots ou de sens anglais, mais par une élimination graduelle, et sans doute largement inconsciente, de mots non congruents. Ce phénomène a fait l'objet de peu de recherche en ce qui concerne le français ontarien et, d'une façon plus générale, dans les langues minoritaires. On en a identifié un cas dans le français parlé des Franco-Ontariens adolescents. Il s'agit de la montée de la locution prépositionnelle *à la maison* et du déclin de *chez* (je rentre *à la maison/chez* moi), la première ayant une contrepartie anglaise reliée au niveau du sens et de la forme : (*at*) *home*, l'autre n'en ayant pas[40]. Fait notable, on a trouvé que ce changement linguistique se manifestait même dans le parler des locuteurs qui maintiennent le français au foyer (exception faite de celui des adolescents qui résident dans la communauté franco-ontarienne fortement majoritaire de Hawkesbury). Nous avons vu plus haut que, chez les Franco-Ontariens de Hawkesbury, il y a nettement moins de bilingues que dans la plupart des autres communautés franco-ontariennes. De plus, j'ai personnellement observé que les jeunes Franco-Ontariens de Hawkesbury ont souvent une connaissance imparfaite de l'anglais. Dans les autres communautés franco-ontariennes où on a recueilli des corpus de français parlé, tous ou presque tous les locuteurs adolescents sont de bons ou d'excellents bilingues. On aurait donc affaire à un type de changement linguistique subtil qui se manifesterait dès que les Franco-Ontariens atteignent un bon niveau de bilinguisme et même si, par ailleurs, ils maintiennent le français au foyer.

Plus rares sont les cas d'influence indirecte de l'anglais où l'élément que l'on abandonne a une contrepartie anglaise reliée sur le plan phonétique, alors que ceux dont la fréquence discursive augmente n'en ont pas! Nous en avons observé un en milieu scolaire, il s'agit de la tendance à éviter le mot *phoque* (ce mot rappelle le mot anglais malséant *fuck* « foutre ») au profit des mots plus ou moins équivalents et moins communs *otarie, loup de mer*. Ce cas est particulièrement intéressant, car il illustre le rôle du tabou linguistique comme facteur de changement linguistique en communauté bilingue.

## Enrichissement du lexique par le biais de la néologie

Comme nous l'avons dit plus haut, durant les dernières décennies, les Franco-Ontariens ont obtenu plusieurs droits linguistiques importants, le droit à l'instruction en français étant sans nul doute le plus important d'entre eux. Cela a eu pour conséquence d'ouvrir au français plusieurs secteurs clés de la société ontarienne, dont il était exclu auparavant. L'effet de cette expansion du français est triple. On observe : i) une refrancisation du vocabulaire associé à ces secteurs, qui se traduit par la récupération de termes français existant déjà et que l'on substitue aux emprunts à l'anglais; ii) la création de néologies lexicales françaises (par la traduction ou par d'autres procédés), qui viennent se substituer à des termes anglais sans équivalents français, car ils renvoient à des réalités propres aux communautés anglo-ontariennes ou anglo-canadiennes; iii) la création de néologies lexicales françaises pour désigner des réalités proprement franco-ontariennes.

En ce qui concerne la refrancisation (par récupération de termes français), contentons-nous de dire que si elle n'a rien d'original, elle peut néanmoins revêtir une forme spectaculaire. Mentionnons, comme exemple, l'emploi désormais quasi généralisé du mot *école secondaire* par les jeunes générations (les premières bénéficiaires de la légalisation de la scolarisation en français) aux dépens de son équivalent anglais *high school*, qui fut largement emprunté par les anciennes générations (générations qui n'ont pas connu les écoles secondaires de langue française dans leur jeunesse). Pour ce qui est des néologies lexicales ontaroises, nous puiserons nos exemples dans le vocabulaire de l'éducation. Mentionnons les mots *surintendant, directeur d'éducation* et *conseil scolaire* (les Québécois disent *commission scolaire*), qui ont remplacé leur équivalent anglais et qui appartiennent au vocabulaire de l'administration scolaire ontarienne. Pour ce qui est des néologies qui reflètent des aspects typiques de l'éducation franco-ontarienne, on mentionnera : *comité d'admission* (comité mis en place par les conseils scolaires pour décider de l'admissibilité des élèves qui n'ont pas le droit constitutionnel d'accès aux écoles de langue française), *module de langue française* (classes où l'on offre une instruction en langue française et qui sont placées dans une école de langue anglaise, formant une unité administrative subalterne), *école mixte* ou *bilingue* (école incluant un *module de langue française*) et les mots *cours* ou *classe de refrancisation* ou de *récupération*. Ces mots désignent une forme d'enseignement du français ou en français que *les écoles de langue française* (écoles francophones homogènes, c'est-à-dire unilingues/non mixtes) prodiguent aux élèves qui viennent des foyers où l'on ne parle plus/pas français, dans le but de leur faire rattraper leur retard dans cette langue.

Terminons cette section en mentionnant que la (re)francisation du vocabulaire des secteurs conquis par le français est due aux initiatives prises par les *coordinateurs de langue française* (autre néologie) — hauts fonctionnaires chargés de l'application de la loi provinciale sur les services de langue française dans les différents ministères ou agences gouvernementales —, par les traducteurs à l'emploi du gouvernement provincial et, d'une façon plus générale, par les francophones qui travaillent dans ces ministères ou agences. En d'autres termes, contrairement au Québec, en Ontario la (re)francisation du vocabulaire et des milieux de travail se fait en l'absence d'un organisme paragouvernemental de planification linguistique tel que l'Office de la langue française au Québec. Cette différence illustre les limites avec lesquelles la minorité franco-ontarienne doit nécessairement composer dans ses efforts pour donner une plus grande assise au français dans la société ontarienne.

## Conclusion

Au terme de cette présentation générale sur le français ontarien, nous espérons que le lecteur aura été sensibilisé au moins aux deux faits principaux suivants. Tout d'abord, ce parler constitue une réalité complexe et hautement variable et il interdit donc les généralisations hâtives. Nous avons fait mention à plusieurs reprises du fait que certains traits distinctifs du français ontarien connaissaient une large diffusion au sein de la communauté, que d'autres sont, de toute évidence, cantonnés dans le parler des francophones qui sous-utilisent le français (bilingues à dominance anglaise) et que d'autres encore sont l'apanage des locuteurs hautement bilingues. Si on a réalisé des progrès certains dans la compréhension des facteurs linguistiques, sociologiques et sociopsychologiques qui sont responsables de ces différences de diffusion, il est clair que cet axe de recherche devrait continuer à faire l'objet d'une attention privilégiée[41]. En deuxième lieu, l'examen des innovations linguistiques propres au français ontarien révèle à quel point celles-ci se produisent de façon non aléatoire et sont, au contraire, guidées par des principes et des mécanismes linguistiques ou sociolinguistiques. Ainsi, par exemple, on a vu que certains emprunts à l'anglais viennent combler des lacunes du vocabulaire du français ontarien ou du français en général, qu'un autre offre une « solution » à un déséquilibre de l'évolution morphosyntaxique du français et que d'autres encore remplissent des fonctions socio-symboliques reliées à la dimension bilingue de l'identité franco-ontarienne. Dans le même ordre d'idées, on a vu que si la simplification morphosyntaxique est occasionnée ou intensifiée par la sous-utilisation du français, elle n'est pas pour cela disfonctionnelle ou contraire à la logique de la langue. Dans le passé, le français ontarien a trop souvent fait l'objet de jugements stéréotypés et stigmatisants. Jargon hybride, parler déstructuré ou appauvri sont autant de qualificatifs dont on l'a affublé. Il est à espérer qu'avec le développement de la recherche socio-linguistique consacrée à ce parler, il pourra dans l'avenir faire l'objet d'une perception plus objective et plus positive.

## NOTES

1. Édouard Beniak et Françoise Mougeon ont lu et judicieusement critiqué la première version de cette étude. Je les remercie beaucoup de leurs commentaires qui m'ont aidé à l'améliorer.

2. Voir Raymond Mongeon, Michael Canale et Édouard Beniak, « Le Français ontarien : un aperçu linguistique », in *Orbit*, vol. 10, n° 5, 1979, p. 21-23. Paru également dans *L'Express de Toronto*, vol. 4, n° 1, et *Le Voyageur* (Sudbury), 11ᵉ année, n° 47.

3. Pour l'ontarois, voir Alain Thomas, *La Variation phonétique : cas du franco-ontarien*, Montréal, Didier, 1986; pour le québécois, voir Denis Dumas, *Nos façons de parler*, Montréal, Presses de l'Université du Québec, 1987.

4. Voir Alain Thomas et Denis Dumas, *op. cit.*

5. Voir Alain Thomas, « Normes et usages phonétiques en franco-ontarien », *Travaux du cercle linguistique de Nice*, n° 10-11, 1988-1989, p. 89-101; Denis Dumas, *op. cit.*

6. Pour le français ontarien, voir Shana Poplack et Douglas Walker, « Going through (l) in Canadian French », in David Sankoff, ed., *Diversity and Diachrony*, Philadelphie, John Benjamins, 1986, p. 173-198; Jeff Tenant, « Observations sur la chute du L dans le français de North Bay (Ontario) », article présenté au Congrès international de phonétique tenu à Aix-en-Provence, août 1991. Pour le québécois, voir Henrietta Cedergren et Gillian Sankoff, « Les Contraintes sociolinguistiques de l'élision du L chez les Montréalais », dans Marcel Boudreault et Frankwalt Moehren, éds, *Actes du 13ᵉ congrès international de linguistique et philologie romanes*, Québec, PUL, 1976, p. 1101-1116.

7. Alexander Hull, « Des origines du français dans le Nouveau Monde », dans Raymond Mougeon et Édouard Beniak (éditeurs), *Recherches sur les origines du français au Canada*, en préparation.

8. Voir Alain Thomas, 1986, *op. cit.*

9. Voir Marcel Juneau, *Contribution à l'histoire de la prononciation au Québec*, Québec, PUL, 1972.

10. Voir Alain Thomas, 1986 et Marcel Juneau, *op. cit.*

11. Voir Édouard Beniak, Raymond Mougeon et Daniel Valois, *Contact des langues et changement linguistique : étude sociolinguistique du français parlé à Welland (Ontario)*, Québec, CIRB, 1985.

12. Ce mot ne fait pas partie du vocabulaire général de tous les Français.

13. Ce mot et les mots précédents sont attestés en québécois, entre autres, par Normand Beauchemin, Pierre Martel et Michel Théoret dans *Vocabulaire du québécois parlé en Estrie : fréquence, dispersion et usage*, Sherbrooke, Université de Sherbrooke, Faculté des arts, 1983.

14. Pour le québécois, voir Pierre Martel, « Les Variables lexicales sont-elles sociolinguistiquement intéressantes? », dans *Actes du XVIIᵉ congrès international de linguistique et philologie romanes*, Aix-en-Provence, Publications de l'Université de Provence, 1984.

15. La variante *m'as* est attestée dans plusieurs variétés de français (à l'exception de l'acadien) et des créoles qui résultent de la première expansion coloniale française. On peut donc supposer qu'elle était communément employée en français hexagonal populaire du XVII$^e$ siècle.

16. Voir Raymond Mougeon et Édouard Beniak, *Linguistic Consequences of Language Contact and Restriction : The Case of French in Ontario, Canada*, Oxford University Press, 1991, chap. 11.

17. Voir Raymond Mougeon et Édouard Beniak, 1991, *op. cit.*, chap. 7.

18. Voir Raymond Mougeon et Édouard Beniak, « Bilingualism, Language Shift and Institutional Support for French : The Case of the Franco-Ontarians », in *International Journal of the Sociology of Language*, Vol. 102, No. 4, 1993.

19. Ces statistiques et celles qui précèdent sont tirées du recensement de 1981 (les données du recensement de 1991 n'étant pas encore publiées). Cependant, les données sur le nombre d'individus ayant acquis le français en parallèle avec l'anglais viennent du recensement partiel de 1986. Avant ce recensement, on ne pouvait pas identifier ces individus, car la question sur la langue du répondant n'admettait pas les réponses doubles.

20. Voir Raymond Mougeon et Édouard Beniak, 1991, *op. cit.*, chap. 2.

21. Voir Monica Heller, « The Role of Language in the Formation of Ethnic Identity », in J. Phinney et M. Rotheram, eds, *Children's Ethnic Socialization : Identity, Attitudes and Interactions*, Sage Publications, 1987, p. 180–200; Richard Clément, Renée Gauthier et Kimberley Noels, *Choix langagiers en milieu minoritaire : attitudes et identités concomitantes*, manuscrit inédit, Université d'Ottawa, École de psychologie, 1992.

22. Voir Charles Castonguay (« Exogamie et anglicisation chez les minorités canadiennes-françaises », dans *Canadian Journal of Sociology and Anthropology*, 16, 1979, p. 21–31) qui s'est servi des données du recensement de 1971 pour calculer les taux de maintien du français au foyer en fonction du type de mariage contracté par le répondant, et Raymond Mougeon et Édouard Beniak, 1991, chap. 2 et 1993, *op. cit.*

23. Voir Raymond Mougeon et Édouard Beniak, « Social Class and Language Variation in Bilingual Speech Communities », in Gregory Guy, John Baugh et Deborah Schiffrin, eds, *Towards a Social Science of Language : A Festschrift for William Labov*, Cambridge University Press, 1993.

24. Voir Laurent Santerre et Jean Milo, « Diphthongization in Montreal French », in David Sankoff, ed., *Linguistic Variation : Models and Methods*, New York, Academic Press, 1978, p. 173–184.

25. Pour le subjonctif, voir Michel Laurier, « Le Subjonctif dans le parler franco-ontarien : un mode en voie de disparition? », dans Raymond Mougeon et Édouard Beniak (éditeurs), *Le Français canadien parlé hors Québec : aperçu sociolinguistique*, Québec, PUL, 1989, p. 105–126; pour les terminaisons de la 3$^e$ personne du pluriel, voir Raymond Mougeon et Édouard Beniak, 1991, *op. cit.*, chap. 5; et pour les réfléchis, voir Mougeon, Brent-Palmer, Bélanger et Cichocki, *Le Français parlé en situation minoritaire*, vol. 1, Québec, CIRB, 1982.

26. Dans les ouvrages sur le français populaire hexagonal (voir, entre autres, Françoise Gadet, *Le Français populaire*, Paris, PUF, 1992), on atteste également un déclin relatif du subjonctif présent et une tendance à l'élimination des formes verbales distinctives à la 3$^e$ personne du présent de l'indicatif. Cette coïncidence souligne le caractère logique de ces innovations en français ontarien. On ne devrait toutefois pas pousser ce parallélisme trop loin, car il est clair que la sous-utilisation du français en contexte franco-ontarien (sans parler de l'influence de l'anglais, langue sans subjonctif) donne un caractère nettement plus marqué à ces simplifications.

27. Voir Michel Vaillancourt, « Les Francophones hors Québec et les anglophones au Québec », dans *Deux poids deux mesures*, Ottawa, Fédération des francophones hors Québec, 1978. On doit toutefois remarquer que, selon une étude récente, les jeunes générations franco-ontariennes auraient rejoint leurs compatriotes anglo-ontariens sur le plan socio-économique.

28. La plupart des emprunts mentionnés précédemment et plus bas proviennent de notre corpus du français parlé à Welland (voir note 11).

29. Voir Shana Poplack, David Sankoff et Christopher Miller, « The Social Correlates and Linguistic Processes of Lexical Borrowing and Assimilation », in *Linguistics*, 26, 1988, p. 47–104.

30. Le lecteur qui voudrait en apprendre plus sur cet emprunt insolite du français ontarien, mais qui existe aussi en acadien où il y connaît une extension syntaxique et sémantique plus large, peut consulter Michael Canale, Raymond Mougeon, Monique Bélanger et Christine Main, « Recherches en dialectologie franco-ontarienne », dans *Working Papers on Bilingualism*, 14, 1977, p. 1–20; Ruth King, « BACK again », communication présentée au XIV$^e$ congrès annuel de l'ALPA, tenu à Saint-Jean, Nouveau-Brunswick, 1991.

31. Voir Raymond Mougeon et Édouard Beniak, 1991, *op. cit.*, chap. 11.

32. Voir, entre autres, Uriel Weinreich, *Languages in Contact*, La Haye, Mouton, 1968.

33. Voir, entre autres, Monica Heller, *op. cit.*

34. Voir Raymond Mougeon, Édouard Beniak et Daniel Valois, « Variation in the Phonological Integration of Loanwords in a Bilingual Speech Community », article inédit présenté au congrès NWAVE-XIII, Philadelphie, 25–27 octobre, 1984; Shana Poplack, David Sankoff et Christopher Miller, *op. cit.*

35. Voir Shana Poplack, David Sankoff et Christopher Miller, *op. cit.*

36. Je rédige cet article alors que j'amorce un congé sabbatique en France avec ma famille. J'ai pu constater des réactions d'étonnement, mêlées d'agacement, chez mes deux enfants (nés et élevés en Ontario, éduqués dans les écoles franco-ontariennes et bilingues prototypiques), lorsqu'ils entendent des emprunts à l'anglais dont le phonétisme est fortement gallicisé.

37. Tous ces exemples d'influence indirecte proviennent de nos corpus de français parlé par les adolescents. Cependant, on les entend aussi dans la bouche des locuteurs plus âgés.

38. Pour plus de détails sur ce phénomène, voir Raymond Mougeon et Édouard Beniak, 1991, *op. cit.*, chap. 9.

39. Il n'est pas limité aux cas de synonymie; il peut affecter les mots uniques (sans synonyme) et même les sons. Toutefois, il est probable que la synonymie favorise ce type de convergence interlinguistique, car, disposant de plusieurs mots pour exprimer le même concept, les locuteurs peuvent éliminer l'élément non congruent à moindre coût pour la communication.

40. Voir Raymond Mougeon et Édouard Beniak, 1991, *op. cit.*, chap. 10.

41. Voir Édouard Beniak et Raymond Mougeon, « Recherches sociolinguistiques sur la variabilité en français ontarien », dans Raymond Mougeon et Édouard Beniak (éditeurs), 1989, *op. cit.*; Raymond Mougeon et Édouard Beniak, 1991, *op. cit.*, chap. 1 et 12, pour une classification scalaire et implicationnelle des différents types de changements linguistiques attestés en français ontarien, compte tenu de leur degré de diffusion et du niveau de bilinguisme ou de maintien du français. L'effet du facteur sociopsychologique sur la variation et le changement linguistiques en ontarois a jusqu'à présent fait l'objet de peu de recherche, exception faite des recherches sur l'alternance de codes en milieu scolaire franco-ontarien, menées par Monica Heller et son équipe.

# RECTION FORTE ET RECTION FAIBLE DES VERBES : L'ELLIPSE DE *QUE* EN FRANÇAIS DU QUÉBEC ET DE L'ONTARIO[1]

France Martineau
Université d'Ottawa

En français du Québec et de l'Ontario, le morphème *que* s'efface dans les complétives, les relatives et les circonstancielles :

(1) *Complétives* : Je crois (que) c'était avec Rock Hudson (160 Estrie 28h 212 : 11).

(2) *Relatives* : Moi, je rencontre des filles (que) j'ai été à l'école avec (Martineau 1985, p. 83).

(3) *Circonstancielles* : Parc' (que) j' me souviens, mes frères, i fallait qu'i soyent rentrés (980 Québec 45f 163 : 4).

On pourrait vouloir rapprocher l'ellipse de *que* à celle de *that* en anglais : (4) « I think (that) it was with Rock Hudson ».

L'influence de l'anglais sur l'emploi de cette construction semble toutefois être indirecte. Dans Martineau (1985), la comparaison de la fréquence de l'ellipse de *que* d'informateurs venant d'une communauté fortement anglicisée d'Ottawa à celle d'informateurs venant d'un milieu majoritairement francophone (Hull au Québec) présente peu de différences : les deux communautés permettent autant l'effacement de *que*.

Comme le mentionne Thomas (1989, p. 31), « même si certaines formes non standard s'expliquent aisément à l'aide d'arguments intrasystémiques ou constituent des survivances, il est clair que, là où l'anglais présente des formes parallèles, il peut jouer un rôle important qui va du renforcement de tendances naturelles ou d'archaïsmes au remplacement pur et simple de certaines formes françaises. » L'ellipse de *que* a sans doute été favorisée par la présence de formes parallèles en anglais, mais l'existence de constructions semblables dans des états antérieurs du français, dans des dialectes du français et dans d'autres langues romanes suggère que cette construction est liée à des phénomènes internes à la grammaire du français.

Dans cet article, nous nous intéresserons de façon plus particulière à l'ellipse de *que* dans les complétives. La première section traitera de l'ellipse de *que* dans des complétives à l'indicatif et la seconde section, du même phénomène dans des complétives au subjonctif.

### Ellipse de que *dans les complétives à l'indicatif*

Les études sur l'ellipse de *que* en français du Québec et de l'Ontario ont montré que la fréquence de ce phénomène dépend de facteurs phonologiques, syntaxiques, lexicaux et discursifs (Sankoff, Sarrasin et Cedergren, 1971; Connors, 1975; Sankoff, 1980a, b; Martineau, 1985 et 1988; Warren, 1991)[2]. Ainsi, l'ellipse de *que* est favorisée par un contexte sibilant suivant la particule, comme en (5a), et défavorisée par un contexte vocalique, comme en (5b).

(5) a. Y nous font croire *ça* va nous rapporter (192 Estrie 47h 255 : 27).

    b. Je crois *qu'y* faut avoir une certaine... avoir été à l'école un certain temps (160 Estrie 28h 199 : 11).

Le facteur lexical est aussi très important. En français du Québec et de l'Ontario, certains verbes favorisent l'ellipse de *que*, parmi lesquels on compte les verbes *croire*, *dire*, *penser*, *savoir*, *sembler* et *trouver* :

(6) *Croire* :     Je *crois* c'était avec Rock Hudson (160 Estrie 28h 212 : 11).

(7) *Dire* :     a. I *disaient* c'était pas défendu de s'amuser en famille (106 Estrie 49f 104 : 5).

            b. Y *disaient* y attrapaient des boutons (157 Estrie 29f 133 : 8).

(8) *Penser* :     Je *pense* c'était quatre cents (658 Montréal 26f 9 : 51).

(9) *Savoir* :     Tu *sais* on peut s'instruire en le regardant (123 Estrie 36f 85 : 18).

(10) *Sembler* :     Me *semble* je vois grandir mes filles (163 Estrie 24f 96 : 3).

(11) *Trouver* :     Je *trouve* ça fait traître (103 Estrie 54f 219 : 6).

Ce groupe de verbes qui favorisent l'ellipse de *que* est commun à la plupart des langues qui acceptent ce phénomène. En anglais, comme en allemand, l'élision du subordonnant se produit avec la classe des verbes dire-croire-savoir (Sznajder, 1979). En ancien français, ce sont aussi les verbes d'opinion qui favorisent l'ellipse de *que* :

(12) *Croire* :     Et se je l'ai, je vous *creant* nul mal ne m'en porroit venir (Colin Muset X, 35–6, de Foulet 1982, p. 334).

(13) *Dire* :     a. L'Empereres mout liez en fu; / Nouveles leur ha demandées / Comment les choses sunt alées, / Se li pelerins voir disoit Il *dient* de rien ne mentoit (Roman du Saint Graal, éd. cit., p. 69. l. 1630, de Verschoor, 1959, p. 87).

        b. Si *dist*, puis que ses sires est partiz de cest siecle, il n'i demorra plus (Mort Artu, 194, 35, de Ménard, 1976, p. 208).

(14) *Penser* :     Et si *penssa*, s'ele puet, bien s'en vengera. (Chastelaine de Vergi, 105–6, de Foulet, 1982, p. 333).

(15) *Savoir* :     a. Bien *sai* ce ne puet rien nuire (Roman du Saint Graal, éd. cit., p. 30, l. 692, de Verschoor, 1959, p. 87).

        b. Ele *set* bien co cot la voie de son mari metre au desouz (Chastelaine de Vergi 570–1, de Foulet, 1982, p. 333).

Enfin, la même catégorie de verbes favorisent l'ellipse de *que* dans certains dialectes du français :

(16) *Louisiane* :   a. Nous *trouvons* c'est un honneur (Cornwell et Juilland, 1963, p. 194).

        b. ... i' *disont* j'suis fou (Charles, 1975, p. 220).

(17) *Acadie* :     a. J'*crois* faut qu'j'alle ouvri' ça... (Charles, 1975, p. 220).

        b. J't'avais *dit* quand tu s'ras en peine fallait que tu m'appelles (Charles, 1975, p. 220).

(18) *Haïti* :     a. Elle m'a *dit* sa mère était malade (Pompilus, 1961, p. 115).

        b. Moi, je *trouve* c'est bon (Pompilus, 1961, p. 114).

(19) *Français populaire de France* : Il a *dit* i viendrait (Bauche, 1946, p. 124).

Dans les exemples précédents, l'absence de *que* entre les deux propositions soulève le problème du mode d'enchaînement de ces propositions. Doit-on parler de juxtaposition ou de subordination, mais sans morphème de subordination ?

Les phrases en (6–19) présentent les caractéristiques d'une relation de subordination. Prenons par exemple les phrases en (7), répétées en (20). En français moderne, le verbe *dire* peut introduire du style direct, sans subordination, ou du style indirect, avec subordination. En (20), le verbe *dire* introduit clairement du style indirect, même si le morphème de la subordination est absent. Il y a concordance des temps entre le temps de la principale (imparfait) et celui de la subordonnée (imparfait au lieu de présent); de plus, en (20b), il y a changement de personne dans la proposition subordonnée (nous → y « ils ») :

(20) a. I disaient c'était pas défendu de s'amuser en famille (106 Estrie 49f 104 : 5).

    b. Y disaient y attrapaient des boutons (157 Estrie 29f 133 : 8).

Les phrases en (20) s'opposent aux phrases en (21) où le verbe *dire* introduit du style direct. Il n'y a donc ni concordance des temps entre les deux
propositions ni changement de personne dans les propos rapportés. De
plus, une courte pause sépare les deux propositions :

(21) a. Le roi y dit, j'sera ben content de même (307 Contes Légaré
208 : 30).

b. Elle dit, j'aimerais savoir maintenant combien d'entre vous vont
enfin exiger... (653 Montréal 22f 13 : 14).

Les verbes en (6–19) ont en commun non seulement de permettre une
relation de subordination particulière, avec ellipse de *que*, mais aussi d'apparaître dans des propositions intercalées :

(22) a. Astheure c'est le domaine Montjoie qu'y appellent ça, je pense
(123 Estrie 36f 86 : 13).

b. C'était plus beau avant, il me semble (645 Montréal 61f 3 : 2).

Selon Blanche-Benveniste (1989), les verbes qui peuvent apparaître dans
des propositions intercalées sont des verbes recteurs faibles, soit des verbes dont la relation avec leur complément est une pseudo-relation de
rection « où le verbe a perdu ses capacités rectionnelles et ses jeux de mo-
dalités ». Les verbes recteurs faibles se distinguent des verbes recteurs
forts qui ne peuvent pas être utilisés dans des propositions intercalées :

(23) a. Je vous ai prouvé que c'était dans le journal.

b. * C'était dans le journal, je vous ai prouvé. (Blanche-Benveniste,
1989, p. 61).

Je voudrais proposer que l'ellipse de *que* est favorisée par l'emploi de
verbes recteurs faibles. En français standard comme en français du Québec
et de l'Ontario, les verbes recteurs faibles peuvent apparaître dans des propositions introduites par *que*, comme en (24) ou dans des propositions intercalées, comme en (22). Toutefois, le français du Québec et de l'Ontario
se distingue du français standard en ce qu'il permet aussi aux verbes recteurs faibles d'apparaître devant la proposition sans être suivis de *que* (25).

(24) a. Je pense qu'astheure c'est le domaine Montjoie qu'y appellent
ça.

b. Il me semble que c'était plus beau avant.

(25) a. Je pense astheure c'est le domaine Montjoie qu'y appellent ça.

b. Il me semble c'était plus beau avant.

Blanche-Benveniste (1989 : 64) remarque d'ailleurs à propos du français
populaire parlé en France que « le *que* des recteurs forts se réalise comme
une syllabe pleine, /kə/, même devant une voyelle. [...] En revanche, les
*que* des recteurs faibles ont tendance à se réaliser comme une consonne /k/,
affixée au verbe : « on dirait-k », « j'ai l'impression-k ». Ce /k/ suffixé est

du reste parfois difficile à percevoir; les transcripteurs bien entraînés à l'écoute du français parlé prennent soin de noter qu'ils hésitent entre « je crois qu'il faut » et « je crois il faut ».

Pour identifier la nature du verbe, recteur fort ou faible, Blanche-Benveniste utilise le test de la pronominalisation. La proposition subordonnée d'un verbe recteur fort pourra être pronominalisée alors que celle d'un verbe recteur faible ne le pourra pas, puisque le verbe et le complément n'entrent pas dans une réelle relation de rection. Ainsi, en (26a), parallèle à (23a), la proposition peut être pronominalisée alors qu'en (26b), parallèle à (24a), on peut difficilement pronominaliser le complément.

(26) a. Je vous l'ai prouvé, que c'était dans le journal.

    b. ?? Je le pense astheure, que c'est le domaine Montjoie qu'y appellent ça.

La liste des verbes recteurs faibles ou forts n'est pas fixe, puisque c'est l'emploi même des verbes en contexte qui détermine leur nature. Un même verbe peut ainsi avoir un emploi de verbe recteur faible et de verbe recteur fort. Ducrot (1980) montre que le verbe *trouver* a deux lectures, l'une au sens de « découvrir, inventer », qui apparente le verbe à une réelle relation de subordination (27a), et l'autre au sens de « estimer, juger » où le verbe correspond plutôt à la locution « à mon avis » (27b).

(27) a. La voyante a trouvé qu'il était célibataire.

    b. Elle trouve que son mari ne s'occupe pas d'elle (Ducrot, 1980, p. 60–61).

Le complément de *trouver*, employé comme verbe recteur fort, se pronominalise alors que celui de *trouver*, verbe recteur faible, admet difficilement la pronominalisation :

(28) a. La voyante l'a trouvé, qu'il était célibataire.

    b. ?? Elle le trouve, que son mari ne s'occupe pas d'elle.

En français du Québec et de l'Ontario, c'est presque toujours le verbe *trouver*, verbe recteur faible, qui permet l'ellipse de *que*, comme en (29)[3].

(29) a. Je trouve ça fait traître (103 Estrie 54f 219 : 6).

    b. J'trouvais j'en avais assez (985 Québec 49f 267 : 2).

Les verbes recteurs faibles ont aussi des restrictions de modalisation que n'ont pas les verbes recteurs forts. Ainsi, le verbe *savoir*, dans son emploi de verbe recteur faible, ne peut être négativé :

(30) *Tu sais* on aurait dit c'était assez réel là (123 Estrie 36f 85 : 2). → * *Tu ne sais pas* on aurait dit c'était assez réel là.

Les personnes, les temps et les modes peuvent être bloqués. On ne pourrait pas utiliser *il sait* à la place de *tu sais* en (31a), ou *disez* au lieu de *disons* en (31b).

(31) a. *Tu sais* on aurait dit c'était assez réel (123 Estrie 36f 85 : 2). → * *Il sait* on aurait dit c'était assez réel là.

b. *Disons* au temps des fêtes, point de vue réjouissances, on fait un réveillon (107 Estrie 24f 10 : 0). → * *Disez* au temps des fêtes, point de vue réjouissances, on fait un réveillon.

Les verbes recteurs faibles ont un contenu sémantique très faible. Assez souvent, ils sont l'équivalent sémantique d'expressions comme « à mon avis, d'après moi ». C'est la raison pour laquelle ils sont régulièrement accompagnés du pronom personnel *moi*, comme en (32). En (32c), la locution *d'après moi* pourrait même remplacer le verbe *trouver* :

(32) a. Je dirais *moi* tu vas rentrer à la maison (624 Montréal 69h 12 : 45).

b. *Moé* je trouve la langue est.. est… est… très belle (161 Estrie 34h 217 : 26).

c. Je trouve *d'après moi* je parle trop vite (140 Estrie 26f 81 : 20).

Cette absence de rection forte apparente les verbes recteurs faibles aux particules discursives comme *là*, *n'est-ce pas*, *osti* (33). Comme le mentionne Vincent (1991, p. 45), « elles [les particules de discours] servent à marquer une rythmique et contribuent à dynamiser le discours en cours d'élaboration ».

(33) Si ils m'auraient aidé *là* pendant trois semaines *là*… (Vincent, 1991, p. 45).

En (34), les particules discursives *tu sais* et *je te dis*, qui ont une faible valeur référentielle et qui servent principalement à ponctuer le discours, ont perdu leur relation rectionnelle; l'ajout d'une subordination, qui renforcerait leur contenu sémantique, est syntaxiquement correct, mais change le sens de la phrase.

(34) a. *Tu sais* on aurait dit c'était assez réel là (123 Estrie 36f 85 : 2). → *Tu sais qu'*on aurait dit c'était assez réel là.

b. Je vois pas l'heure *je te dis* le matin je me lève à sept heures trente je donne à déjeuner au bébé (140 Estrie 26f 88 : 26). → Je vois pas l'heure *je te dis* le matin *que* je me lève à sept heures trente je donne à déjeuner au bébé.

L'absence de rection ne permet parfois même plus d'établir un équivalent formel, avec subordination :

(35) a. J'ai du gâteau blanc avec du sucre à crème, du thé, c'est tout *je pense* je vas faire pour mon souper (106 Estrie 49f 94 : 22).

b. Je pense que la majorité *je dirais* des gens qui nous entourent, sont peut-être plus conservateurs que je le suis (655 Montréal 46f 4 : 51).

c. Mais *je veux dire* j'étais quand même : j'avais quand même un milieu familial assez : assez bon *je veux dire*, contrairement à bien des gens là que j'écoute parler des fois là je pense que j'ai eu des : j'ai des parents bien le fun *je veux dire*, ils sont : ils sont libres pas mal et puis on a fait ce qu'on a voulu ou à peu près (Vincent, 1991, p. 45).

En résumé, l'ellipse de *que* en français du Québec et de l'Ontario, et dans d'autres dialectes du français, se produit presque toujours avec des verbes recteurs faibles qui entretiennent avec la subordonnée une relation de pseudo-rection. Alors que le français écrit ne permet que les propositions intercalées ou la construction avec une proposition introduite par *que*, le français parlé exprime aussi le relâchement de la rection par l'ellipse de *que*. Ces verbes recteurs faibles sont parfois utilisés comme des particules discursives.

### Ellipse de que *dans les complétives au subjonctif*

Selon Blanche-Benveniste, les verbes qui appellent le subjonctif dans la subordonnée et qui ne peuvent être utilisés en propositions intercalées constituent en fait des verbes recteurs forts :

(36) a. * J'aille dans les assemblées, elle veut plus.

b. * Le jour comme le soir je fasse le tour du carré, fallait.

c. * J'me promène en bicycle, ils avaient peur.

Pour rendre les phrases en (36) acceptables, il faut que la proposition régissante puisse être autonome : (37) « Que tu apprennes ça par cœur, il le fallait. »

Cette différence entre verbes recteurs faibles et verbes recteurs forts se manifesterait dans la prononciation de *que*. Selon Blanche-Benveniste, le *que* après un verbe qui demande le subjonctif serait prononcé clairement /kə/, alors que le *que* après un verbe recteur faible, qui demande l'indicatif, serait plus atténué.

S'il est vrai que la plupart des verbes qui permettent l'ellipse de *que* en français du Québec et de l'Ontario demandent l'indicatif dans la subordonnée, l'ellipse du subordonnant n'est pas limitée à ces verbes et apparaît aussi avec des verbes qui demandent le subjonctif :

(38) Elle *veut* plus j'aille dans les assemblées (602 Montréal 25h).

(39) a. Le jour comme le soir *fallait* je fasse le tour du carré (658 Montréal 26f 3 : 47).

b. Fallait t'apprennes ça par cœur (982 Québec 46f 99 : 2).

(40) Ils *avaient peur* j'me promène en bicycle (658 Montréal 26f 3 : 45).

Bauche (1946) donne aussi des exemples d'ellipse de *que* en français populaire avec des verbes qui demandent le subjonctif :

(41) a. Je veux pas tous ces types y soyent toujours à me courir (Bauche, 1946, p. 124).

b. Faut je m'en alle? (Bauche, 1946, p. 124).

En fait, l'ellipse du subordonnant avec des verbes qui demandent le subjonctif semble être très répandue dans d'autres langues romanes. Ainsi, en italien moderne, l'ellipse de *che* se produit presque exclusivement dans des subordonnées au subjonctif (42). Wanner (1981 : 53) remarque que « the existence of this omission can be clearly affirmed, in particular also the formulaic prevalence of *credo* $\phi$, *pare* $\phi$ where the subordinate clause is typically marked by the subjunctive or at least a tense (frequently the future) different from that of the main clause ».

(42) a. Credo avesse appena comprato i gelati.
« Je crois qu'il vient juste d'acheter une crème glacée » (Scorretti, 1981, p. 35).

b. Pare sia successo davvero.
« Il semble que cela se soit réellement produit » (Wanner, 1981, p. 47).

On trouve aussi l'ellipse de *que* suivi d'un complément au subjonctif en espagnol :

(43) a. Ruego me dé la satisfacción.
« J'exige qu'il me donne satisfaction » (Wanner, 1981, p. 54).

b. Parece no le importe nada de eso.
« Il semble que rien de tout cela ne la dérange » (Wanner, 1981, p. 54).

L'ancien français privilégie aussi l'ellipse de *que* lorsque la complétive est au subjonctif (44–45). Comme le remarquent Brunot et Bruneau (1949, p. 457) pour l'ancien français, « le mode subjonctif suffit à marquer la subordination ».

(44) Mais tote voie
tres bien revoudroie
vostre amors fust moie (Colin Muset VIII, 21–3, de Foulet, 1982, p. 334).

(45) Se ge faz tant moignes devainne (Renart, 1304, de Ménard, 1976, p. 189).

On ne peut toutefois pas associer l'ellipse du subordonnant en français du Québec et de l'Ontario au même phénomène en ancien français, et surtout en italien et en espagnol; en français du Québec et de l'Ontario, l'ellipse se produit le plus souvent dans les complétives à l'indicatif alors qu'en italien, en espagnol et en ancien français, elle se produit le plus souvent dans les complétives au subjonctif.

L'ancien français, l'italien et l'espagnol partagent plusieurs propriétés (entre autres, l'omission du sujet, la position des pronoms objets de l'infinitif, la nominalisation de l'infinitif), et il est possible que l'ellipse de *que* puisse être reliée à des propriétés particulières du subjonctif dans ces langues. Ainsi, en ancien français, dans plusieurs cas où le *que* est absent, le sujet de la principale et celui de la subordonnée au subjonctif sont identiques (46). En français moderne, l'emploi du subjonctif est différent : cette coréférence entre les sujets n'est plus permise et l'infinitif doit être utilisé (47).

(46) a. Gardez ne vos i fiez ja (Li Contes del Graal [Perceval], 3622, de Foulet, 1982, p. 335).

      « Gardez que vous ne vous y fiiez. »

   b. Elle ne puet muer ne die (Li Contes del Graal [Perceval], 4992, de Foulet, 1982, p. 335).

      « Elle ne peut s'empêcher qu'elle ne dise. »

(47) a. * Elle ne peut s'empêcher qu'elle ne dise la vérité.

   b. Elle ne peut s'empêcher de dire la vérité.

Je voudrais plutôt relier l'ellipse de *que* dans les complétives au subjonctif en français du Québec et de l'Ontario à la distinction de Blanche-Benveniste entre verbes recteurs faibles et verbes recteurs forts. Comme nous l'avons vu, selon son analyse, les verbes au subjonctif seraient des verbes recteurs forts puisqu'ils ne permettent pas les propositions intercalées. Ainsi, avec un verbe comme *croire*, qui admet les deux modes, la proposition intercalée est nettement meilleure avec l'indicatif (48b) qu'avec le subjonctif (48c).

(48) a. Je crois pas je serais / je sois capable de rester à rien faire (160 Estrie 28h 203 : 16).

   b. Je serais capable de rester à rien faire, je crois pas.

   c. * Je sois capable de rester à rien faire, je crois pas.

Mais remarquons que la phrase (48c) est améliorée dès qu'on ajoute *que* : (49) « Que je sois capable de rester à rien faire, je crois pas. »

Il semble ici que ce soit l'emploi du subjonctif plutôt que le verbe lui-même qui empêche la proposition intercalée en début de phrase. Je voudrais donc proposer que certains verbes au subjonctif sont des verbes recteurs faibles, même si leur emploi dans des propositions intercalées connaît certaines restrictions en début de phrase. Ainsi, des verbes recteurs faibles comme *vouloir* et *falloir*, qui favorisent l'ellipse de *que*, peuvent être employés dans des propositions intercalées à l'intérieur de la phrase.

(50) a. Tu vas, *je veux bien*, au cinéma tous les soirs mais ce n'est pas une raison pour me raconter tous les films que tu vois.

b. Tu vas, *faut bien*, travailler tous les jours et t'as même pas le dimanche pour te reposer.

Les phrases en (50) contrastent avec une phrase comme (51) où *souhaiter* a une rection forte et admet difficilement l'emploi en propositions intercalées :

(51) ?? Tu vas, *je souhaite*, au cinéma tous les soirs, mais ce n'est pas une raison pour me raconter tous les films que tu vois.

Cette différence entre *souhaiter*, verbe recteur fort, et *vouloir*, verbe recteur faible, pourrait aussi expliquer pourquoi la proposition intercalée en début de phrase avec *que* est plus naturelle avec *vouloir* (52a) qu'avec *souhaiter* (52b) :

(52) a. Que tu viennes, je veux bien.

   b. * Que tu viennes, je souhaite bien.

L'ellipse de *que* dans les complétives au subjonctif, comme dans les complétives à l'indicatif, se produit donc avec des verbes recteurs faibles. Le mode de la complétive ne serait pas en soi un facteur déterminant dans le type de rection du verbe[4].

## Conclusion

En résumé, nous avons vu que l'ellipse de *que* en français du Québec et de l'Ontario était favorisée par l'emploi de verbes recteurs faibles. Alors que le français moderne standard n'emploie les verbes recteurs faibles que dans des propositions introduites par *que* ou dans des propositions intercalées, le français du Québec et de l'Ontario permet une autre construction : le verbe recteur faible suivi directement de la subordonnée, sans subordonnant. Cette construction est commune à plusieurs dialectes du français parlé. L'ellipse de *que* en français du Québec et de l'Ontario ne serait donc pas un calque direct de l'anglais, mais aurait sa source dans la grammaire même du français.

## Références

Bauche, H., *Le Langage populaire*, Paris, Payot, 1946.

Blanche-Benveniste, C., « Constructions verbales « en incise » et rection faible des verbes », dans *Recherches sur le français parlé*, vol. 9, 1989, p. 53–73.

Brunot, F. et C. Bruneau, *Précis de grammaire historique de la langue française*, Paris, Masson, 1949.

Charles, A.H., *A Comparative Study of the Grammar of Acadian and Cajun Narratives*, Georgetown U., Ph.D., 1975.

Connors, K., « L'Effacement de QUE — règle syntaxique », dans *Recherches linguistiques à Montréal*, vol. 4, 1975, p. 17–33.

Cornwell, M. et A. Juilland, *Louisiana French Grammar*, La Haye, Mouton, 1963.

Ducrot, O., *Les Mots du discours*, Paris, Éditions de Minuit, 1980.

Foulet, L., *Petite Syntaxe de l'ancien français*, troisième édition revue, Paris, Champion, 1982.

Martineau, F., *Élision variable de (que) dans le parler d'Ottawa-Hull*, thèse de maîtrise, Université d'Ottawa, 1985.

Martineau, F., « Variable Deletion of *que* in the Spoken French of Ottawa-Hull », in J. P. Montreuil and D. Birdsong (eds), *Advances in Romance Linguistics*, Foris, Dordrecht, 1988, p. 275–287.

Ménard, P., *Manuel du français du Moyen Âge. I–Syntaxe de l'ancien français*, Bordeaux, Sobodi.

Pompilus, Pradel, *La Langue française en Haïti*, Paris, Institut des Hautes Études de l'Amérique latine, 1961.

Sankoff, G. (1980 a), « A Quantitative Paradigm for the Study of Communicative Competence », in G. Sankoff (ed.), *The Social Life of Language*, Philadelphie, U. of Penns. Press, p. 47–79.

Sankoff, G. (1980 b), « Above and Beyond Phonology in Variable Rules », in G. Sankoff (ed.) *The Social Life of Language*, Philadelphia, U. of Penns. Press, p. 81–93.

Sankoff, G., R. Sarrasin et H. Cedergren, « Quelques considérations sur la distribution de la variable *que* dans le français de Montréal », article lu au Congrès de l'ACFAS, 1971.

Scorretti, M., « Complementizer Ellipsis in 15th Century Italian », in *Journal of Italian Linguistics*, No. 6, 1981, p. 35–46.

Sznajder, L., « "Il arrivera en retard, je te le dis / Il arrivera en retard, te dis-je" : de l'asyndète entre deux propositions à la subordination grammaticale », dans *L'Information grammaticale*, n° 3, 1979, p. 19–23.

Thomas, Alain, « Le Franco-Ontarien : portrait linguistique », sous la dir. de Raymond Mougeon et Édouard Beniak, *Le Français canadien parlé hors Québec*, Québec, PUL, 1989, p. 19–35.

Verschoor, J. A., *Étude de grammaire historique et de style sur le style direct et les styles indirects en français*, Groningue, 1959.

Vincent, D., « Quelques études sociolinguistiques de particules du discours », dans *Revue québécoise de linguistique théorique et appliquée*, vol. 10, n° 3, 1991, p. 41–60.

Wanner, D., « Surface Complementizer Deletion : Italian che-ɸ », in *Journal of Italian Linguistics*, N° 6, 1981, p. 47–82.

Warren, J., « La Variable QUE en français parlé à Montréal », manuscrit, 1991.

## NOTES

1. Cette recherche a été subventionnée par le Conseil de recherches en sciences humaines du Canada (n° 410–92–0221) et l'École des études supérieures et de la recherche de l'Université d'Ottawa (n° U-01814). Les données du français du Canada proviennent en partie du corpus de l'Estrie qui regroupe, entre autres, des transcriptions d'entrevues effectuées auprès de locuteurs de différentes régions du Québec; je tiens à remercier le responsable du projet, Pierre Martel, de m'avoir donné accès aux données du corpus.

2. Parmi les facteurs syntaxiques, il faut tenir compte de la nature de la proposition subordonnée. L'ellipse du pronom relatif *que* est moins fréquente que celle de la conjonction *que* en français du Québec et de l'Ontario. C'est également le cas pour la plupart des dialectes du français étudiés.

3. L'ellipse de *que* n'est pas exclue avec les verbes recteurs forts même si elle est moins fréquente. Ainsi, l'ellipse de *que* se produit le plus souvent avec le verbe recteur faible *croire* (« C'est à croire je pourrai pas lui par-ler »), mais elle est également possible avec le verbe recteur fort *croire* [« Y nous font croire ça va nous rapporter » (192 Estrie 47h 255 : 27)].

4. En français populaire, le subjonctif est parfois remplacé par l'indicatif (ex. : Je veux qu'il vient). Il serait intéressant d'examiner si cette substitution a une influence sur l'ellipse de *que* en français du Québec et de l'Ontario.

# IDENTITÉ:
## JEUNE, FRANCOPHONE MINORITAIRE
## EN ONTARIO[1]

François-Pierre Gingras
Université d'Ottawa

Cet article veut contribuer à la compréhension du processus d'assimilation des minorités, en général, et de la minorité franco-ontarienne, en particulier. Le sujet n'est pas nouveau, mais il est toujours d'actualité[2], au moment où la communauté franco-ontarienne se résigne au rejet de l'Accord de Charlottetown qui reconnaissait comme valeur fondamentale du Canada « l'attachement des Canadiens et de leurs gouvernements à l'épanouissement et au développement des communautés minoritaires de langue officielle dans tout le pays[3] ».

Comment en vient-on à perdre sa langue? N'a-t-on pas soutenu que les humains ont inventé le langage pour lutter contre les menaces d'extinction[4]? Perdre sa langue signifierait-il cesser d'exister? Les rapports de la langue avec l'identité et la conscience suscitent des questions complexes auxquelles aucune réponse simple ne saurait convenir[5]. Cet article a des ambitions bien plus modestes et se limite plutôt à explorer quelques facteurs sociaux susceptibles d'amener les jeunes Franco-Ontariens à délaisser la langue française. Ce qui n'empêchera pas de se demander en terminant si le processus d'assimilation est irréversible...

## La recherche

C'est par le biais du vécu des jeunes Franco-Ontariens qu'on a décidé d'explorer le processus d'assimilation. Il a paru souhaitable de se placer dans le même registre qu'eux pour percevoir et ressentir le phénomène au-delà des apparences. Les données sur lesquelles s'appuie cet article proviennent donc principalement d'entrevues semi-structurées avec des adolescents et des adolescentes, qui ont ouvert à l'équipe de recherche quelques fenêtres sur leur vie quotidienne : famille, école, loisirs. En partageant certains moments avec eux, on a aussi observé attentivement certains de leurs comportements verbaux et non verbaux en présence de leurs parents et amis.

Afin d'éliminer le plus grand nombre possible de sources de brouillage, la recherche a porté sur une collectivité ontarienne éloignée, tant des grands centres urbains du sud que des concentrations francophones du nord de la province. On a choisi une petite ville d'un peu plus de cinq mille habitants, Penetanguishene, rendue célèbre par la féroce volonté de certains de ses francophones d'y maintenir leur langue et leur culture. Selon les données du recensement canadien de 1991, plus des trois quarts de la population de Penetanguishene et de son canton est d'origine canadienne-française, mais aujourd'hui moins d'une famille sur cinq utilise le français comme langue principale au foyer. À Penetanguishene, les adolescents francophones fréquentent soit l'école secondaire unilingue française, obtenue de haute lutte après des années de conflit ouvert avec les autorités scolaires, soit l'école secondaire bilingue, où l'anglais exerce la même domination que sur l'ensemble de la localité.

À plusieurs reprises, durant une période de trois années, une trentaine de jeunes se sont confiés aux membres de l'équipe de recherche dirigée par l'auteur. L'échantillon se compose d'adolescents et d'adolescentes âgés de 14 à 18 ans et ayant tous le français comme première langue apprise et encore parlée; la moitié fréquente l'école française et l'autre moitié, l'école bilingue; on les a choisis en partie en fonction de leur disponibilité, mais surtout de façon à refléter des milieux sociaux et familiaux fort variés. Ils ont accepté de parler de leur école, de leur famille, de leurs amis... et de la place de la langue française dans leur vie.

Un tel échantillon ne peut prétendre à une rigoureuse représentativité de toute la jeunesse francophone de Penetanguishene : dans les pages qui suivent, on ne quantifiera donc pas avec précision les observations recueillies. Un sondage, sans doute plus représentatif au sens strictement technique du terme, n'aurait pu que permettre de tracer une image bien superficielle des attitudes et des comportements des jeunes, sans approfondir leurs émotions, élucider leurs sous-entendus, entendre leurs soupirs et observer leurs haussements d'épaules. On voit aisément l'avantage comparatif qu'une technique qualitative apporte à une recherche sur les motivations.

Dans un premier temps, on identifiera la langue dominante chez les jeunes francophones rencontrés à Penetanguishene et l'étendue de cette prédominance chez des personnes de milieux différents. Ensuite, on tentera d'isoler des facteurs expliquant cette prédominance : la première langue apprise, la langue des parents en milieu familial homogène ou mixte, la principale langue d'usage au foyer, la langue des pairs (amis), les caractéristiques de l'environnement social, l'impact du milieu scolaire.

## La langue dominante et le bilinguisme

À l'instar de la forte majorité des francophones de Penetanguishene, les adolescents rencontrés sont tous bilingues, c'est-à-dire qu'ils peuvent s'exprimer en français et en anglais. S'ils insistent habituellement sur le fait qu'ils sont « des bilingues[6] », soulignant ainsi un conflit d'identification bien connu ailleurs[7], ils reconnaissent tous la distinction simple entre « les

Français » et « les Anglais » et s'identifient aux premiers. Cette affiliation semble reposer tout autant sur leur capacité à s'exprimer dans leur propre langue maternelle française (affiliation linguistique) que sur la reconnaissance de l'héritage ethnoculturel qui leur vient de leurs parents (affiliation ethnique). En effet, tous les jeunes rencontrés dont les deux parents sont francophones se disent aussi « Français », même ceux et celles qui s'expriment avec une certaine difficulté dans cette langue. Avec les générations, l'ethnicité prend souvent un caractère plus symbolique que vécu[8] et il devient difficile de situer chacun à un point approprié sur un *continuum* linguistique[9].

Interrogés sur les différences principales entre « les Français » et « les Anglais », les jeunes ont de la difficulté à en identifier avec précision les caractéristiques respectives, bien que bon nombre d'entre eux trouvent que « les Français savent plus s'amuser », un commentaire qui sous-tend parfois une conception un peu folklorique de leur héritage culturel. Rares sont les jeunes qui ne manifestent pourtant aucune fierté, aucune satisfaction au moins symbolique d'être « Français ».

La majorité des adolescents et des adolescentes francophones voient même « un avantage à être Français parce que les Français sont bilingues ». On estime, en effet, que le bilinguisme confère un avantage au plan des communications interpersonnelles et améliore les chances d'emploi. Être bilingue signifie aussi que « si tu vas au Québec, on va te comprendre parce que tu parles français ». En somme, les jeunes pensent que le bilinguisme peut leur procurer des avantages instrumentaux. N'a-t-on pas dit des Franco-Ontariens qu'ils avaient une culture bilingue[10]?

La recherche n'a pas tenté d'explorer à fond le contenu sémantique différentiel des expressions « Français », « Canadien français », « Franco-Ontarien » ou « Ontarois », mais on note facilement des tendances[11]. À première vue, « Français » et « Canadien français » semblent interchangeables. La plupart des jeunes ignorent le vocable « Ontarois ». Quant à « Franco-Ontarien », il est associé, comme on le verra plus loin, à une certaine forme de militantisme. Quelques jeunes francophones se considèrent comme des « Québécois » : ils ont vécu au Québec et n'ont pas de racines à Penetanguishene.

À quelques exceptions près, les jeunes francophones de Penetanguishene s'expriment plus facilement et plus spontanément en anglais qu'en français[12]. Lorsqu'ils s'expriment en français, on remarque chez la plupart d'entre eux une modulation de la voix empruntée à l'anglais qui les distingue immédiatement des jeunes élevés en milieu francophone majoritaire. La plupart des adolescents rencontrés manifestent plus de difficulté en français qu'en anglais à trouver sans hésitation les bons mots pour exposer leurs pensées. Il n'y a, dans notre échantillon, qu'une poignée de jeunes plus à l'aise en français qu'en anglais ou aussi à l'aise dans une langue que dans l'autre. À première vue, les facteurs familiaux n'y sont pas étrangers.

## La langue maternelle et la langue dominante

En effet, quoiqu'ils aient presque tous appris le français au berceau avant l'anglais, les jeunes de Penetanguishene affirment dans la plupart des cas que la principale langue d'usage au foyer est l'anglais; cela est vrai tant des familles où un seul parent est francophone que des familles homogènes.

Certes, dans plusieurs foyers, on alterne les codes linguistiques en *switchant* (comme disent les jeunes) fréquemment entre l'anglais et le français[13]. Rares cependant sont les adolescents rencontrés, dont les familles habitent la ville même de Penetanguishene, qui utilisent le français plus de la moitié du temps. Ce sont plutôt les jeunes de la périphérie rurale du canton de Penetanguishene qui montrent une plus grande fréquence d'utilisation du français au foyer. Ce sont encore eux qui s'expriment le mieux en français et ils sont d'ailleurs aussi presque les seuls à montrer une nette préférence à s'adresser en français aux membres de l'équipe de recherche; les autres, plus nombreux, hésitent entre les deux langues ou optent spontanément pour l'anglais.

Bien que des statistiques montrent que la majorité des jeunes Franco-Ontariens ont maintenu l'usage de leur langue maternelle et que l'on puisse y trouver motif à encouragement[14], il n'est pas possible de se fier à la langue maternelle comme critère pour déterminer la langue dominante d'un adolescent : la majorité des adolescents de Penetanguishene, qui se sont d'abord endormis au son de « Fais dodo, Colas mon petit frère », choisissent de préférence l'anglais pour parler d'eux-mêmes.

## La famille

Le recours à la langue d'usage au foyer peut également être trompeuse pour identifier la langue dominante d'un jeune. La recherche en révèle plusieurs raisons.

Il est vrai qu'au cours de la recherche, la plupart des jeunes ont identifié l'anglais comme principale langue d'usage au foyer. Il est encore vrai que tous les jeunes qui préféraient s'exprimer en français provenaient de foyers où cette langue prévalait. Mais il y avait encore plus de jeunes qui préféraient ne pas s'exprimer en français bien que cette langue prévalût dans leur foyer. La corrélation n'est donc pas absolue entre la langue dominante d'un jeune et la langue d'usage dans son foyer.

Deuxièmement, il semble que, dans plusieurs familles, « on parle tout le temps bilingue », passant inconsciemment d'une langue à l'autre dans une même phrase, plutôt que d'utiliser seulement le français ou l'anglais. Il est impossible d'identifier une langue d'usage principale dans ces cas.

Troisièmement, dans les foyers où la langue varie selon les interlocuteurs, il est difficile d'évaluer avec justesse la proportion du temps où chacun utilise tel ou tel code linguistique; en effet, plusieurs confient que leurs parents parlent français entre eux, tandis qu'entre jeunes, c'est l'anglais qui prévaut. Quand parents et jeunes se parlent, « on utilise l'une ou l'autre ». Dans ces cas, il n'y a pas une langue d'usage principale en évidence.

Quatrièmement, dans plusieurs foyers, il semble que les locuteurs utilisent, pour raconter des faits, la langue dans laquelle « ça s'est passé » : on rapporte en français « une faillite dans le cours d'histoire », mais en anglais « last night's party at Marie-Josée's ». L'environnement détermine alors la langue d'usage.

Enfin, est-il nécessaire d'ajouter que, dans presque tous les foyers, les médias de langue anglaise dominent complètement[15]. Quelques parents, il est vrai, réussissent malgré tout à regarder « leurs téléromans québécois » pendant que les jeunes font leurs devoirs ou parlent au téléphone avec leurs amis. Cela dit, compte tenu du temps considérable que les adolescents de Penetanguishene avouent passer devant le téléviseur et le jeu vidéo, ainsi qu'à l'écoute de la radio et des cassettes enregistrées, l'anglais est décidément la langue « qui s'entend le plus dans la maison ».

La recherche mène à la conviction que la langue dominante d'un jeune n'est pas nécessairement la langue qu'il identifie comme langue maternelle ou langue d'usage à la maison. Sa langue dominante, c'est plutôt celle qu'il maîtrise assez bien pour se *sentir à l'aise* de la parler et qu'il *choisit* quand un interlocuteur bilingue lui présente l'alternative entre cette langue et une autre. Les membres francophones et anglophones de l'équipe de recherche ont tous remarqué que la perception qu'ont les jeunes de la langue « préférée » par l'interlocuteur est cruciale. La langue dominante de la majorité des adolescents franco-ontariens de Penetanguishene est sans l'ombre d'un doute l'anglais.

### L'environnement social

Parmi les jeunes de la région de Penetanguishene que l'équipe de recherche a rencontrés, seule une poignée possède le français comme langue dominante et elle demeure dans la périphérie rurale où les signes de vitalité francophone (notamment l'affichage commercial) sont plus évidents qu'à Penetanguishene même. Cette observation implique donc que l'environnement social joue un rôle primordial dans le processus d'assimilation[16].

La recherche n'a pas porté sur les attitudes des habitants de Penetanguishene à l'égard de la langue française ou des francophones. On ne possède donc que la perception révélée par les adolescents et les adolescentes francophones rencontrés. Selon eux, il est clair que « les affaires importantes, c'est en anglais que ça se passe ». Cette prise de position n'est pas loin de ce que Calvet appelle le champ d'exclusion linguistique à double détente[17]. Entendons par là que c'est l'anglais qui domine et que ceux qui maîtrisent l'anglais jouissent aussi d'une position dominante. Du point de vue des jeunes, l'anglais est la langue des affaires et des loisirs. Là-dessus, il y a consensus.

Et l'école, qui devrait occuper une place importante dans la vie des jeunes? L'école, avouent-ils, « c'est sûr que c'est important, mais c'est pas pareil ». On y reviendra plus loin. Qu'il suffise pour l'instant d'indiquer que les jeunes de Penetanguishene ne trouvent pas du tout « cool » de parler français dans les corridors ou à la récréation, surtout à l'école secondaire bilingue.

C'est que les amis, même francophones, parlent anglais entre eux, dès la sortie de la classe, en attendant l'autobus, au restaurant, partout où ils se retrouvent : « Quand tu parles français, tes amis te trouvent stupide », confesse une adolescente; « ça dépend si t'es en gang ou si t'es juste avec ta meilleure amie », précise une autre; « il y a plus de mots en anglais pour dire ce qu'on veut », affirme une dernière, reprenant sans le savoir les arguments de tous les colonisés du monde qui croient leur langue inférieure[18]. Il ressort, en effet, que le groupe d'amis dévalorise l'usage du français en public : « Tu t'adresses pas aux autres en français, t'attends qu'un autre le fasse en premier. » La dominance de l'anglais dans la collectivité se transpose dans les petits groupes d'adolescents, même homogènes de langue française. Plusieurs trouvent bizarre (*weird*) de parler français quand « on n'est pas obligé ». Lorsque, sans qu'on sache trop pourquoi, un petit groupe de jeunes converse en français, il semble toujours se trouver une personne pour faire tourner la conversation à l'anglais. « Quand on parle en anglais, on est comme les autres, mais quand on parle en français, on se fait remarquer, c'est gênant », explique un adolescent.

Des lois linguistiques fédérales et ontariennes ont cherché à rétablir un certain équilibre dans le statut de l'anglais et du français[19]. Les jeunes ne voient-ils pas un encouragement à utiliser le français depuis l'adoption de la Loi 8 sur les services gouvernementaux en français en Ontario? Quelques-uns, les militants dont il sera question plus loin, répondent par l'affirmative. La plupart des autres, ou bien ignorent l'existence de cette loi, ou bien rétorquent que, de toute façon, ils s'expriment suffisamment bien en anglais pour ne pas avoir besoin de cette mesure, qui ne peut servir qu'à les « faire remarquer ».

### Les expériences en milieu homogène

Malgré leur anglicisation plus ou moins avancée, quelques jeunes avouent que, « dans le fond », ils aiment bien parler français et trouvent plutôt naturel de l'utiliser avec leurs parents. Certains confient qu'ils parlent parfois français en tête-à-tête avec un ami ou une amie intime, « qui te traite pas de niaiseuse parce que tu lui parles en français ». Il est évident que la pression sociale des pairs joue en défaveur de l'usage du français en public.

Mais il y a des exceptions. La recherche permet d'en identifier deux catégories. D'abord, les jeunes de la périphérie rurale francophone, qui craignent moins de s'exprimer en français en public, parce qu'ils entendent d'autres personnes qui le font : « Quand tu vas au restaurant ici, le monde te parle en français. » Ensuite, les jeunes récemment arrivés du Québec : on dit, par exemple d'Untel, que si « ça le dérange pas de parler en français, c'est parce qu'il est Québécois ». Pression sociale moins négative dans un cas, socialisation différente dans l'autre semblent expliquer des attitudes plus positives quant à l'usage du français en public chez une minorité d'adolescents francophones de Penetanguishene.

Si l'environnement social est si important, qu'arrive-t-il lorsque des jeunes francophones de Penetanguishene ayant l'anglais comme langue dominante se retrouvent en milieu francophone homogène? Environ le tiers de ces jeunes ont connu l'expérience d'être entourés de francophones pour une durée plus ou moins longue : *field trips* de quelques heures dans le cadre d'un cours, voyages-échanges scolaires de quelques jours, vacances en famille, participation au festival de la jeunesse franco-ontarienne à Ottawa en mai 1991[20], etc. Dans presque tous les cas, peu importe la circonstance, les jeunes affirment que « c'était plus facile de parler en français parce qu'on était là-bas », que « ça a même été le *fun* de parler en français comme les autres », que ni les enseignants ni les parents n'avaient à insister pour qu'ils utilisent le français en milieu homogène.

La recherche montre que l'insertion dans un environnement francophone peut révéler un véritable potentiel d'usage du français par les jeunes francophones qui préfèrent habituellement l'anglais. En revanche, la recherche n'a pas permis d'en retracer des effets durables, de retour à Penetanguishene. L'effet semble à ce point isolé dans le temps et dans l'espace qu'une adolescente fait même remarquer qu'au retour d'une activité scolaire, elle et sa classe « ont tous *switché* à l'anglais dès qu'on est monté dans le bus ». Ce n'est guère encourageant. On pourrait émettre l'hypothèse qu'il faudrait vraiment un changement prolongé, au sein du groupe de référence des jeunes francophones de Penetanguishene, pour que les effets perdurent et qu'on se sente à l'aise de faire une place dominante au français dans les conversations avec les pairs[21].

## L'église

Dans la société traditionnelle canadienne-française, l'église paroissiale catholique occupait une place de premier plan. La recherche montre que l'église, dont le clocher rappelle aux plus vieux les rapports étroits entre la langue et la foi, n'a plus, pour les jeunes, la force d'attraction d'autrefois. Si on assiste à la messe, c'est souvent « parce qu'on est obligé » : c'est « important pour les parents », mais pas pour beaucoup d'adolescents. D'ailleurs, on a même rapporté à l'équipe de recherche qu'une église d'un village francophone voisin de Penetanguishene célébrait depuis quelques années une de ses deux messes dominicales en anglais; aux grandes fêtes religieuses, le curé insérerait pendant la messe en français quelques paroles anglaises de bienvenue à l'intention des anglophones en visite. Voilà une courtoisie qu'on interprète parfois comme un signe de déférence, parce qu'aux messes en anglais, on ne saluerait pas les francophones qui seraient en visite. Encore un indice funeste que les jeunes Franco-Ontariens perçoivent dans leur environnement[22]!

### Le milieu scolaire

L'importance à accorder à la langue française s'est trouvée au cœur d'intenses conflits scolaires à Penetanguishene, ainsi qu'ailleurs en Ontario, avec comme résultat la coexistence de deux écoles secondaires dans une petite région de cinq mille habitants.

Les entrevues avec les adolescents et les adolescentes francophones de Penetanguishene laissent croire que l'identification avec l'école que l'on fréquente s'accroît et, d'une certaine façon, prend un caractère politique avec l'âge.

Les jeunes de 14 et 15 ans perçoivent surtout des différences qu'on pourrait qualifier de superficielles entre les deux écoles : bilinguisme ou unilinguisme, nombre d'élèves, emplacement. Quelques élèves trouvent étranges les habitudes caractérisant l'autre école, mais l'analyse n'est guère approfondie.

Les plus âgés sont davantage portés à établir des liens plus significatifs[23] entre l'école et l'environnement social : ils remarquent que les enfants des familles de niveau social élevé vont à l'école bilingue, que celle-ci donne accès à des réseaux de connaissances utiles pour avoir des emplois, que le passage par l'école bilingue favorise l'admission et le succès ultérieur au collège communautaire ou à l'université. Les élèves les plus âgés sont aussi davantage portés à adopter des positions plus tranchées et à modeler leurs comportements en fonction de leur appartenance à l'une ou l'autre école.

### L'école bilingue

Les jeunes de 16, 17 et 18 ans qui fréquentent l'école bilingue de Penetanguishene reconnaissent unanimement qu'elle favorise une certaine forme d'assimilation, mais ils ne changeraient pas d'école.

Environ la moitié d'entre eux confessent être maintenant moins à l'aise en français qu'à leur entrée à l'école secondaire bilingue[24]. Plusieurs le regrettent, mais ne trouvent pas là une raison suffisante pour changer d'école, même s'ils se plaignent parfois qu'on n'entend pas assez de français à Penetanguishene. Certains envisagent l'assimilation comme un phénomène individuel et croient que « ceux qui s'assimilent, c'est parce qu'ils le veulent ». Par ailleurs, l'équipe de recherche a rencontré des élèves qui ont milité dans des comités pour promouvoir l'identité bilingue de leur école et réduire ses effets assimilateurs.

Quelques-uns manifestent une indifférence apparente face à l'assimilation : « une langue ou l'autre, moi ça me fait rien ». La recherche montre que cette attitude traduit parfois un désir de rester hors du débat, d'éviter le conflit que suscitent des pressions contradictoires venant de la famille et du groupe d'amis. D'autres enfin voient leur anglicisation d'un œil plutôt favorable « parce qu'au Canada, t'as besoin de l'anglais ».

On remarque un fort sentiment d'appartenance institutionnelle chez tous les jeunes fréquentant l'école bilingue de Penetanguishene, mais qui s'accompagne d'une grande variété d'attitudes à l'égard de son caractère assimilateur, caractère qui n'est toutefois pas mis en doute.

## *L'école française*

Du côté des adolescents et des adolescentes de 16 à 18 ans qui vont à l'école unilingue française Le Caron, la recherche ne révèle que deux catégories d'attitudes : le militantisme actif en faveur du français et l'appui passif au militantisme des activistes. Cette école a été acquise par le militantisme d'un segment de la communauté francophone de Penetanguishene, désirant fournir à la jeune génération un milieu scolaire homogène de langue française pour contrer les tendances assimilatrices de l'école bilingue. Il semble que l'établissement d'enseignement francophone réussisse passablement bien à transmettre ses valeurs aux élèves, même si on remarque parmi eux différents niveaux de sensibilisation. Cela semble favorable pour l'avenir de la collectivité franco-ontarienne[25].

De tous les jeunes rencontrés, les militants de l'école française manifestent le niveau le plus élevé de fierté de leur langue et de sensibilité à « la menace de l'assimilation ». Ils se disent volontiers « Franco-Ontariens ». Ce sont ceux dont on a déjà dit qu'ils avaient un « dynamisme contagieux[26] ». Ils affirment aussi utiliser autant que possible le français à l'extérieur de l'école et chercher des amis qui s'expriment surtout en français. On trouve des militants même parmi les élèves qui s'expriment plus facilement en anglais qu'en français, dont la langue d'usage à la maison est l'anglais et qui habitent Penetanguishene. Cependant, la plupart des militants ont en commun au moins deux des caractéristiques suivantes, qui se renforcent naturellement : une maîtrise du français au-dessus de la moyenne, la langue française prioritaire au foyer, le domicile situé dans la périphérie francophone du canton.

On peut parfois prendre les passifs pour des indifférents. S'ils affirment leur accord pour la promotion du français, ils ne prennent aucune initiative en présence d'autrui. Ils n'aiment pas faire de vagues autour d'eux parce qu'ils ont des amis qui ont des opinions différentes.

Des témoignages laissent croire à l'existence d'une troisième catégorie : les rebelles, obligés par leurs parents à fréquenter l'école française et qui, par exemple, n'hésitent pas à parler anglais dans les corridors, à l'encontre du règlement. L'équipe de recherche n'en a pas rencontrés.

Malgré la mise en valeur de la langue française par l'école unilingue, il n'en demeure pas moins qu'environ la moitié des jeunes rencontrés et qui la fréquentent utilisent l'anglais couramment. L'école ne suffit donc pas à contrer l'influence de l'environnement.

## *Conclusions*

Cette recherche ne permet pas d'étendre les conclusions à l'ensemble de la jeunesse franco-ontarienne, ni même à tous les jeunes de Penetanguishene. Quelques éléments ressortent pourtant d'une manière significative.

La langue dominante chez un jeune ne peut être déduite avec certitude d'aucune autre variable classique : langue maternelle ou langue d'usage au foyer. Il faut vérifier par conséquent dans quelle langue le jeune est effectivement le plus à l'aise pour s'exprimer et surtout quelle langue il choisit lorsqu'il est placé en face d'une alternative où tous les choix sont également acceptables. Cette approche suppose que, habituellement, tous les choix ne sont pas perçus comme également acceptables à cause de signaux ou d'indices, de messages explicites ou implicites dans l'environnement du locuteur. La recherche a révélé, par exemple, que la plupart des jeunes de Penetanguishene sentent des pressions différentes selon qu'ils sont en présence de leurs parents, de leurs professeurs, d'un groupe d'amis, d'un ami ou d'une amie intime.

L'environnement social semble exercer une influence prépondérante sur la langue dominante des jeunes de Penetanguishene : plus l'environnement où ils habitent est homogène et francophone, plus les jeunes ont tendance à choisir de s'exprimer en français et à bien maîtriser cette langue. L'environnement joue un tel rôle sur l'utilisation du français qu'il ressort des entrevues qu'un changement d'environnement, par exemple à l'occasion d'un voyage scolaire, peut modifier les choix linguistiques de tout un groupe de jeunes. L'assimilation n'est pas un phénomène individuel mais collectif[27], car le statut d'une langue est directement relié aux fonctions qu'elle remplit[28].

À l'influence de l'environnement s'ajoute celle du milieu familial, dont l'impact est ambigu. Il ressort, en effet, de la recherche qu'il est difficile d'évaluer avec exactitude la place qu'occupe la langue française dans un foyer en milieu minoritaire. Il n'est certainement pas possible de le faire à l'aide d'un questionnaire, car il faut révéler la dynamique propre à chaque famille pour découvrir qui parle quelle langue avec quel interlocuteur et dans quelles circonstances. Certaines familles semblent utiliser principalement l'anglais pour communiquer, mais envoient leurs enfants à l'école française, tandis que d'autres font plus de place au français au foyer, mais leurs enfants fréquentent l'école bilingue. Seules des recherches plus approfondies dans le milieu familial permettraient de faire plus de lumière sur ces apparentes contradictions.

L'école, enfin, exerce une influence sur les attitudes des jeunes de Penetanguishene à l'égard du français. On reconnaît assez rapidement en l'école bilingue une force anglicisante et en l'école française une source de militantisme. Il est difficile de savoir si l'école ne fait que refléter les désirs des parents auxquels elle n'apporterait qu'un renforcement ou si elle exerce une influence indépendante du milieu familial. Une étude acadienne a déjà montré qu'au Nouveau-Brunswick les influences négatives proviennent surtout de l'extérieur de l'école, c'est-à-dire de la famille et de l'environnement social[29].

Lorsque le milieu familial, l'école et l'environnement social exercent des pressions dans la même direction, les jeunes de Penetanguishene ont davantage tendance à s'engager dans la promotion active du français. On soutient parfois qu'un groupe minoritaire peut résister à son érosion en maintenant une différenciation fonctionnelle entre sa langue et la langue majoritaire[30]. L'école bilingue réduit le champ d'application possible d'une telle diglossie. Les familles francophones où l'on utilise en priorité l'anglais introduisent un cheval de Troie dans leurs foyers.

Dans la mesure où même la périphérie francophone de Penetanguishene cède graduellement aux assauts de l'anglicisation et où la langue anglaise prévaut déjà au sein des groupes d'amis des francophones de cette ville, les perspectives de résistance à l'assimilation semblent peu encourageantes à moyen terme dans cette région de l'Ontario.

## NOTES

1. Les données sur lesquelles repose l'analyse ont été recueillies par plusieurs étudiants et étudiantes en sciences politiques de l'Université d'Ottawa. L'auteur assume entièrement la responsabilité des interprétations qu'on trouvera dans cet article. Il reconnaît cependant une dette intellectuelle particulière à l'endroit d'anciens étudiants dont il a dirigé les travaux à plusieurs années d'intervalle : Stewart Kiff, qui a pris l'initiative des premières entrevues à Penetanguishene et qui a suggéré, avec beaucoup de perspicacité, des pistes d'analyse reprises dans ce texte et Mireille Duguay, qui a approfondi la question de l'identité culturelle des Franco-

Ontariens dans un contexte comparatif.

2. Il est superflu de citer ici tous les colloques et toutes les études qui ont porté sur la question. Quant à la pertinence d'une nouvelle analyse supplémentaire, elle ressort clairement des débats périodiques que ne manquent pas de susciter les commentaires récurrents et souvent pessimistes sur la vitalité des minorités francophones en Amérique.

3. Article 1.d du *Rapport du consensus sur la Constitution*, 28 août 1992, qui a fait l'objet du référendum du 26 octobre 1992. La plupart des porte-parole franco-ontariens ont appuyé cet Ac-

cord. Richard Simeon souligne l'importance « centrale » de la question linguistique dans les débats constitutionnels au Canada ; voir « Meech Lake and Shifting Conceptions of Canadian Federalism », *Analyse de politiques*, XIV (numéro spécial « L'Accord du lac Meech »), 1988, p. 7–14.

4. Claude Hagège, *L'Homme de paroles, contribution linguistique aux sciences humaines*, Paris, Folio, 1985.

5. On pourrait remonter avant la Seconde Guerre mondiale jusqu'aux travaux du linguiste allemand George Schmidt-Rohr ou de l'anthropologue américain Robert Redfield, mais on consul-

tera des ouvrages plus récents pour une pertinence plus immédiate : Sélim Abou, « Portée et limites du rôle de l'État dans la planification linguistique », p. 153–175, dans le collectif dirigé par A. Martin, *L'État et la planification linguistique*. Tome I : *Principes généraux*, Québec, Office de la langue française; Jean A. Laponce, *Langue et territoire*, Québec, PUL, 1984; K. Liebkind, *Minority Identity and Identification Process, A Sociopsychological Study*, Helsinki, Finnish Society of Sciences and Letters, 1984; M. Zavalonni et C. Louis-Guérin, *Identité sociale et conscience : introduction à l'égo-écologie*, Montréal, PUM, 1984. La langue comme véhicule identitaire a fait l'objet de classiques entre les collectifs dirigés par John B. Carroll (*Language, Thought, and Reality : Selected Writings of Benjamin Lee Whorf*, New York, 1956) et John B. Carroll (*Language and Thought*, Englewood Cliffs (N.J.), Prentice-Hall, 1968), ainsi que Joshua A. Fishman (*Readings in the Sociology of Language*, La Haye, 1968). Il vaut enfin la peine de noter que même les sociologues soviétiques reconnaissaient la complexité de la question identitaire chez les minorités ethniques, eux qui, en d'autres circonstances, trouvaient chez Lénine les solutions à tous les problèmes sociaux; voir le collectif *Sociological Studies : Ethnic Aspects*, Moscou, N.N. Miklouho-Maclay Institute of Ethnography, USSR Academy of Sciences, 1974 (préparé pour le 7e Congrès international de sociologie tenu à Toronto en 1974).

6. À défaut d'indications précises, les citations entre guillemets sont extraites d'entrevues avec les jeunes de Penetanguishene. Pour alléger le texte, on a omis les traditionnels « [sic] ».

7. Liebkind, *op. cit.*; K. J. Miemois, *Bilingual Self-Identification, An Exercise in the Use of Path Analysis*, Research Group for Comparative Sociology Research

Report 22, Helsinki, University of Helsinki Press, 1979.

8. H. Gans, « Symbolic Ethnicity : The Future of Ethnic Groups and Cultures in America », in *Ethnic and Racial Studies*, 2(1), p. 1–20. Voir aussi la thèse de Mireille Duguay, *La Loi de 1986 sur les services en français, du manifeste au symbolique*, Département de science politique de l'Université d'Ottawa, 1990.

9. L'idée de *continuum* linguistique vient de John Meisel, « Language Continua and Political Alignments : The Case of French- and English-Users in Canada », communication au 7e Congrès mondial de sociologie tenu à Varna (Bulgarie) en 1970.

10. Roger Bernard (dir.), *Le Choc des nombres* (dossier statistique sur la francophonie canadienne, 1951–1986), Livre 2 du rapport *Vision d'avenir*, Ottawa, Commission nationale d'étude sur l'assimilation, Fédération des jeunes Canadiens français, 1990. Voir aussi Cazabon, « Pour une description linguistique du fait français en Ontario », dans *Revue du Nouvel-Ontario*, 6, 1984, p. 69–94.

11. La définition de « Franco-Ontarien » a fait couler beaucoup d'encre, mais il n'est pas question de poursuivre le débat ici. Qu'on consulte plutôt Roger Bernard, « L'Ontario français : pratiques ethniques et théories sociologiques », dans *Revue de l'Université d'Ottawa*, 55(2), 1985, p. 137–150, et *De Québécois à Ontarois, la communauté franco-ontarienne*, Hearst, Le Nordir, 1988; Donald Dennie, « De la difficulté d'être idéologue franco-ontarien », dans *Revue du Nouvel-Ontario*, 1, 1978, p. 69–90; René Guindon, « Remarques sur la communauté franco-ontarienne », dans *Revue du Nouvel-Ontario*, 8, 1984, p. 49–68; Danielle Juteau-Lee, « Français d'Amérique, Canadiens, Canadiens français, Franco-Ontariens, Ontarois : qui sommes-nous? », dans *Pluriel*,

24, 1980, p. 21–42, et « The Franco-Ontarian Collectivity : Material and Symbolic Dimensions of Its Minority Status », p. 167–182 du collectif dirigé par Raymond Breton et Pierre Savard, *The Québec and Acadian Diaspora in North America*, Toronto, The Multicultural History Society on Ontario, 1982; Danielle Juteau-Lee et Jean Lapointe, « From French Canadians to Franco-Ontarians and Ontarois : New Boundaries, New Identities », p. 173–186 du collectif dirigé par J.L. Elliott, *Two Nations, Many Cultures : Ethnic Groups in Canada*, 2e éd., Scarborough, Prentice-Hall, 1983; Pierre Savard, « De la difficulté d'être Franco-Ontarien », dans *Revue du Nouvel-Ontario*, 1, 1978, p. 11–22; Gaëtan Vallières, « The Franco-Ontarian Experience », p. 183–196 de Breton et Savard, *The Québec and Acadian Diaspora in North America, op. cit.*; voir aussi Danielle Coulombe, « Doublement ou triplement minoritaires », dans *Revue de l'Université d'Ottawa*, 55(2), 1985, p. 132–136.

12. Cette constatation correspond à une perception largement répandue, mais ne reflète pas nécessairement la situation qui prévaut chez tous les jeunes Franco-Ontariens, en particulier du nord-est de l'Ontario et notamment ceux qui s'inscrivent à l'Université Laurentienne; voir Guy Gaudreau et Donald Dennie, « L'importance du choix de la langue d'enseignement chez les étudiants universitaires franco-ontariens », *Cultures du Canada français*, 7, 1990, p. 88–96.

13. Le bilinguisme et la diglossie ont fait l'objet d'études au Centre international de recherche sur le bilinguisme de l'Université Laval et au Centre de recherche en linguistique appliquée de l'Université de Moncton. Voir notamment les textes du Colloque tenu à l'Université de Moncton dans le cadre du 8e Congrès annuel de l'Association

québécoise de linguistique au Congrès de l'ACFAS, en mai 1988.

14. Mathieu Brennan, secrétaire de la Commission nationale d'étude sur l'assimilation chez les jeunes et directeur adjoint à la Fédération des jeunes Canadiens français, cité dans *Le Droit*, 21 mai 1991, p. 8. Ces affirmations se fondent sur *Le Choc des nombres*, on cit. Sur ce sujet, les vues contradictoires abondent. Pour un exposé rigoureux, voir Réjean Lachapelle, « La démolinguistique et le destin des minorités françaises vivant à l'extérieur du Québec », dans *Mémoires de la Société royale du Canada*, cinquième série, tome 1, 1986, p. 123–141, et *L'Avenir démographique du Canada et les groupes linguistiques*, Ottawa, Institut de recherches politiques, 1987. Voir aussi Lise Kimpton, *The Historical Development and the Present Situation of the French Canadian Community of Ontario*, Ottawa, Center for Research on Ethnic Minorities, Carleton University, 1984.

15. Pour fins de comparaison, voir Denis Bachand et autres collaborateurs, « La télévision des jeunes Franco-Ontariens », dans *Cultures du Canada français*, n° 5, 1988.

16. Richard J. Joy a déjà souligné que la présence des Franco-Ontariens dans les régions périphériques les rend aussi moins visibles aux yeux des administrateurs publics. Voir son *Canada's Official Language Minorities*, C.D. Howe Research Institute, 1978.

17. Jean-Louis Calvet, *Linguistique et colonialisme*, Paris, Payot, 1974.

18. Calvet, *op. cit.*, p. 123.

19. Sur la signification symbolique des lois linguistiques, voir Raymond Breton, « The Production and Allocation of Symbolic Resources: An Analysis of the Linguistic and Ethnocultural Fields in Canada », in *Canadian Review of Sociology and Anthropology*, XXI: 2, 1984, p. 123–144; ainsi que Mireille Duguay et François-Pierre Gingras, « Virage ou mirage: la planification linguistique et la communauté franco-ontarienne », dans *Cultures du Canada français*, n° 8, 1991, p. 101–113.

20. Voir à cet égard les comptes rendus dans le quotidien *Le Droit* du 17 au 22 mai 1991.

21. Sur les fonctions normatives et comparatives des groupes de référence, voir trois classiques: Herbert Hyman et Eleanor Singer, *Readings in Reference Group Theory and Research*, New York, Free Press, 1968; Theodore Kemper, « Reference Groups, Socialization and Achievement », dans l'ouvrage dirigé par Edgar Borgatta, *Social Psychology Readings and Perspectives*, Chicago, Rand McNally, 1969; David Krech, Richard S. Crutchfield et Egerton L. Ballachey, *Individual in Society*, New York, McGraw-Hill, 1962.

22. Ce qu'il est important de noter ici, c'est surtout la perception qu'ont les jeunes francophones, indépendamment des motivations du curé ou même, à la limite, de l'exactitude des faits rapportés à l'équipe de recherche.

23. La perception qu'en ont les jeunes ne correspond pas nécessairement à la situation réelle, mais elle influence leurs attitudes et leurs choix.

24. Cette perception n'est évidemment pas suffisante pour affirmer qu'il y a là un rapport de cause à effet.

25. Sur l'importance de transmettre les valeurs aux jeunes en vue d'assurer l'avenir d'une collectivité, voir R.W. Bibby et D.C. Poterski, *La Nouvelle Génération, les opinions des jeunes sur leurs valeurs*, Montréal, Fides, 1986.

26. Gisèle Lalonde, mairesse de Vanier, s'adressant aux participants du festival de la jeunesse franco-ontarienne, citée dans *Le Droit*, 21 mai 1991.

27. René Bastide, *Anthropologie appliquée*, Paris, Payot, 1971.

28. Juan Cobarrubias, « Ethical Issues in Status Planning », p. 3–16, dans le collectif dirigé par J. Cobarrubias et J.A. Fishman, *Progress in Language Planning: International Perspectives*, Berlin, Mouton, 1983.

29. Aldéo Renaud, « L'assimilation chez les jeunes francophones du Nouveau-Brunswick », *Francophonies d'Amérique*, n° 1, 1991, p. 73–83.

30. Fernando Penalossa, *Introduction to the Sociology of Language*, Rowley (Mass.), Newbury, 1981.

# JEUX DE PATIENCE
## de PIERRE KARCH
### (Montréal, XYZ, 1991, 155 p.)

Gamila Morcos
Faculté Saint-Jean, Université de l'Alberta (Edmonton)

Réussir en quelques pages à créer un monde, y camper une intrigue et la mener à son paroxysme, tel est l'art rigoureux du récit court interdisant toute erreur de construction ou de mot. Romancier, nouvelliste, conteur, Pierre Karch aime bien mêler les genres, jouer avec les formes : ce qu'il réussit avec bonheur dans *Jeux de patience*, un recueil de nouvelles, de contes et d'anecdotes.

Les textes qui nous sont donnés à lire aujourd'hui sont une reprise des versions originales parues séparément dans différentes revues entre 1984 et 1990, et dont les références exactes se trouvent à la dernière page du livre. Une chose est sûre, les textes regroupés prennent une coloration nouvelle : bien qu'ils semblent, de prime abord, se cantonner à mille lieues des préoccupations actuelles, l'auteur parvient à allier la formule traditionnelle des contes et nouvelles à la modernité et à l'universalité de la pensée. Par leur diversité, les douze récits composant ce recueil sont autant d'histoires plus savoureuses les unes que les autres, mais il ne faudrait surtout pas oublier que l'humour manié par Karch est une dangereuse arme de critique sociale.

Dédiées « à celles et ceux qui prennent la vie assez au sérieux pour se donner le temps de rire », les histoires racontées se passent à Bagdad du temps d'avant Haroun al-Rachid, à Évora du temps de Vasco de Gama, au Vatican, à Paris, au Mexique, à Bonaire ou ailleurs. Douze histoires au total, d'inégales longueurs, elles ont ceci en commun : d'abord, une écriture remarquable, sobre, directe, avec de temps à autre la surprise d'un mot inattendu; et puis, une vision de ce monde, lucide, sans amertume, souriant sans naïveté; le monde vu comme un spectacle, où la vie, la mort, l'amour, le hasard jouent un jeu en apparence absurde. Ce livre qui surprendra le lecteur le plus averti comprend deux parties de six textes chacune : « Jeux » et « Patience ».

JEUX. Tout l'art de Pierre Karch est ici de ne pas s'appesantir, de suggérer plus que de montrer et de savoir tirer l'échelle à temps. À ce jeu-là, l'auteur dont la plume est rapide, malicieuse et légère, est passé maître. Mettant en scène des personnages dotés d'une qualité plutôt rare de nos jours, l'ingénuité, ces six récits sont autant de comédies de mœurs où l'auteur excelle à nous faire sourire. Un exemple, *Jésus Marie*. À l'époque de Noël, personne ne savait quoi faire d'une enfant trouvée et noire de surcroît. Balthazar — car c'était lui le père — « n'arrivait pas à comprendre qu'un cardinal, un ministre de la couronne et un ministre du culte n'avaient pas voulu de la plus belle enfant du royaume, la princesse Madeka. [...] Quand vint le jour des Rois, personne dans toute la ville de Fronteau ne trouva de roi Balthazar. Cette année-là, il n'y eut que deux rois dans les crèches. Une fois l'étonnement passé, certains se dirent que c'était mieux ainsi; d'autres en fabriquèrent un nouveau à la peau blanche; d'autres encore oublièrent tout simplement qu'il n'y en avait jamais eu trois » (p. 72–73). Comme quoi les apparences sont souvent trompeuses, sans parler des conséquences.

Pierre Karch devait s'amuser en écrivant — on croit entendre, entre les mots, son rire malicieux — et nous, plus encore, en le lisant. Il fait flèche de tout bois, de jeux de mots comme d'idées inattendues. Ainsi, dans *Le chien d'Évora*, le lévrier en or massif dévora l'évêque-inquisiteur (p. 43); Don d'Oliveira remplaça ses oliviers « par des vignes, aimant mieux boire sec que manger salé » (p. 31); « le père Sauvé ... se sauva comme un gamin » (p. 67). Il joue également avec les noms de ses personnages : Mgr di Martiri, M. Lefort, Mme Lachance. Mais son jeu préféré consiste à surprendre le lecteur : Vasco de Gama espérait que ses prières seraient exaucées, mais « La Vierge, distraite ou sollicitée ailleurs au même instant, ne l'entendit point » (p. 34); devant l'orgueil des paroissiens de Saint-Christophe, « Dieu manifesta presque aussitôt son mécontentement, comme il a pris l'habitude de le faire ces quelque deux mille dernières années, c'est-à-dire sous la forme d'un décret venant de Rome : le Vatican déclara que saint Christophe n'était pas saint » (p. 46).

PATIENCE. Six textes, dont le premier donne son titre à l'ensemble de cette partie. Six textes surprenants et originaux à plus d'un titre. Miroirs grossissants, ils reflètent nos désenchantements et nos euphories; et surtout, comme dit l'auteur, « dans ces jeux de patience que nous inventons pour passer le temps, il se peut aussi que nous mêlions assez les cartes pour brouiller à jamais notre ennui et le leur » (en quatrième de couverture). Contrairement à *Patience* de Michel Butor (1991) recommandé par les librairies à un public patient, l'ouvrage de Karch satisfait même un public impatient.

Karch a le souci de mettre en scène des éléments concrets, familiers, susceptibles de nous saisir directement à la gorge et de mettre en valeur des personnages fragiles et paradoxaux. Tel ce mari fidèle et amoureux, dans *Patience*, acceptant une retraite anticipée pour se consacrer à sa femme qui n'a plus que deux mois à vivre, peut-être trois avec de la chance. Au bout de 103 jours, il perd patience : « À l'heure actuelle, elle aurait dû être morte, Julie, morte et enterrée. Cela n'avait pas de sens de tant tenir à la vie après y avoir renoncé. Julie trichait, comme lui trichait parfois quand il faisait des patiences, mais on ne trompe pas la mort aussi facilement »

(p. 102–103). Une fois de plus, il montre la complexité des comportements humains et nous dit qu'on a autant à craindre du vice que de la vertu.

Mais le talent de Pierre Karch se situe moins dans la cascade des surprises que dans la montée des émotions. Voici, à titre d'exemple, *Tirons les choses au clair*, un récit de quarante lignes, éblouissant de vivacité, sans jamais un signe d'essoufflement. « Moi, je me disais : Ça fait cinq heures que je l'attends, cet avion! Cinq heures! Non, mais penses-y un peu : cinq heures. Et je n'exagère pas. Tu sais bien, je n'exagère jamais. Je suis calme, moi [...] Mais quand j'ai appris qu'il m'avait donné l'heure de départ plutôt que l'heure d'arrivée, alors là... » (p. 131) Et c'est la rage qui monte peu à peu pour disparaître presque aussitôt avec un goût amer de regret.

*Jeux de patience*, un livre dense, riche en images inattendues; des histoires où l'incroyable se mêle au réel, et qu'on lit, intrigué, en se demandant quelle surprise nous attend à chaque fin. Le conteur sait faire éclore le sourire sur les lèvres du lecteur complice et ménager la surprise. En passant, il se moque, sans trop de méchanceté et avec beaucoup d'humour, de notre humanité fertile en absurdités. Récits de qualité, écrits allégrement et qui font de Pierre Karch un auteur unique dans un genre pourtant très répandu.

# DEUXIÈME SOUFFLE
## de ROBERT MARINIER et DAN LALANDE
(Sudbury, Prise de parole, coll. « Théâtre », 1992, 151 p.)

Jean Cléo Godin
Université de Montréal

*Deuxième souffle* est une pièce signée par Robert Marinier, un dramaturge ayant déjà écrit trois pièces (dont l'une porte le titre programmatique de *L'Inconception*), et par Dan Lalande, dont on apprend en quatrième de couverture qu'il est « une vedette du cabaret humoristique *Skit Row* ». Ces deux auteurs ont produit ensemble une œuvre qui mêle avec un cynisme quasi insupportable des situations et des clichés empruntés au burlesque ou au vaudeville et une structure dramatique linéaire qui semble inspirée d'un certain cinéma social américain. La maquette de la couverture affiche de manière claire et agréable des couleurs qui ne sont pas innocentes : bleu-blanc-rouge, pour une histoire sur fond de hockey dans une petite ville mourante et francophone du nord de l'Ontario. Le symbolisme et les connotations politiques sont plus qu'évidentes, mais l'histoire est d'une infinie tristesse.

Cette histoire est, hélas! cousue de bout en bout de gros fil... noir. Elle commence dans un salon funéraire où « beaucoup de fleurs et de couronnes mortuaires » entourent un cercueil fermé. Le défunt serait un héros qui a depuis longtemps quitté la ville et qui aurait, dans sa jeunesse, soulevé l'enthousiasme des foules en comptant treize buts dans une seule période. Je raconte cela au conditionnel parce que, dès la fin de la première scène, surgit un dénommé Claude Saint-Clair (le bien-nommé) qu'aucun des trois autres personnages de la pièce ne reconnaît, mais qui s'identifie comme celui-là même qui devrait reposer dans le cercueil!

À partir de là, on finira par voir clair dans toute l'affaire, mais c'est long, laborieux, mi-loufoque et mi-cynique, surtout invraisemblable. Le cercueil contient les restes d'un accidenté de voiture qu'on a identifié par les papiers trouvés dans le portefeuille; mais la voiture avait été volée et le portefeuille était dans le coffre à gants, ce qui explique l'erreur sur la personne que le véritable Claude découvre par les journaux, mais qu'il aurait du mal à prouver, ... faute de portefeuille.

On découvre ensuite que les trois autres personnages — Michel et sa femme Aline, Gilbert le « coach » — constituent une sorte de mafia nécrophage qui a déjà réussi plusieurs coups semblables : on profite d'un décès pour mobiliser la population locale et recueillir des fonds qui permettront d'obtenir une importante subvention de la *Wintario*, à chaque fois pour un projet communautaire. La ville mourante a ainsi trouvé un « deuxième souffle »; on a fait de la vie nouvelle avec les morts : une nouvelle caserne de pompiers, un centre communautaire pour les jeunes, etc. Mais, comme le dit naïvement Aline, « c'est la première fois que quelqu'un est encore en vie », et le pauvre Claude ne s'en sortira pas vivant, malgré les interventions d'Aline qui l'attire dans son lit, dans l'espoir de fuir avec lui après les funérailles.

C'est là que les clichés burlesques pervertissent résolument le récit. Cette histoire de séduction commence, en effet, sur le perron de l'église où Claude veut assister (comment résister à une telle tentation?) à ses propres funérailles : Aline y enlève prestement sa petite culotte pour la mettre dans la poche de la veste que porte Claude, mais qu'il a empruntée à Michel… Elle se poursuit au lit, mais les amoureux seront évidemment surpris, à cause d'une porte soudainement verrouillée, ce qui empêche Claude de se rhabiller à temps. Ça tourne mal pour lui : décidé à dévoiler l'affaire, il court se réfugier au poste de police où il se retrouve aussitôt en cellule, une cellule dont il découvrira que, grâce à la complicité entre le trio infernal et la police, « la porte est jamais barrée »! Et où croyez-vous que la belle Aline entraîne ensuite Claude? Au cimetière, où il sera dûment assassiné par Michel. Trois jours plus tard, il y avait dans la petite ville d'autres funérailles : un dénommé (et autre bien-nommé) Maurice Pellerin, qu'on croyait depuis longtemps « disparu en haute mer »!

Cette pièce m'a curieusement fait penser au titre d'un roman de l'Africain Henri Lopès, *Le Pleurer-rire*. Non pas, hélas! pour les qualités de l'écriture, cette pièce-ci ne risquant pas de se classer bien haut de ce point de vue. Mais pour le mélange de grotesque et de sentiment tragique, qui traduit ici une profonde et désespérante tristesse, dans un monde véritablement sans issue. La pièce fait rire et pleurer, mais elle dénonce une réalité socioculturelle qui se situe bien au-delà du désespoir : comme pour le mort-vivant Claude, on peut se demander si son second souffle ne sera pas le dernier.

# ALMANDA WALKER-MARCHAND
## de LUCIE BRUNET
### (Ottawa, L'Interligne, 1992, 304 p.)

Claire Quintal
Ex-présidente de la Fédération féminine franco-américaine
et Directrice de l'Institut français
(Assumption College, Worcester, Massachusetts)

Almanda Walker-Marchand : quels beaux noms de famille pour conjurer le sort du déchirement entre deux sociétés, pour briser le cercle vicieux des « deux solitudes » canadiennes! Lucie Brunet, auteure de cette biographie d'Almanda Walker-Marchand, fondatrice et présidente pendant 32 ans (1914–1946) de la Fédération des femmes canadiennes-françaises, nous décrit cette femme d'hier en termes d'aujourd'hui grâce à l'ajout de textes-commentaires intercalés entre les chapitres de son livre.

La lecture du livre nous met en contact avec une époque aussi bien qu'avec une femme et son milieu. Époque du Règlement XVII et de ses conséquences désastreuses pour les francophones de l'Ontario, époque aussi de la Première Guerre mondiale — c'est ce fléau qui déclencha l'œuvre de fondation des femmes canadiennes-françaises —, puis de la Deuxième Guerre avec, entre temps, les efforts entrepris par les femmes pour faire valoir leurs droits politiques, pour protéger les quintuplées Dionne, pour venir en aide aux mères nécessiteuses pendant la crise des années 30.

Canadienne française de cœur — n'a-t-elle pas insisté pour que l'on chante l'*Ô Canada* dans une réunion de femmes anglophones — il y avait en Almanda Walker-Marchand (1868–1949), de par son sang écossais, un sens inné de ce qui est réalisable dans un contexte donné.

Ce livre, écrit par une féministe, donne des détails intéressants concernant les combats qu'ont dû livrer les femmes canadiennes, surtout les Québécoises, pour obtenir le droit de vote. Les grandes figures de proue du féminisme canadien, aussi bien anglophones que francophones, sont passées en revue grâce aux connaissances poussées de l'auteure dans ce domaine. L'attitude passéiste du Québec en cette matière est bien mise en évidence ainsi que l'emprise, parfois étroite et méfiante, du clergé en matière d'activités féminines en dehors du foyer.

La charte de la Fédération des femmes canadiennes-françaises donne le droit à celle-ci de s'étendre « non seulement au Canada, mais... partout en Amérique du Nord ». Dommage que les femmes d'origine canadienne-

111

française vivant en si grand nombre aux États-Unis n'aient pas été incluses dans ce mouvement de rapprochement et de coopération entre les femmes francophones. Quels liens culturels durables cela aurait pu nouer des deux côtés de la frontière!

Les secteurs d'activités envisagés par la FFCF sont nombreux : fondation de colonies de vacances, de maisons de repos, de lits d'hôpitaux, d'ouvroirs, de dispensaires et de « gouttes de lait ». Cette liste nous en apprend long sur l'importance et la nécessité de la charité privée à une époque où les gouvernements ne s'impliquaient pas suffisamment.

Almanda Walker-Marchand, qui se sentait à l'aise dans les deux langues officielles du pays et dans ses deux cultures dominantes, était toute désignée, semble-t-il, pour être la fondatrice de cette fédération. Femme d'un milieu aisé, ayant des liens de parenté ou d'amitié avec l'élite politique d'Ottawa et du Québec, elle pouvait de par ses moyens — mais encore fallait-il le vouloir — mener à bonne fin la tâche gigantesque d'unir, par des liens associatifs, les femmes canadiennes-françaises de ce vaste pays. Ces femmes, dispersées, isolées, ne connaissant souvent que leur foyer et leur paroisse, se sont retrouvées du jour au lendemain avec une identité nationale qui décuplait leurs forces au-delà de leurs plus beaux rêves. D'où la méfiance de certains curés et de certains maris aussi, à coup sûr, qui ont tenté, parfois avec succès, d'entraver la mise sur pied des sections locales de la FFCF.

En nous livrant les commentaires de son « double », Josette Montreuil, sur la vie et l'œuvre de la présidente fondatrice de la FFCF, Lucie Brunet met en évidence l'écart frappant entre la pensée et les ambitions des femmes canadiennes-françaises des années 20, 30, 40 et celles de leurs propres filles et petites-filles. La gageure de l'auteure, car c'en était une, risquait de « vieillir » l'action de la FFCF sous sa première présidente, qui n'avait que la vaillance et les visées que l'Église et les gouvernements permettaient aux femmes d'hier. Le risque en valait-il la peine? Oui, car il faut tout de même accorder à l'auteure le très grand mérite d'avoir évité d'occulter les qualités d'organisatrice et les réussites indiscutables d'Almanda Walker-Marchand, par ce contraste qu'elle établit entre plusieurs générations de femmes dont les modes de vie sont diamétralement opposés.

Il était grand temps de mettre en évidence les réalisations d'une figure de proue comme Almanda Walker-Marchand. Les lecteurs ne doivent pas oublier toutefois qu'elle a laissé en place une fédération qui, encore aujourd'hui, veille aux besoins multiples des femmes canadiennes-françaises et qui, s'inspirant toujours des qualités hors pair de leur fondatrice, accomplit dans des milieux très divers de belles et de grandes choses. Ces femmes se sont avérées être les dignes descendantes et continuatrices de celle qu'elles aimaient appeler leur « mère », la fondatrice de la FFCF.

# POURQUOI ÊTRE FRANCOPHONE EN NOUVELLE-ÉCOSSE, ET COMMENT?

James Crombie
Université Sainte-Anne (Nouvelle-Écosse)[1]

## *Une question de fond*

En milieu francophone minoritaire, on s'inquiète souvent du taux d'assimilation chez les jeunes, on s'inquiète de l'absence ou de la qualité insuffisante des services scolaires et autres auxquels les populations francophones ont accès. Mais on ne se penche que rarement, sauf, parfois, de la manière la plus sommaire et en guise d'introduction, sur la question de *fond*. C'est la question qu'un enfant apprend à poser dès l'âge de deux ou trois ans : pourquoi? Pourquoi, en effet, être francophone? pourquoi l'être dans un contexte comme celui de la Nouvelle-Écosse? pourquoi se donner toute cette peine? pourquoi s'obstiner à exiger des écoles de langue française? et surtout : c'est bien beau de parler français lorsqu'on se retrouve avec les siens, mais pourquoi apprendre le français *universel*? et pourquoi apprendre le français *écrit*?

### *Des motifs très variés, mais peu convaincants*

Considérons d'abord les raisons que l'on évoque habituellement. On laisse entendre, par exemple, que nous nous *devons* de demeurer francophones par fidélité aux origines : parce que le français, c'est la langue des ancêtres. À quoi l'on est tenté de répondre que les ancêtres ne conjuguaient pas leurs verbes comme monsieur Grevisse! Avons-nous vraiment besoin de connaître « les bons usages » afin de rester fidèles aux ancêtres?

Le français, dit-on ou du moins le disait-on encore il n'y a pas si longtemps, c'est la langue de la foi. Mais il serait sans doute plus exact de dire que le catholicisme, en Amérique du Nord, c'est la foi de la langue : historiquement, les francophones ont été plus portés à être de religion catholique que les catholiques à être francophones. Il est vrai que les efforts déployés par l'Église et le clergé dans les régions acadiennes, afin d'y assurer la conservation et le rayonnement de la langue française, revêtent un historique non négligeable. Il y a aussi que la Nouvelle-France, à l'opposé de la Nouvelle-Angleterre et des autres colonies anglo-américaines, ne s'est pas constituée en terre d'asile pour les dissidents religieux de la métropole, d'où sa plus grande homogénéité religieuse. Mais il n'en reste pas moins que l'équation langue-foi est un non-sens. Le français, c'est aussi la langue de la libre pensée (Gassendi, Voltaire), de l'athéisme (Helvétius, Sartre, Camus), de l'utopisme révolutionnaire (Fourier, Proudhon, Saint-Simon), du féminisme (Simone de Beauvoir) et de plusieurs autres « ismes » dont l'Église n'a jamais été très friande. L'Église, en effet, et ce jusqu'en 1966, interdisait aux fidèles de lire sans autorisation particulière préalable un grand nombre d'auteurs et de titres français, de Malebranche à Zola, en passant par *Les Misérables* de Hugo et englobant peut-être la majeure partie de ce qu'il convient d'appeler la « littérature française ».

Une autre « argumentation en germe » que l'on peut parfois saisir au vol dans les interventions et les conversations portant sur le français, c'est la thèse selon laquelle une personne qui se respecte se donnera la peine de parler sa langue correctement. Ici, nous sommes devant une exhortation à être francophone *d'une certaine manière*; il ne s'agit pas exactement d'un plaidoyer pour le français en tant que tel. Ce type de discours suppose déjà que l'interlocuteur est acquis au français, qu'il est vraisemblablement francophone de naissance. On l'incite donc à devenir meilleur, par le biais d'une opération qu'on l'exhorte à faire sur sa manière de parler. En cela, le « bon français » peut ressembler aux bonnes manières, à une tenue vestimentaire appropriée, à l'exercice physique fréquent et aux régimes amaigrissants. Il y aurait beaucoup à dire sur ce culte de l'amélioration personnelle qui occasionne tant de souffrances en cette fin de siècle que nous vivons; contentons-nous d'observer que, sur la question linguistique du moins, les points de vue sont assez partagés et que Descartes, pour ne citer qu'un exemple célèbre, semble estimer qu'une personne ne parlant que le « bas breton » pourrait avoir la pensée tout aussi juste et raisonnable que les personnes les plus instruites[2]. Je dois dire que j'ai beaucoup de sympathie pour la position de Descartes sur cette question. Mais il passe à côté de l'essentiel. Le sujet bretonnant a beau raisonner très juste : il ne sera jamais nommé « intendant de la Nouvelle-France », archevêque ou colonel. Ce n'est pas la compétence en soi qui donne accès à ces fonctions-là, mais, entre autres choses, la maîtrise de ce que le sociologue Pierre Bourdieu[3] appelle « la langue légitime ». Il manque au sujet bretonnant la possession de ce que Veblen[4] appelle les objets de « consommation ostentatoire », qui sont les conditions *sine qua non* du prestige social dans chaque société. Il s'agit de ces objets que seuls les membres de la classe dominante possèdent et dont la possession leur permet de se reconnaître entre eux. À l'époque de Veblen, par exemple, il était de bon ton d'avoir la peau très blanche. Les personnes de sexe féminin, surtout, ne s'aventuraient dehors qu'avec un parasol à la main et, malgré cela, elles se tenaient à l'ombre dans la mesure du possible. On se mettait du jus de citron pour éliminer tout brunissement de la peau dû à l'action du vent ou du soleil. Il faut se rappeler qu'à l'époque la grande majorité de la population était rurale : l'absence de bronzage prouvait donc qu'on ne travaillait pas aux champs. Pendant la deuxième moitié du XXᵉ siècle, par contre, dans les pays européens et nord-américains, un beau teint bronzé est quelque chose de convoité. On s'expose délibérément au soleil, on fréquente les salons de bronzage, on s'achète des crèmes pour bronzer plus vite et mieux. C'est qu'à l'époque où nous sommes, le commun des mortels ne travaille plus aux champs, mais à l'usine ou au bureau. Il n'y a plus que les personnes matériellement à l'aise qui peuvent se permettre de passer beaucoup de temps au soleil, sur les plages de la Floride, par exemple, ou sur les pentes de ski.

Quel rapport peut-il y avoir entre le bronzage et le « bon français »? Eh bien, le fait de parler avec l'accent d'une personne « cultivée », le fait d'appliquer correctement en parlant, avec beaucoup de naturel et de spontanéité, de nombreuses règles de grammaire qui sont inopérantes dans la langue de la plèbe, est une preuve certaine de la « qualité » des fréquentations, ainsi que de l'instruction qu'on a reçue. Ce n'est pas n'importe quel ouvrier qui connaît à fond son Grevisse. Il n'a pas le temps pour cela et, bien qu'il ait, en certaines occasions particulières, une très vive conscience de « parler mal », il se rend bien compte, en même temps, qu'on se moquerait de lui à l'usine s'il se mettait à parler comme un prêtre, un avocat ou un fonctionnaire. Nous reviendrons plus loin sur ce phénomène de stratification sociale par la langue qui permet, entre autres, de comprendre le « rapport à la langue » inculqué à l'école. Comme on peut bien se l'imaginer, la situation est drôlement plus compliquée dans un contexte minoritaire où le rapport de domination/résistance entre le français légitime (le « bon » français) et le français plébéien se joue parallèlement à deux autres : (i) entre le français local (acadien) et le français universel (qualifié de « québécois ») et (ii) entre le français (langue minoritaire) et l'anglais (langue majoritaire). Il faut se demander, notamment, si l'argument selon lequel il faut « bien parler » (c'est-à-dire, parler autrement qu'on ne parle déjà), pour la raison que ce n'est qu'à cette condition qu'on fait preuve de « respect à l'égard de soi-même » (c'est-à-dire, parce que l'état actuel de sa langue n'est pas « digne de respect ») n'est pas un argument qui peut se retourner *contre* le français et contribuer à l'anglicisation.

Une autre considération souvent rapidement esquissée (mais rarement développée en détail) par les défenseurs de la langue française, c'est la priorité chronologique du français sur l'anglais dans cette partie septentrionale de l'Amérique du Nord; on rappellera aussi la déportation des Acadiens, le traitement ignoble infligé à Riel, les lois scolaires injustes et discriminatoires à l'égard du français et des francophones, dont les effets se font sentir encore de nos jours. Ici, sur le plan moral, l'argument est irréfutable. Mais il a l'inconvénient de ne s'adresser qu'aux instances gouvernementales et juridiques. Les jeunes francophones, pour leur part, ne voient malheureusement pas dans les injustices infligées à Riel une raison de s'appliquer à apprendre, une bonne fois pour toutes, les règles de l'accord du participe passé. Ils n'y voient pas non plus une raison de renoncer à leur musique américaine préférée.

On se repliera peut-être sur la question de la *fierté*, à ne pas confondre avec le culte de l'amélioration de soi déjà mentionné. Il s'agit d'avoir une certaine suite dans les idées : les Acadiens doivent accepter d'exercer ces droits, enfin reconnus, qui avaient été revendiqués en leur nom pendant de si longues années. On répondra : « Dois-je vraiment changer ma vie à cause de ce qu'on a fait en mon nom, sans même m'en parler auparavant? »

### L'argument massue : un meilleur emploi

Mais, heureusement, il y a l'argument massue : les perspectives d'emploi. De l'avis de tous ou de presque tous, le fait de connaître « les deux langues » — car il va de soi qu'il faut connaître l'anglais — donne un avantage sur les candidat(e)s anglophones unilingues lorsqu'il s'agit de trouver un emploi.

On peut donc laisser de côté les costumes d'Évangéline et de Gabriel, les tableaux représentant des martyrs auréolés, sabots aux pieds, impassibles, bousculés par des soldats anglais. On peut oublier l'exaltation engendrée par les cartes de l'Amérique du Nord où le vert, indiquant les territoires français au début du XVIIIe siècle et s'étendant de la baie d'Hudson jusqu'au golfe du Mexique, prédomine nettement sur le rose des possessions britanniques limitées, elles, aux treize colonies américaines blotties au bord de la mer, un peu au sud de la verte Acadie. On n'a pas non plus à s'affliger devant l'image de soi-même tel qu'on aurait dû être...

L'argument des perspectives d'emploi nous invite à river les yeux plutôt sur l'image de la maison et de la voiture qu'on pourra posséder grâce à son futur salaire. Le discours du gros bons sens pratique remplace celui du nationalisme brumeux et nostalgique. C'est un langage qu'on imagine dans la bouche d'un orienteur scolaire. On le surprend aussi dans celle des jeunes eux-mêmes.

Mais ce discours est moins terre à terre qu'il n'en a l'air. Souvent, en effet, on n'a aucune idée bien précise de l'utilisation professionnelle que l'étudiant(e) sera éventuellement appelé(e) à faire de son français; on s'accroche, au contraire, à l'idée qu'à l'avenir le « bilinguisme » ( = le français) sera l'un des plus importants critères d'embauche[5], surtout pour « les meilleurs emplois ». Ainsi, des étudiants de langue maternelle anglaise, à qui je donnais un cours de « conversation française » dans le cadre d'un programme d'immersion, ont regimbé contre l'un des exercices que je leur proposais : utiliser comme dictée un extrait d'émission de tribune téléphonique enregistrée sur cassette. « Trop difficile! », prétendaient-ils. Ils se voyaient bien, à la fin de leurs cent jours d'immersion en possession d'un diplôme attestant leur état de bilinguisme et, donc, de leur employabilité. Mais ils n'en étaient pas encore venus à envisager d'une manière concrète ce qu'ils auraient à faire dans l'exercice des fonctions associées à leurs éventuels emplois « bilingues », comme parler au téléphone à des clients francophones. Ils m'ont réclamé du « français de France ». Sans doute avaient-ils en tête de s'exposer à du français plus « crédible » en vue de leur diplôme-attestation-de-bilinguisme, à un français qu'ils espéraient « plus facile ».

J'ai obtempéré à leur demande (pourquoi pas?) par un extrait d'une émission de France-Culture sur les prénoms « équivoques » quant au sexe de la personne, comme Michel / Michèle, Claude / Claude, etc. Je leur ai servi aussi un extrait d'une autre émission sur la Résistance en France pendant la Deuxième Guerre mondiale et, comme exemple de français universel servi à la canadienne, un extrait d'un bulletin de nouvelles de Radio-Canada. Or, à leur grande surprise, mes étudiants ont eu presque autant de mal à déchiffrer ces derniers exemples — même le bulletin de nouvelles! — qu'à comprendre les interventions à la tribune téléphonique. On mettait une heure ou deux à déchiffrer une demi-douzaine de phrases. Les étudiants, manifestement un peu perplexes, m'ont fait valoir qu'ils avaient l'impression de bien me comprendre lorsque je leur parlais, de bien comprendre les autres professeurs et de bien se comprendre entre eux lorsqu'ils se parlaient « en français ». Comment expliquer, dès lors, leur incompréhension lorsqu'il s'agissait de transcrire une phrase d'un bulletin de nouvelles, enregistrée sur cassette et répétée à loisir? Ils m'ont avoué, cependant, lorsque je les ai expressément interrogés sur ce point, que leur incompréhension s'étendait également aux autres étudiants d'immersion *qui n'habitaient pas la même résidence qu'eux*! Le plus étrange, c'est que cet état de choses n'avait pas l'air de les inquiéter outre mesure. J'ai découvert, cependant, que leur principal motif en s'inscrivant au programme d'immersion était bien celui d'améliorer leurs perspectives d'emploi. Mais ils pensaient manifestement, d'abord et avant tout, à *obtenir* l'emploi, peut-être sur la foi de leur diplôme d'immersion. Mais, comme je l'ai déjà indiqué, ils ne semblaient pas brûler d'envie d'être réellement en mesure de fonctionner en français, une fois le poste décroché. On ne pourrait pas dire non plus qu'ils brûlaient d'envie de se plonger dans la culture à laquelle on n'a accès qu'à condition de posséder le français. De plus, au cours de l'une de nos discussions à bâtons rompus sur un sujet que les étudiants avaient eux-mêmes choisi, j'ai appris que, dans une proportion de 100 %, mes étudiants estimaient qu'il était *injuste*, dans le fond, de les obliger à devenir bilingues afin de trouver un emploi[6]! Cette attitude constitue un obstacle important à l'apprentissage du français.

Les jeunes francophones — on s'en doute bien! — n'ont pas ce problème de trouver injuste qu'on leur propose de travailler dans leur propre langue.

Ils en ont, par contre, un autre : celui de *résister* à l'enseignement du français universel et à tout ce qui s'exprime en français universel, à cause du rejet implicite qu'ils y voient de leur propre réalité linguistique, de leur propre manière de s'exprimer et de penser. À leur tour, donc, ils rejettent le rejet. Il n'en demeure pas moins que l'argument massue de l'emploi joue pour les jeunes francophones et leurs parents un rôle tout aussi important que pour les jeunes anglophones des cours d'immersion, et que, tant chez les francophones que chez les anglophones, on pense surtout à décrocher l'emploi, mais non pas à ce qu'on attendra par la suite des employés capables en principe de se débrouiller en français. Pour le petit francophone, le problème se situe du côté du français écrit et de celui du vocabulaire employé même à l'oral par les francophones qui ne sont pas de sa région à lui.

## Pour éviter de « trouer » la carte? Soyons sérieux!

Certains partisans anglophones des écoles d'immersion diront parfois qu'ils veulent que leurs enfants apprennent le français afin de prouver la bonne volonté du Canada anglais face au caractère français du Québec — afin d'encourager la seule province majoritairement francophone du pays à demeurer dans la Confédération canadienne, et pour ne pas se réveiller un bon matin devant un trou béant dans la carte du territoire national, s'étendant « from sea to sea ». Mais c'est un très grand investissement de temps et d'efforts pour un bénéfice d'ordre surtout esthético-cartographique! On peut donc douter qu'un tel motif, à lui seul, convainque beaucoup de familles de se porter du côté des écoles d'immersion. Le fait d'annoncer un tel motif, par contre, permet de s'auréoler à peu de frais d'une certaine piété nationaliste. Du côté des francophones hors Québec, par contre, il ne vient à l'esprit de personne l'idée d'inciter les gens à opter pour le français afin d'encourager le Québec à rester au sein de la Confédération. Ce serait plutôt l'inverse…

## Une question qui provoque un certain malaise

Il y a sans doute un certain malaise à parler des motifs que l'on pourrait avoir de demeurer ou de (re-)devenir francophone. C'est que le fait de poser la question laisse supposer que l'on envisage l'option contraire. C'est un peu comme être surpris par son conjoint alors qu'on est en train de lire un livre sur les avantages spirituels, matériels, financiers et sanitaires de la fidélité conjugale. Considérons-nous vraiment la possibilité de tromper notre conjoint, d'abandonner la langue ancestrale? Dans les contextes où l'on s'intéresse assez à l'avenir de la langue pour en parler, cela risquerait d'être mal vu! On se contente donc d'esquisser rapidement les avantages du français et de passer aux considérations pratiques.

Par contre, sans idée claire des finalités des mesures que l'on préconise, le risque est très grand de provoquer des effets non désirés auxquels on ne s'attendait pas. Telle politique en faveur du français pourrait provoquer, par exemple, une accélération de l'anglicisation. Ou encore, elle pourrait avoir pour résultat qu'on inculque à nos jeunes un français inutile (non conforme au français universel, tout en étant très différent de l'acadien ancestral)...

### Nous sommes devant un véritable choix à faire

Une autre raison pour laquelle il peut sembler bizarre de se demander pourquoi on est francophone, c'est qu'on n'a pas l'habitude de penser qu'il s'agit d'un choix. Après tout, on est francophone ou on ne l'est pas, n'est-ce pas? On ne choisit pas ses origines, on ne choisit pas ses parents, on ne choisit pas ses frères et sœurs, on ne choisit pas son lieu de naissance.

Et c'est précisément de ce genre de détails immuables, sur lesquels l'individu ne peut rien, que le fonctionnaire statisticien raffole. Quant à la langue ou à la très courte liste de langues qui sont, au stade où nous en sommes dans notre cheminement, au plus haut point constitutives de notre identité sociale et personnelle, elles l'intéressent beaucoup moins — car ce sont des choses qui peuvent changer d'une décennie à l'autre. La *première langue apprise et encore comprise*, par contre, que l'on nous demande d'indiquer sur le formulaire du recensement, ne changera jamais — sauf en cas de refoulement ou d'oubli massif. Aucun changement d'adresse et aucune nouvelle allégeance ne sauraient par la suite modifier le point de départ effectif de l'itinéraire d'une vie. Le fonctionnaire statisticien ferait de Joseph Conrad un Polonais, d'Alejo Carpentier un Français et d'Eugène Ionesco un Roumain, de Jim Corcoran un Anglo-Américain. Il se trompe.

Le statisticien fonctionnaire se trompe ici, parce que ce qu'il y a de plus important à saisir dans la réalité d'un être humain, ce sont les choix qu'il a faits, ce sont aussi les choix qu'il s'apprête à faire et ceux qu'il cherche à éluder. On choisit, par exemple, son *pays* : on choisit le pays natal en y restant, le pays d'élection en s'y rendant, le pays de demain en militant pour que celui-ci se réalise. On choisit un conjoint ou une conjointe moyennant un engagement pris face à et avec celui-ci ou celle-ci. Face à l'enfant aussi, il y a un choix à faire, évident pour le parent adoptif, mais tout aussi réel pour le parent biologique : on assume ses fonctions de parent ou on ne les assume pas. On choisit un gagne-pain, un métier, une profession et, de ce fait, on acquiert des collègues, des compagnons de route, des complices, des confrères et des consœurs. Ces choix, bien sûr, ne se font pas dans le vide; au contraire, ils sont conditionnés par des réalités parfois très contraignantes. Cela étant dit, cependant, rappelons-nous que c'est un homme sourd qui a eu le culot d'écrire les dernières symphonies de Beethoven. On peut accepter ou rejeter la *vocation*. On peut aussi, par la suite, s'ingénier à inventer des prétextes et des excuses, *ex post facto*.

On naît, en quelque sorte, *dans* une culture qu'on n'a pas choisie. Par la suite, cependant, on peut la subir tout simplement, on peut en devenir le défenseur et l'illustrateur, on peut la contester de l'intérieur, non pas globalement certes, mais sur certains points fondamentaux, on peut travailler en vue de la transformer, on peut aussi la fuir et la rejeter au profit d'une autre.

Pourtant c'est surtout soi-même qu'il s'agit de transformer. Combien d'énergie, combien de temps, mettra-t-on à s'approprier une façon d'être, une façon de penser, une façon de s'exprimer?

## Le marché des échanges linguistiques

Pierre Bourdieu prétend qu'il existe une sorte de *marché* des échanges linguistiques et culturels (cf. *Parler*, p. 60), et que l'on y trouve l'équivalent de *prix* à payer, de *capital* à acquérir, de *profits* que l'on peut anticiper. Curieusement, en même temps, il semble disposé à refuser ou à nuancer très fortement le rôle du libre choix, donc de l'engagement personnel et collectif, que nous soulignons ici. Dans un chapitre intitulé « La production et la reproduction de la langue légitime », Bourdieu écrit :

> Le propre de la domination symbolique réside précisément dans le fait qu'elle suppose de la part de celui qui la subit une attitude qui défie l'alternative ordinaire de la liberté et de la contrainte : les « choix » de l'habitus (celui par exemple qui consiste à corriger le *r* en présence de locuteurs légitimes) sont accomplis, sans conscience ni contrainte, en vertu de dispositions qui, bien qu'elles soient indiscutablement le produit des déterminismes sociaux, se sont aussi constituées en dehors de la conscience et de la contrainte. » (*Parler*, p. 36)

Mais comment peut-on concilier ces deux idées : celle d'un « marché » des échanges linguistiques et celle de dispositions se constituant en dehors de toute conscience de choisir? En effet, comment peut-on parler d'un « marché », en l'absence de la possibilité de *décider* si l'on achète ou non le produit en question… Serions-nous, selon Bourdieu, en présence de l'équivalent d'un *pouvoir publicitaire* qui intervient sur le marché des échanges linguistiques par une action séductrice et manipulatrice qui engourdit nos facultés critiques et, avec elles, la conscience de notre liberté et de notre responsabilité?

## Conscience et liberté de choix

Face au demi-déterminisme de Bourdieu, j'affirme un demi-volontarisme linguistique, non pas celui de Descartes, mais une version atténuée de la doctrine qui avait cours dans les cafés existentialistes des années 1950 : l'être humain se constitue par les choix qu'il fait, compte tenu des situations où il se trouve placé (cf. les « contraintes » mentionnées par Bourdieu). On *peut* nager à contre-courant, tant sur le plan individuel que sur le plan collectif[7].

Inutile d'objecter, comme semble bien le faire Bourdieu, que bon nombre de nos choix se font de manière inconsciente, car la conscience et l'inconscience sont des notions relatives : le niveau de conscience s'ajuste à la nécessité où nous sommes de modifier une attitude ou un comportement, et l'inconscience n'est souvent que provisoire. Prenons un exemple banal : je suis au volant de ma voiture, à transmission manuelle. Je poursuis une conversation avec la personne qui prend place à côté de moi. Je prends la voie d'accès qui mène à l'autoroute. Il n'y a que très peu de circulation. Rendu sur la voie rapide, j'accélère. Tout en poursuivant ma conversation, je passe en quatrième, puis en cinquième vitesse, actionnant l'embrayage et l'accélérateur de la manière appropriée. Pendant tout ce temps, mon attention — ma « conscience », si vous voulez — se porte surtout sur mon échange avec mon interlocuteur, sur ce qu'il est en train de me dire, sur ce que je peux bien trouver pour lui répondre. La voiture et la circulation ont-elles pour autant cessé d'exister pour moi ? Pas du tout ! En effet, dès qu'il se produit quelque chose d'inattendu, comme un chevreuil qui se jette devant la voiture ou un vrombissement anormal produit par le moteur, ou encore une lueur de panique dans les yeux de mon interlocuteur lorsque je tourne les yeux vers lui —, la conscience ressurgit et je reprends non pas le contrôle du processus, que je n'avais jamais « perdu », mais plutôt le *contrôle conscient* du processus ou mieux la *conscience de le contrôler*. Le processus revient au centre de mon attention…

Il ressort de cette analyse sommaire que le domaine de la liberté est plus large que le champ de la conscience immédiate et qu'il englobe tout ce dont nous pouvons prendre conscience avec la possibilité, qui peut être plus ou moins grande, d'y apporter des modifications en conséquence (comme freiner brusquement).

Je persiste donc à représenter comme des choix, et analysables comme tels, le choix du pays, du conjoint, de l'enfant, du gagne-pain, des produits que l'on achète, *de la langue elle-même*, aussi bien que le choix des mots d'une phrase que l'on émet, du niveau de langue, du registre, etc., etc. Tous ces choix, bien que fortement conditionnés par les circonstances et assujettis à de nombreuses contraintes, constituent des manifestations de notre liberté créatrice, que l'on peut par le fait même considérer comme des *engagements* ou encore, puisque ce genre d'analogie est à la mode, comme des *investissements* ou des achats. L'analyse coûts-bénéfices proposée par Bourdieu présuppose la possibilité de décider de payer ou non le coût en question. La question de notre titre demeure légitime : *Pourquoi*, en effet, être francophone ? C'est une option qui se présente avec un prix à payer et des bénéfices à espérer, sur les plans à la fois matériel et, faute de meilleur terme, spirituel.

## Être francophone : une « manière de partir »

Selon le vieux modèle patriotique, nous payons souvent de notre personne le salut de la Patrie. Selon le modèle rénové que nous propose

Michel Serres dans son livre *Le Tiers-Instruit*, toute acquisition de culture se fait en perdant son identité antérieure. Nous payons de notre personne, certes, mais de la personne que nous étions antérieurement à notre engagement actuel. En effet, à chaque instant de la vie, nous mourons un petit peu à nous-mêmes; à chaque instant surgit un nouveau *moi*, différent du *moi* qui a cessé d'être, mais avec lequel le nouveau *moi* entretient des rapports de solidarité et de rupture. Mais ce n'est pas tout. Il n'y a pas que le *moi* qui a été et le *moi* qui vient à être, il y a aussi le *passage obligatoire* de l'un à l'autre. Serres écrit :

> L'observateur croit volontiers que celui qui change passe d'une appartenance à l'autre : debout à Calais comme il l'était à Douvres, comme s'il suffisait de prendre un second passeport. Non. [...] Le corps qui traverse apprend certes un second monde, celui vers lequel il se dirige, où l'on parle une autre langue, mais il s'initie surtout à un troisième, par où il transite.
>
> [...] Il n'a pas seulement changé de berge, de langage, de mœurs, de genre, d'espèce, mais il a connu le trait d'union : l'homme-grenouille [...] l'étrange vivant qui entra un jour dans ce fleuve blanc [...] et [...] laissa toute appartenance. [...]
>
> [...] Vous le croyez double, ambidextre, dictionnaire, et le voilà triple ou tiers, habitant les deux rives et hantant le milieu où convergent les deux sens, plus le sens du fleuve coulant, plus celui du vent, plus les inclinaisons inquiètes de la nage, les intentions nombreuses produisant les décisions [...]
>
> [...] il vient d'apprendre l'apprentissage en ce milieu blanc qui n'a pas de sens pour les rencontrer tous[8].

Dans ce contexte, être francophone ou, plus pertinemment, *choisir* d'être francophone, c'est choisir une manière parmi d'autres de faire ce passage perpétuel entre la personne que nous cessons d'être vers celle que nous devenons. C'est choisir une manière de *partir*. J'allais dire aussi que c'est se choisir une destination, mais ce n'est pas sûr : parfois on part sans trop savoir vers quoi l'on s'en va, parfois aussi on part avec une destination bien précise en tête — et on aboutit *ailleurs*. En partant, on accepte ce risque.

Mais, objectera-t-on, *qui*, au juste, avait parlé de *partir*, de *changer*, de devenir *autre* ? Les francophones de la Nouvelle-Écosse, ou certains de leurs porte-parole du moins, ne disent-ils pas depuis toujours qu'ils veulent, justement, *demeurer* francophones, qu'ils ne veulent pas devenir *autres* en se laissant assimiler par la culture majoritaire? Ne disent-ils pas aussi en même temps qu'ils sont *chez eux* ici en Acadie, dans cette partie néo-écossaise de l'Acadie plus précisément, et qu'ils n'envisagent nullement de s'exiler, au Québec, par exemple[9], afin de demeurer francophones?

### Les paradoxes de l'appartenance et de la refrancisation

Sommes-nous ici en présence d'un paradoxe? Disons-nous, en même temps, *que nous voulons et que nous ne voulons pas* devenir autre? Dans le pré-

122

sent contexte, je dois me contenter de poser la question, sans tenter d'y répondre. Je reviendrai sur cette question des paradoxes. Ce qu'on peut d'ores et déjà affirmer, cependant, c'est que la métaphore que je propose, avec l'aide de Michel Serres, pour le choix d'une culture semble, à première vue, aller à l'encontre de cette idéologie d'*appartenance* et de *fidélité aux origines*, qui marque si souvent le discours de ceux et de celles qui revendiquent en faveur de la langue et de la culture acadiennes. Ce que je propose ne contredit pas nécessairement ce type de discours puisqu'on peut envisager la *fidélité aux origines* comme une sorte de *projet d'action future*. Il y a quand même une certaine tension entre les deux façons de s'exprimer, dans le sens que, selon le discours fondé sur les origines, il s'agit de regarder du côté de ce que nous sommes déjà, l'essence précédent l'existence, selon la démarche aristotélicienne classique, alors que l'autre propose de regarder du côté de ce que nous voulons devenir pour chercher ce sur quoi fonder nos actions.

Mais ce discours d'*appartenance* et de *fidélité aux origines* a quand même quelque chose de paradoxal quand on le considère en relation avec les projets qu'il sert à promouvoir et à défendre. Considérons, à titre d'exemple, le projet de « refrancisation » des familles dont les enfants sont appelés à fréquenter les écoles acadiennes et/ou francophones et les classes françaises que l'on met de plus en plus à leur disposition en Nouvelle-Écosse et à l'Île-du-Prince-Édouard. C'est un projet louable, auquel je souhaite beaucoup de succès. Mais pourquoi le qualifier de projet de *re*-francisation? Car, effectivement, le préfixe « re- » cloche avec l'idée — et si je ne me trompe, c'est bien là la principale visée du projet — de leur enseigner un français plus ou moins scolarisé, normalisé et contemporain, soit une langue que leurs ancêtres ne parlaient certainement pas.

Faut-il donc *enlever* pour autant le préfixe « re- » au titre du projet? Non, car à ce moment-là, on se retrouverait devant un *autre* paradoxe : il serait tout à fait surprenant, en effet, qu'il ne reste pas quelque chose de la langue des ancêtres dans le bagage culturel de ces familles — on n'a qu'à penser, par exemple, à l'influence des langues celtiques sur la façon de penser des populations aujourd'hui unilingues anglophones de l'Irlande, de l'Écosse et du pays de Galles; si donc la langue des présumés ancêtres de ces familles a *des liens de parenté* avec le français normalisé contemporain, des liens de parenté qui sont *beaucoup plus proches* que ceux de n'importe quelle autre langue officiellement reconnue, il est tout aussi malaisé de nier tout caractère de retrouvailles à cette rencontre avec le français scolaire qu'il l'est de l'affirmer.

## Le rôle de l'élite acadienne

Comment se manifeste le souci qu'a l'élite acadienne pour sa langue et sa culture? D'abord, par tout un travail séculaire d'organisation sociale et aussi de *lobbying*, on a réussi à obtenir une certaine reconnaissance officielle et institutionnelle du fait acadien, dont témoigne l'existence même d'institutions comme l'Université Sainte-Anne, le Conseil scolaire Clare Argyle, le Collège de l'Acadie, les bureaux de poste bilingues, des services de gendarmerie bilingues, la radio et la télévision de Radio-Canada en français disponibles dans la plupart des régions, une émission radiophonique du matin à la radio de Radio-Canada à la seule intention des auditeurs et auditrices de la Nouvelle-Écosse, une radio communautaire de langue française dans Clare, un canal communautaire francophone, un hebdomadaire provincial de langue française, des églises où la messe est toujours en français, d'autres où la messe est souvent en français, de nombreux organismes non gouvernementaux qui fonctionnent en français, et j'en passe.

Malgré la vitalité et la détermination manifestées sur le plan institutionnel, social et pratico-pratique, il reste que le contenu symbolique véhiculé par les moyens de transmission culturelle que les Acadiens et les Acadiennes se sont donnés a de quoi nous décevoir quelque peu. On parle de fidélité aux origines (comme de raison), on parle des *traditions* de la société acadienne (tout en évitant, souvent, de préciser lesquelles on a à l'esprit), on se déguise en Évangéline et en Gabriel (victimes passives et à constance asymétrique d'un mauvais tour que leur joue le destin, immortalisées par un poète américain de langue anglaise — pourquoi ne pas leur substituer Pélagie et Beausoleil?!), on organise des défilés à l'occasion de nombreux festivals. Mais, chose surprenante, on ne voit aucune initiative importante en vue de préserver la langue acadienne en l'enseignant à l'école. Et l'idée de mettre sur pied des cours de linguistique historique et/ou comparée de la langue parlée par la population acadienne locale et des autres formes de français qui existent dans le monde n'en est pas une qui ait eu l'heur d'« accrocher » les responsables scolaires. Non, décidément, l'opinion de l'élite est presque unanime : on n'a pas besoin d'apprendre l'acadien à l'école[10]. C'est *le français* qu'il faut apprendre à l'école[11]. En même temps que *l'anglais*, bien sûr. Et les autres matières prescrites par le Ministère. Pourquoi enseignerait-on l'acadien, après tout? Pourquoi irait-on à l'école pour cela? Ne l'apprend-on pas à la maison? Les principaux responsables scolaires ne s'inquiètent nullement de l'avenir de l'acadien. Certains Acadiens, cependant, se demandent si la manière dont on enseigne le français dans les écoles n'aura pas pour effet, à la longue, de faire disparaître l'acadien des ancêtres, si ce n'est déjà chose faite dans une certaine mesure.

### Langue nationale? langue parlée? langue médiatique?

Un de mes anciens collègues avait l'habitude de lancer la boutade suivante : « Quelle est la langue nationale des Acadiens? Réponse : le français. Deuxième question : Quelle est la langue que les Acadiens parlent entre eux? Réponse : l'acadien. Troisième question : De quelle langue se servent-ils pour lire et écrire et quelle est la langue des médias électroniques sur lesquels ils se branchent? Réponse : l'anglais. »

Réflexion faite, j'ajouterais une *quatrième* question aux trois de mon collègue : « Quelle est la langue utilisée par les Acadiens à l'école? » Réponse : un certain dialecte scolaire appelé « bon français » ou « français de l'école ». Il s'agit d'une langue à base d'acadien, mais que l'on modifie en supprimant certaines particularités de l'acadien connues de tous. On supprime, par exemple, les terminaisons en « ont » à la troisième personne du pluriel de l'indicatif. Ainsi, « i-étudiont » est pourchassé, remplacé par « iz-étudissent » ou « ils étudissent », formules qui ne semblent faire sourciller personne. Des prononciations comme « Tchêli » (pour « quai ») et « tchèc-affâr » (pour « quelque affaire » = « quelque chose ») n'ont pas droit de cité à l'école.

Mais la proscription des tournures acadiennes n'est pas aussi complète que l'on pourrait croire. Personne, par exemple, ne songe à bannir un mot comme « bourrique », et rares sont les individus qui savent ce que c'est qu'un « nombril ».

Comment expliquer cette indifférence devant des mots dialectaux qui s'infiltrent à l'école, alors que d'autres manifestations de l'acadien sont rigoureusement pourchassées? On serait tenté de croire que le caractère imparfait et partiel de ce bannissement de l'acadien est tout simplement dû à un oubli ou à une connaissance imparfaite du français soi-disant standard. Mais si tel était le cas, ceux et celles qui savaient qu'en français « bourrique » se dit « nombril » et qu'« iz-étudissent » est un barbarisme, se seraient attachés à en répandre la nouvelle et à en tenir compte dans leur pratique pédagogique avec le même zèle et la même persévérance que l'on peut observer pour les terminaisons en « ont ». Il y a donc un mystère à élucider ici. D'autant plus que le système scolaire lui-même invente, inculque et propage plusieurs tournures qui n'ont rien à voir avec l'acadien primitif mais qui, du point de vue du français standard, sont carrément fautives : « Les élèves ne sont pas permis de ... », « FUMAGE INTERDIT », etc. L'école acadienne, comme toutes les écoles, inculque l'usage de l'école en proscrivant les autres usages. En Acadie, l'usage de l'école n'est pas celui de l'acadien populaire; ce qui surprend c'est que cet usage n'est pas non plus celui de l'État fédéral, ni celui de l'État québécois, ni celui de l'État français (hexagonal), ni celui de quelque autre État que ce soit. Dans la mesure du possible aussi, on évite d'utiliser des manuels scolaires sanctionnés par ces trois États, sous prétexte qu'ils « ne reflètent pas notre réalité ». Il faudrait dire à ces gens : gardons le français et l'acadien, et débarrassons-nous du dialecte scolaire actuel.

## Le français comme outil de modernisation

Il faut considérer que le patrimoine français des Acadiens — et les institutions que les Acadiens et les Acadiennes ont su bâtir au cours des années — constituent un *atout* dans le processus de *modernisation*, un atout précieux auquel ils seraient bien fous de renoncer. En général, d'ailleurs, ils le savent, beaucoup mieux que mon collègue iconoclaste. Pour ce qui est du patrimoine historique et communautaire lui-même, les Acadiens ont sans doute de meilleures chances d'éviter le déracinement complet — car c'est *cela* qu'il s'agit d'éviter avant toute autre chose — en allant du côté du français, qu'en allant *uniquement* du côté de l'anglais. À condition de s'y prendre de la bonne manière…

### En guise de conclusion : quoi faire?

Au cours de la décennie qui vient, nous avons, en Acadie comme ailleurs, toute une série de choix à faire et de défis à relever. Au nombre des défis, il faut compter, notamment, la mondialisation de l'économie et l'importance nouvelle de blocs économiques comme la Communauté économique européenne. C'est un monde où la connaissance (à fond!) de plusieurs langues (universelles!) sera un atout certain. Les Acadiens parlent un dialecte qui leur donne un grand avantage sur les anglophones lorsqu'il s'agit de se mettre à apprendre le français universel. Apprenons donc le français universel! Et l'anglais, qui est un domaine où le Québec perd du terrain. Mais pour apprendre le français universel, il faut éviter de susciter les résistances chez les élèves. Pour cela, il ne faut pas essayer de faire passer le français universel *contre* le français acadien. Il ne faut pas essayer de remplacer l'un par l'autre, sinon les deux se détruiront mutuellement au profit de l'anglais, et l'avantage naturel des Acadiens sur les marchés économiques de demain sera perdu.

Le nouveau langage administratif et technique, la langue du pouvoir technique, économique et politique, n'est la langue maternelle de personne. Et c'est là que nous revenons aux propos de Michel Serres. La « langue légitime » est une langue qui parle de choses parfaitement inconnues de l'enfant, même d'un haut fonctionnaire ou d'un cadre supérieur vivant à Paris, à Ottawa ou à Washington. Par rapport au langage du pouvoir et de la connaissance scientifique, tout le monde, à l'âge de six ans ou de dix ans, est un « outsider ». Bourdieu signale que, paradoxalement, les provinces limitrophes de la France sont surreprésentées au sein de la fonction publique française, dans ce milieu même où la maîtrise du « code secret » est la clé de la survie professionnelle. Une des explications possibles : les provinciaux dont le dialecte présente la plus grande divergence par rapport au français normatif ont possiblement une conscience plus vive qu'il existe un « code » dont il s'agit de percer le secret. Il se peut que, pour cette raison, ils acceptent plus facilement de se livrer à un travail ardu pour y parvenir, alors que les petits Parisiens se bercent dans la douce illusion de posséder déjà la langue dont ils auront besoin pour se frayer un chemin dans le labyrinthe des carrières.

On n'a pas à vendre son âme pour acquérir le code. Mais le petit Acadien qui se fait rabrouer à l'école pour avoir parlé sa langue maternelle peut bien avoir l'impression que c'est de cela qu'il s'agit. Solution? Accordons le droit de cité à l'acadien dans nos établissements scolaires.

Étudions le français de manière comparative, comme un code qu'il faut percer et maîtriser. C'est une langue du pouvoir extérieur, une de ces deux langues du pouvoir extérieur avec lequel les Acadiens ont eu à composer, avec un succès qui a varié selon les époques, depuis le XVIIe siècle. Faisons du français, non pas la langue nationale des Acadiens, mais une langue que les Acadiens pratiquent avec une compétence consommée, en plus de la leur et en plus de l'anglais omniprésent, indispensable mais banal. (Les capacités linguistiques des Acadiens, qu'ils sont bien obligés de développer pour survivre, pourront leur donner une longueur d'avance lorsqu'il s'agira d'apprendre l'espagnol des Mexicains, avec l'entrée en vigueur du nouveau traité de libre-échange nord-américain...)

Les Acadiens ont la chance inouïe de se retrouver à cheval sur les deux cultures officielles du pays et de parler (en plus de leur propre dialecte) deux des plus importantes langues sur le plan mondial pour le commerce et la pensée. Cela peut contribuer à leur assurer un avenir économique intéressant — et à éviter le déracinement et la destruction de leurs valeurs communautaires —, mais seulement à condition de savoir bien jouer leurs cartes et de bien jongler avec une série de facteurs dont on a jusqu'ici mal mesuré l'importance.

## NOTES

1. L'auteur de cet article est de langue maternelle anglaise, mais stimulé par son intérêt pour les cultures française, québécoise et acadienne, il a acquis une compétence en français qui lui permet d'enseigner dans cette langue, à l'Université Sainte-Anne, tant à des francophones qu'à des anglophones.

2. Voir *Discours de la méthode* (1637), première partie (p. 23 de l'édition du Livre de Poche, Paris, 1973).

3. Cf. Pierre BOURDIEU, *Ce que parler veut dire : l'économie des échanges linguistiques*, Paris, Fayard, 1982. Les références ultérieures à cet ouvrage seront, par le moyen du titre abrégé *Parler*, suivies du numéro de page.

4. Thorstein VEBLEN, *Theory of the Leisure Class* (1899). En français : *Théorie de la classe de loisir*,

traduction par Louis ÉVRARD, précédé de *Avez-vous lu Veblen?* par Raymond ARON, Paris, Gallimard, collection « Bibliothèque des sciences humaines », 1970. Curieusement, Veblen n'est pas cité par Bourdieu, malgré l'affinité évidente entre la pensée des deux auteurs.

5. Ce n'est pas, soit dit en passant, ce que prescrit la Loi sur les langues officielles. Un(e) candidat(e) unilingue peut postuler n'importe quel emploi au sein de la fonction publique canadienne, y compris les postes désignés comme bilingues. Le candidat unilingue à un poste bilingue doit, tout au plus, s'engager à devenir bilingue dans un certain délai s'il décroche le poste.

6. Il faut souligner que ces étudiants n'étaient pas des « cancres », loin de là : plusieurs,

après avoir réussi leur programme d'immersion, se sont inscrits au programme régulier de l'Université Sainte-Anne et certains ont même choisi de suivre (en français) un cours de philosophie, qu'ils ont bien réussi.

7. Cf. Aurélien SAUVAGEOT, *Français écrit, français parlé*, Paris, Larousse, 1962. Voir surtout les deux derniers chapitres intitulés « Ce qui se fait ailleurs » et « Voies et moyens », p. 220–233.

8. Michel SERRES, *Le Tiers-Instruit*, Paris, Éditions François Bourin, 1991, p. 25–27. Serres s'inscrit ici dans la lignée de Gaston Bachelard (1884–1962) qui s'attacha à dénoncer l'illusion que l'esprit commence comme une leçon, avec un tableau vide. Au contraire, selon Bachelard, nous possédons, lorsque nous

entrons à l'école une « culture expérimentale » déjà constituée. La fonction du professeur ne consiste donc pas à nous communiquer quelques informations détachées qu'il s'agit d'emmagasiner — selon la métaphore du bourrage de crâne si chère aux écoliers de tout âge; pour Bachelard, en effet, le professeur de sciences a bien plutôt pour fonction de nous inviter à *changer de culture.* Voir Gaston BACHELARD, *La Formation de l'esprit scientifique : contribution à une psychanalyse de la connaissance objective,* Paris, Vrin, 1938; 10ᵉ édition, 1977, p. 18–19. Les mêmes remarques s'appliqueraient à tout enseignement vraiment authentique.

9. Curieusement, le Québec semble être le seul pays d'exil envisagé dans ce type de discours; on n'a pas l'habitude d'évoquer d'autres pays d'exil possibles. Pourquoi? Car on pense tout de suite, par exemple, à la France métropolitaine, à Saint-Pierre et Miquelon, ou à un autre pays francophone comme la Belgique, la Suisse ou, pour forcer la note un peu, le Cameroun ou la Côte-d'Ivoire. Même à l'intérieur du Canada, on ne pense pas à évoquer la possibilité d'aller s'établir, sinon au Québec, dans la Péninsule acadienne du Nouveau-Brunswick.

10. « Quoi! Enseigner au monde comment parler comme des *pauvres!* » Voilà la réaction à cette idée d'un éminent membre de l'élite acadienne à qui la question avait été posée, suite à une conférence prononcée à l'Université Sainte-Anne où Karl Peters, sociologue, nous avait expliqué la stratégie adoptée par les Huttérites de l'Ouest canadien en matière de langues : il leur fallait des écoles, mais *dans* leurs communautés, non pas à l'extérieur. Il ne fallait pas non plus que l'enseignement soit exclusivement en anglais, car on rendait ainsi inévitable une certaine assimilation; impossible aussi d'envisager un enseignement exclusivement dans leur dialecte, car, à part la Bible, on ne disposait pas de manuels et de textes; impossible aussi d'envisager de jumeler l'enseignement en dialecte à un enseignement qui se ferait en anglais car, par la supériorité de ses ressources, l'anglais finirait par écraser et par discréditer le dialecte franconien. Solution : assurer une place à *trois langues* dans l'enseignement : l'allemand standard (qui supplée au manque de terminologie contemporaine et de textes non bibliques en franconien), le dialecte franconien lui-même (qui, en collant au *vécu,* supplée à l'*irréalisme* que l'on ne manque pas de ressentir à étudier une langue surtout *européenne* en pleine Amérique du Nord anglophone), l'anglais, finalement, pour permettre aux jeunes Huttérites de faire affaire avec le gouvernement et les hommes d'affaires de langue anglaise...

11. L'élite francophone de la Louisiane semble avoir une attitude semblable face à la promotion qu'il convient de faire de la réalité culturelle propre à la Louisiane francophone. Gerald L. GOLD écrit : « Une conséquence imprévue du réveil de la conscience ethnique en Louisiane était que CODOFIL n'a pu contenir la montée soudaine de l'enthousiasme populaire en vue de redonner vie à la musique cajun et à d'autres formes de culture populaire. [...] Des groupes musicaux cajuns, comme Balfa Frères, ont fait des tournées mondiales, sans l'aval de CODOFIL, et des auteurs et poètes cajuns ont commencé à publier leurs ouvrages au Québec et en France, indépendamment de cet organisme.

« Parmi ces expressions de sentiment populaire, celle qui a dérangé le plus était sans doute l'appui accordé par les médias à James Faulk, professeur d'école secondaire, qui a inventé une méthode d'enseigner le français cajun en se servant de la phonétique anglaise. » (« The Mission of Quebec in Louisiana », in *Minorities and Mother Country Imagery,* Gerald L. GOLD (ed.), Institute of Social and Economic Research, Memorial University of Newfoundland, 1984, p. 132.)

# LA BAIE SAINTE-MARIE
# ET L'ÎLE MADAME (NOUVELLE-ÉCOSSE) :
# COMPARAISON PHONÉTIQUE ENTRE
# DEUX VARIÉTÉS ACADIENNES

Karin Flikeid et Ginette Richard
Université Saint Mary's (Halifax)

La comparaison qui constitue le sujet de cet article s'inscrit dans un programme de recherches portant sur l'ensemble des variétés de parlers de la Nouvelle-Écosse[1]. Ces recherches comprennent à la fois l'examen de la situation sociolinguistique contemporaine et la reconstruction comparative des étapes historiques de l'évolution de l'acadien dans son ensemble. Le choix des deux pôles de notre comparaison n'est pas arbitraire, mais représente une convergence de contrastes propres à faire apparaître les grands axes de l'évolution linguistique du français en Nouvelle-Écosse. Il faut souligner que la phonologie des parlers de la baie Sainte-Marie a fait l'objet de plusieurs études[2], alors que les parlers de l'île Madame et de la région limitrophe sont beaucoup moins bien connus. Ce sont toutefois les différences sociales et historiques qui ont été les plus pertinentes pour notre choix. Nous les exposerons en premier lieu, pour ensuite procéder à l'examen des conséquences linguistiques, entraînées par ces différentes conditions d'évolution, et à la description comparative phonétique proprement dite.

## Contrastes socio-historiques et démographiques entre les deux régions

La baie Sainte-Marie est située à l'extrémité sud-ouest de la Nouvelle-Écosse; l'île Madame fait partie du Cap-Breton, à l'extrémité nord-est. Les deux points principaux de l'enquête linguistique[3], Meteghan, à la baie Sainte-Marie et Petit-de-Grat, à l'île Madame, sont distants de près de 600 kilomètres. De façon générale, le contact entre les différents groupements acadiens de la Nouvelle-Écosse a été entravé par l'éloignement et l'isolement occasionné par des zones à population anglophone. De ce point de vue, la baie Sainte-Marie représente un cas exceptionnel, par l'homogénéité de son peuplement et la contiguïté géographique des localités francophones dont elle se compose. La population acadienne du comté de Richmond, formé de l'île Madame et de sa région limitrophe, est nettement plus éparse, avec une distribution enchevêtrée de groupements anglophones et francophones. Dans l'île Madame même, c'est également cette situation qui prévaut; de plus, le rôle clé que jouait Arichat au XIXᵉ siècle

Régions acadiennes de la Nouvelle-Écosse

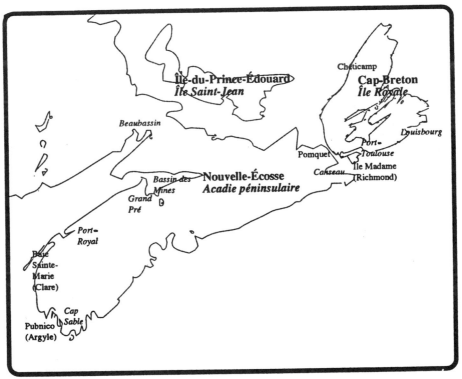

(en italiques : noms de lieux de la période pré-Déportation)

Région de la baie Sainte-Marie

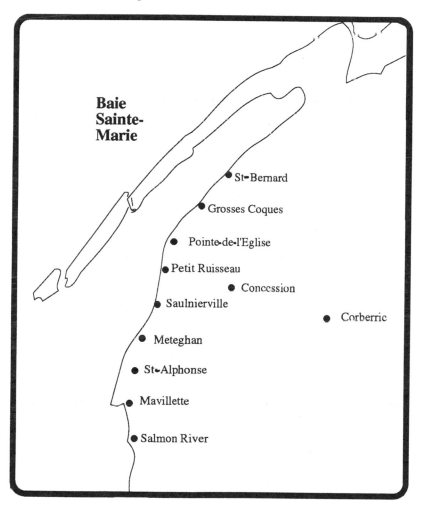

**Baie
Sainte-
Marie**

St-Bernard

Grosses Coques

Pointe-de-l'Eglise

Petit Ruisseau

Concession

Saulnierville

Corberrie

Meteghan

St-Alphonse

Mavillette

Salmon River

Région de l'île Madame

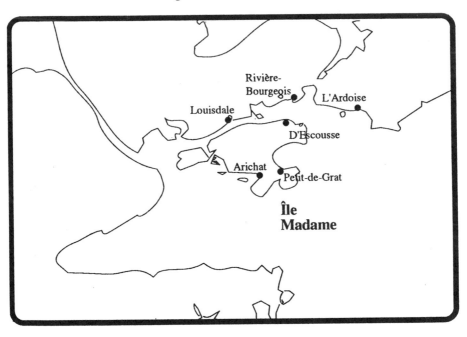

comme centre administratif et économique a eu pour conséquence d'attirer de nombreux anglophones, ce qui a abouti à une population mixte au sein de cette localité.

Cette hétérogénéité ethnique a freiné l'implantation d'une infrastructure institutionnelle francophone à l'île Madame[4], en particulier sur le plan scolaire, alors que la baie Sainte-Marie a joui de la situation la plus avantageuse de la Nouvelle-Écosse à ce point de vue. Elle est, par exemple, la seule à s'être dotée d'une université. À l'île Madame, seules deux écoles primaire et secondaire offrent un enseignement suivi en français, et cela depuis une douzaine d'années seulement.

Il importe de connaître l'histoire des deux régions pour en comprendre les différences. La baie Sainte-Marie n'était pas habitée avant la dispersion de la population acadienne par les autorités britanniques, en 1755. Mais la Baie commença à se peupler aussitôt la cessation des hostilités en 1763, entérinée par le traité de Paris, et la permission conditionnelle de rétablissement accordée aux Acadiens. Dès 1768, les premières familles s'y installèrent. La baie Sainte-Marie constitua en quelque sorte le prolongement direct de Port-Royal, le premier établissement acadien de l'ancienne Acadie. Le nombre de concessions de terre accordées fut relativement important, et les bénéficiaires, tous des Acadiens — le canton de Clare ayant été en fait établi pour les accueillir[5]. Par la suite, la baie Sainte-Marie est toujours restée la région acadienne la plus importante numériquement en Nouvelle-Écosse.

L'île Madame et sa région limitrophe étaient occupées de plus longue date. L'établissement de Nicolas Denys à Saint-Pierre au XVIIᵉ siècle ne connut pas de suite. En revanche, à partir de 1713, alors que l'Acadie continentale avait été cédée aux Britanniques, l'Île-Royale devint une priorité pour la métropole. Louisbourg fut établi, grâce à des effectifs venus directement de la France ainsi que par le déplacement de la population de Plaisance (Terre-Neuve). On cherchait à y attirer les Acadiens des régions sous domination britannique, et malgré la réticence de la plupart d'entre eux, un certain nombre de familles et de personnes prirent la direction de Port-Toulouse, non loin de l'ancienne Saint-Pierre. C'était alors le centre acadien le plus important, mais Petit-de-Grat était également peuplé, à la fois d'Acadiens et de ressortissants français, attirés par la pêche[6]. Après la Déportation, une partie de cette population s'établit à l'île Madame, ainsi qu'à Rivière-Bourgeois, non loin de Port-Toulouse. La continuité est donc remarquable, tant sur le plan géographique que familial, contrairement au cas de baie Sainte-Marie. Par ailleurs, le mode de vie et le degré de contact avec d'autres francophones durant la période de 1713–1755 furent bien différents de la situation que connaissait le groupe de Port-Royal à pareille époque. Des conséquences linguistiques découleront de cette conjoncture particulière.

*Conséquences linguistiques*

La langue d'une communauté ne se transmet pas de façon identique d'une génération à l'autre. À côté des éléments qui restent stables, d'autres subissent des changements[7]. Les conséquences linguistiques, au sens large, sont de plusieurs types. Nous aborderons certaines de ces conséquences pour situer la problématique dans son ensemble; c'est la méthode comparative qui permet d'identifier des corrélations possibles aux configurations linguistiques.

Le transfert linguistique constitue une conséquence radicale d'une situation de bilinguisme caractérisée par la domination économique et sociale d'un des groupes linguistiques en contact. Parmi les facteurs qui favorisent ce transfert ou cette assimilation, il y a l'importance du groupe et son homogénéité[8]. Le tableau I présente les caractéristiques démographiques des deux populations que nous comparons. Le transfert linguistique[9] est beaucoup plus fort à l'île Madame. Le lien entre l'homogénéité interne et le degré de transfert devient évident sur le plan des communautés individuelles. Lors de la constitution de notre corpus, nous avons choisi dans chaque région une communauté spécifique pour l'étudier en profondeur, en principe celle qui avait la plus grande concentration de francophones. À l'île Madame, le choix de Petit-de-Grat ne posait aucun problème; à la baie Sainte-Marie, plusieurs possibilités se présentaient, et nous avons choisi, arbitrairement, la communauté de Meteghan.

### TABLEAU I
*Composition ethnique et degré de transfert linguistique*

| Région | Population d'origine ethnique française | | Assimilation passée |
|---|---|---|---|
| Baie Sainte-Marie : | | | |
| Digby (comté) | 8715 | 40 % | 0,17 |
| Clare (MD) | 7335 | 76 % | 0,07 |
| Localités sélectionnées : | | | |
| Meteghan | 630 | 93 % | 0,06 |
| Saulnierville | 840 | 92 % | 0,04 |
| Concession | 485 | 89 % | 0,08 |
| Pointe-de-l'Église | 610 | 87 % | 0,11 |
| Île Madame : | | | |
| Richmond (comté) | 5570 | 45 % | 0,28 |
| Île Madame (SD) | 3165 | 66 % | 0,16 |
| Localités sélectionnées : | | | |
| Petit-de-Grat | 775 | 79 % | 0,07 |
| Arichat Ouest | 730 | 73 % | 0,20 |
| Arichat | 480 | 60 % | 0,20 |
| Rivière-Bourgeois | 340 | 53 % | 0,49 |

(Source : Statistique Canada, recensement de 1981)

La situation de contact engendre d'autres conséquences linguistiques, même chez ceux qui conservent leur langue maternelle. L'emprunt lexical en est une, ainsi que la stratégie qui consiste à alterner, au sein du discours, entre des séquences de l'une et de l'autre langue, souvent à l'intérieur d'une même phrase. Ces aspects du contact linguistique ont été étudiés quantitativement[10], ainsi que les changements phonétiques provoqués par la pratique simultanée des deux langues, notamment en ce qui concerne la prononciation du /r/. Les taux plus élevés des différents indicateurs linguistiques à Petit-de-Grat reflètent un contact quotidien plus direct avec l'anglais dans cette communauté et dans la région de l'île Madame en général.

L'influence de la variété normative du français, à travers l'école et d'autres institutions, aura à court terme pour conséquence d'introduire des variantes alternatives aux formes vernaculaires, qui pourront coexister dans le discours d'une partie des locuteurs de la communauté. À plus long terme, on peut s'attendre à ce que ces formes déplacent les variantes vernaculaires. C'est ce qui s'est produit sur plusieurs points au Nouveau-Brunswick, où l'infrastructure institutionnelle est nettement plus favorable au français que dans les communautés acadiennes de la Nouvelle-Écosse. On peut prendre comme exemple l'usage du *je* collectif (*je parlons* = « nous parlons ») qui est pratiquement disparu au Nouveau-Brunswick, ayant été remplacé par la forme courante en français parlé commun, *on* (*on parle*), mais qui est encore présent, même dans la plus jeune génération, dans toutes les communautés acadiennes de la Nouvelle-Écosse[11]. L'étude quantitative des usages de la Nouvelle-Écosse montre cependant des différences entre les communautés individuelles, pour ce qui est de la pénétration de la forme *on*. Ces différences correspondent clairement aux contrastes sur le plan du contenu français dans les écoles et, plus généralement, en ce qui concerne l'exposition informelle aux variétés extérieures de français. Le tableau II compare les données des deux corpus régionaux à ce point de vue.

### TABLEAU II
*Variation sociolinguistique : taux d'utilisation du* je *collectif*

|  | 15–34 | 35–54 | 55+ |
| --- | --- | --- | --- |
| Baie Sainte-Marie | 0,68 | 0,68 | 0,43 |
| Île Madame | 0,83 | 0,83 | 0,82 |

La distribution sociolinguistique contemporaine de ces variantes alternatives offre un intérêt en soi et a été examinée par notre équipe pour un grand nombre de caractéristiques acadiennes[12]. Ce n'est pas notre préoccupation ici, puisque nous voulons plutôt écarter ces « interférences » d'une autre variété, pour accéder à l'état le plus ancien que nous puissions observer. Le fait que, dans notre échantillon, les informateurs remplacent les formes de type *je parlons* par *on parle*, dans 41 % des cas à Meteghan et 17 % à Petit-de-Grat, n'affecte en rien les similitudes entre ces deux variétés, pour ce qui est de la forme vernaculaire. Cette variabilité mise de côté, il reste cependant un certain nombre de différences qui sont attribuables à des changements antérieurs à la période représentée par nos informateurs. C'est là que la reconstruction comparative doit faire appel à des hypothèses sur les facteurs socio-historiques ayant pu créer les circonstances de ces changements.

Voyons maintenant plusieurs cas de divergences phonétiques, partielles ou complètes, à travers une approche descriptive. Plus loin, nous tenterons d'expliquer les différences observées.

## *Comparaison phonétique synchronique : éléments communs*

L'accent mis ici sur les différences ne doit pas faire oublier le fonds commun où les pratiques se superposent. Il s'agit ici de deux variétés étroitement apparentées, qui partagent de nombreuses caractéristiques entre elles ainsi qu'avec d'autres variétés acadiennes. Examinons quelques cas.

*i. L'affrication* : une caractéristique générale de l'acadien, l'affrication des consonnes /k/ et /g/ devant une voyelle antérieure, de même que /t/ et /d/ suivis de /j/ et une autre voyelle, reste fortement représentée dans les parlers de la baie Sainte-Marie (1) et de l'île Madame (2). Voici des mots où ces consonnes palatalisées sont fréquentes chez les informateurs des deux régions :

|  (1) | | (2) | |
|---|---|---|---|
| [tʃ] | [dž] | [tʃ] | [dž] |
| culotte | guerre | tiendre | diamant |
| curieux | guérir | tiède | Dieu |
| cuire | guetter | pitié | acadien |
| paquet | aiguille | charpentier | canadien |

Les diverses formes conjuguées des verbes cités se prononcent également avec les affriquées (*guérissait, guette, guettait, tienne, tiennons*). Par ailleurs, on notera que la variante sourde [tʃ] est plus fréquente que sa correspondante sonore [dž]. Son apparition à l'initiale des pronoms et des adjectifs indéfinis, lesquels sont eux-mêmes très fréquents dans le discours, contribue à cet état de fait (*quelque (affaire), quelqu'un, quelques-uns, quel*).

*ii. L'interversion* : la structure syllabique composée à l'origine d'un groupe consonantique suivi d'un *e muet* et d'une autre consonne subit, en acadien, une modification où l'ordre des deux sons internes de la syllabe est inversé. Ce processus d'interversion, fréquemment traité sous l'appellation de métathèse, voit donc la suite /CLəC/[13] se transformer en /CəLC/, souvent avec un changement dans la qualité de la voyelle (exemple : *grenouille* → [gørnʋj], *brebis* → [bɔrbi]. Cette transformation s'observe à l'intérieur d'un ensemble lexical limité. Dans les parlers acadiens de la baie Sainte-Marie et de l'île Madame, elle est présente dans les mots suivants : brebis, grenier, prenait, quatrième, mercredi, crever, vendredi.

L'interversion avec [ə] peut également avoir lieu à la frontière de deux mots. Ici, nous présentons des cas où, dans les deux localités, le groupe final [trə] suivi d'une consonne se transforme en [tər + C] : un autre trois, les autres gars, quatre-vingts, entre les deux.

Quoique les groupes consonantiques en [r] en contact avec un [ə] semblent être les plus touchés par le phénomène, on le retrouve aussi ailleurs. La forme [bœlvɛ] pour *bleuet*, largement répandue à l'île Madame, illustre l'interversion avec [l], alors que des mots comme [fɔrdyr] *froidure* et [bɔrwɛt] *brouette*, relevés à la baie Sainte-Marie et à l'île Madame, respectivement, illustrent son apparition dans le contexte de voyelles autres que [ə].

*iii. L'ouïsme* : la fermeture de [ɔ] en [ʊ] (*pomme, bonne*) et de [o] en [u] (*chose, gros*) reste parmi l'une des caractéristiques les plus spécifiques des parlers acadiens. À la baie Sainte-Marie, comme à l'île Madame, ce phénomène demeure très répandu en syllabe fermée par [m], [n] et [ɲ]/[ŋ] de même qu'en syllabe inaccentuée ouverte, suivie par ces mêmes consonnes : pomme, homme, personne, automne, homard, déshonneur, soigner, poignée.

Pour ce qui est du contexte n'impliquant pas une consonne nasale, *chose* est le mot qui a été employé le plus spontanément avec [u] à l'île Madame. Par ailleurs, nous avons relevé les formes [u] *os* et [usi]/[usIt] *aussi(tte)*. À la baie Sainte-Marie, les exemples du processus sont également nombreux : arrose, os, chose, gros, ôter, grosse, aussi, rôti.

## Divergences partielles

Dans cette section, nous présentons des exemples de points linguistiques où l'on peut établir un parallèle entre les deux régions pour certains aspects du phénomène étudié, mais où il y a une divergence sur d'autres plans, soit au niveau de l'étendue, soit en ce qui concerne les réalisations.

*i. Oppositions de longueur vocalique* : l'opposition phonologique qui permet de distinguer des paires de mots comme *poil/poêle, faite/fête* et *mettre/maître* représente une ancienne opposition de longueur peu productive de nos jours en français commun. Elle est maintenue dans les deux régions à l'étude, mais sous des formes différentes. À la baie Sainte-Marie, l'opposition repose essentiellement sur une distinction d'aperture et se double systématiquement d'une différence de longueur : /e:/ — /ɛ/. La voyelle à timbre fermé, plus longue que /ɛ/ dans des positions similaires, se manifeste chez les informateurs de la baie Sainte-Marie de façon régulière. Elle peut être suivie d'une consonne dite « allongeante » /v, z, ž, r/ ou d'autres consonnes comme /t/, /s/, etc. Voici des exemples de /e:/ : rêve, dernière, mêle, seize, mère, pêche, fournaise, être, carême, collège, messe, reine.

À l'île Madame, une voyelle longue se manifeste également dans ces mots mais, contrairement à la baie Sainte-Marie, elle retient toujours un timbre ouvert, /ɛ :/, ou parfois /æ :/. Dans le cadre d'une opposition phonologique, l'allongement vocalique devient ici le seul trait distinctif : *poêle* /pwɛ :l/ − *poil* /pwɛl/.

La syllabe pénultième favorise, dans les parlers acadiens en général, l'allongement de la voyelle en position inaccentuée ouverte. À la baie Sainte-Marie et à l'île Madame, les comportements des locuteurs sont stables sur ce point et on observe les voyelles longues [e :] et [ɛ :], respectivement, dans les mots où, en français commun, il se manifeste plus régulièrement une voyelle brève, comme dans les exemples suivants : connaissait, maigrir, baisser, mêlait, moisi, pêcher.

*ii. L'ouverture de /ɛ/* : l'ouverture des /ɛ/ en /a/ dans des lexèmes (comme *perdre, couverte, dernier* et *déserter*) reste une caractéristique associable à tous les parlers acadiens des Maritimes en général. Si, dans ces exemples, le phénomène intervient dans le contexte d'un /ɛ/ bref fermé par /r/ + C, on sait qu'en fonction des régions il peut s'étendre à d'autres positions. La comparaison des parlers de la baie Sainte-Marie et de l'île Madame nous amène à constater cette distribution contextuelle plus élargie dans le cas du premier. Voici d'abord des exemples supplémentaires où /a/ se substitue à /ɛ/ devant /r/ dans les deux régions acadiennes examinées : herbe, désherber, vérité, verge, certain, terrible, moderne, personne, libéral.

Voici maintenant des exemples qui montrent que l'étendue du processus est plus importante à la baie Sainte-Marie qu'à l'île Madame : guérir, hiver, boire, enterrer, cher, noir, éclairer, mer, histoire.

À la baie Sainte-Marie, les locuteurs prononceraient plus typiquement [džarir], [ãtare] et [eklare] pour *guérir, enterrer* et *éclairer*. À l'île Madame, nous avons noté pour la voyelle apparaissant en syllabe inaccentuée ouverte devant /r/ des prononciations en [ɛ] uniquement.

De plus, chez les locuteurs de la baie Sainte-Marie, la syllabe fermée par un /r/ final permet également d'observer la neutralisation de /a/ et /ɛ/ en faveur de /a/. Les mots en *-oir* ne font pas exception à la règle, de sorte que nous entendons, dans cette région du sud-ouest de la Nouvelle-Écosse, des prononciations qui coïncident avec celles du français commun. À l'île Madame, les locuteurs retiennent ici aussi des comportements les distinguant nettement de ceux de la baie Sainte-Marie. Pour les contextes et les derniers mots cités, la voyelle [ɛ :] reste celle habituellement utilisée devant le /r/ final.

L'ouverture des /ɛ/ longs dans cette position n'est tout de même pas complètement absente du parler acadien entendu dans le comté de Richmond. Chez plusieurs locuteurs originaires de Louisdale, nous avons constaté le phénomène dans des mots comme *hiver, cher, affaire* et *air*, où nous trouvons les timbres ouverts [a] et [æ].

En dehors des contextes fermés par /r/, ces deux mêmes voyelles, [a] et [æ], reviennent à la baie Sainte-Marie et à l'île Madame en finale comme dans les mots suivants : fait, bleuet, venais, craie, jouait, français, feu follet, à peu près.

On peut voir, d'après ces exemples, que le processus d'ouverture affecte plusieurs terminaisons morphologiques.

## Divergences complètes

Sous cette rubrique, nous avons classé les cas où les parallèles sont soit absents, soit extrêmement généraux, et où ce sont plutôt les contrastes qui dominent.

*i. La diphtongaison des voyelles orales* : ce processus qui distingue nettement les parlers acadiens du sud-ouest de la Nouvelle-Écosse de ceux du reste de la province se rapporte aux voyelles orales et à leur tendance à se diphtonguer dans différents contextes.

À la baie Sainte-Marie, nos données montrent que la diphtongaison s'étend aux syllabes ouverte et fermée, et intervient pour toutes les voyelles tendues, à l'exception de la plus ouverte, c'est-à-dire /i/, /y/, /u/, /e/, /ø/ et /o/ comme dans : fini [finI$^j$]; aller [alɛ$^j$]; rue [ryɥ]; feu [fœɥ]; itou [itʊ$^w$]; peau [pɔ$^w$]; île [ɪ$^j$l]; bête [bɛ$^j$t]; pelure [plyɥr]; jeûne [žœɥn]; coûte [kʊ$^w$t]; fort [fɔ$^w$r].

Les transcriptions montrent que le premier élément de chaque diphtongue est caractérisé par un timbre plus ouvert que la voyelle de départ. Les voyelles /ɛ/, /œ/, /ɔ/, /a/ et /a/ ne participent pas au processus de diphtongaison, même devant les consonnes dites allongeantes /z, ž, v/. Ainsi, elles ne seront jamais diphtonguées dans des mots comme *treize*, *neuve* et *horloge*.

Seule l'étude du parler de Pubnico nous permet d'établir des parallèles intéressants avec la baie Sainte-Marie concernant la diphtongaison des voyelles orales[14]. À l'île Madame, ces mêmes voyelles restent toujours fermées et ne présentent aucune tendance à la diphtongaison.

*ii. Les chuintantes* : les consonnes constrictives /ʃ/ et /ž/, souvent appelées « chuintantes », sont caractérisées à la baie Sainte-Marie par une articulation prévélaire plutôt que palatale. Ces articulations peuvent aller jusqu'à rejoindre le son [h] et sa correspondante sonore, comme dans les mots suivants pour /ʃ/ : chercher, pêcheur et proche; et pour /ž/ : jardin, toujours, ménage.

Cette prononciation n'a pas été observée dans l'île Madame même. On l'a notée cependant dans le parler de Rivière-Bourgeois, localité qui se trouve en face de l'île Madame, dans le comté de Richmond.

*iii. Les voyelles nasales* : le fonctionnement des voyelles nasales de la baie Sainte-Marie a depuis longtemps attiré l'attention des analystes[15]. La transformation de /ɛ̃/ en [ɔn] en syllabe ouverte accentuée ([mɔn] *main*), de même que la neutralisation de l'opposition /ã/ — /ɔ̃/ en faveur de la réalisation [ɛ̃ʷ] dans ce même contexte ([bɛ̃ʷ] *banc, bon*), constituent des traits décrits qui sont considérés parmi les plus stéréotypés du parler acadien de cette région.

Le rôle de l'accent dans l'alternance entre les variantes des voyelles nasales que l'on constate à la baie Sainte-Marie se retrouve comme principe général dans le parler de l'île Madame. Cependant, d'importants contrastes ressortent entre les deux régions, sur le plan des oppositions phonologiques et des réalisations phonétiques. En plus, il y a une variabilité au sein de chaque région, surtout dans le cas de Richmond. Les contrastes entre les localités clés sont ici résumés:

### TABLEAU III
*Réalisations des voyelles nasales en syllabe accentuée ouverte*

|  | /ɛ̃/ | /ã/ | /ɔ̃/ |
|---|---|---|---|
| Meteghan | [ɔn] | [ɛ̃ʷ]/[ɛŋ][16] | [ɛ̃ʷ] |
| Petit-de-Grat | [ɛ̃]/[æ̃] | [ɛ̃]/[æ̃] | [ɔŋ]/[aŋ] |

On remarquera, premièrement, que la neutralisation d'opposition en syllabe ouverte chez les locuteurs de Petit-de-Grat se rapporte à /ɛ̃/ — /ã/ et non à /ã/ — /ɔ̃/, comme à Meteghan (et plus généralement à la baie Sainte-Marie). La neutralisation /ã/ — /ɔ̃/ est cependant répandue dans la région de Richmond, à la fois dans certaines localités de l'île Madame même et à L'Ardoise. D'autres localités, dont Rivière-Bourgeois, ne connaissent ni l'une ni l'autre de ces neutralisations.

À Petit-de-Grat, la réalisation commune de /ɛ̃/ et /ã/ est souvent caractérisée par une perte de nasalité, le timbre pouvant s'ouvrir jusqu'en [æ] et même [a]. Par ailleurs, il n'est pas rare d'entendre pour /ɛ̃/ et /ã/ en syllabe ouverte une voyelle plutôt fermée. Cette réalisation, que nous avons transcrite par le symbole [ẽ], a été relevée chez les informateurs de l'île Madame, particulièrement parmi les plus âgés. Elle semble également très répandue dans le village de Louisdale où, comme à Petit-de-Grat, on peut noter une nette tendance à la dénasalisation. Dans ce village, la fermeture extrême aboutit à une diphtongaison secondaire.

Les différentes réalisations relevées pour /ɛ̃/ et /ã/ restent néanmoins bien distinctes du phonème /ɔ̃/ qui se présente régulièrement sous la forme V + [ŋ], à l'île Madame et dans la région limitrophe. Cette transformation rappelle celle que connaît /ɛ̃/ à la baie Sainte-Marie dans les mêmes conditions (voir plus haut). Pourtant, à l'île Madame, la consonne nasale produite s'articule au niveau vélaire alors qu'à la baie Sainte-Marie elle est dentale. Comparons la forme [fɔŋ], entendue pour *fond* dans l'île Madame, et la forme [fɔn] pour *faim* relevée à la baie Sainte-Marie. Le processus de fermeture du [ɔ] (l'ouïsme) n'agit pas sur ces formes. En effet, la transformation en [ɔn] n'entraîne pas, par la suite, une fermeture en [ʊn]. La même constatation vaut pour le parler de l'île Madame où la forme [ɔŋ] pour /õ/, apparaissant en syllabe ouverte, ne se ferme jamais en [ʊŋ].

On ajoutera, par ailleurs, que la voyelle apparaissant devant la nasale [ŋ] reste soumise, dans l'île Madame, à une variation phonétique. Outre les réalisations postérieures notées précédemment, il est fréquent de rencontrer le son très antérieur, [a], dans cette même position, par exemple : [fasaŋ] façon, [faŋ] fond, [garsaŋ] garçon. À la baie Sainte-Marie, [ɔn] subit, à un degré moindre, une fluctuation phonétique similaire[17].

Pour ce qui est de la dénasalisation des voyelles nasales dans les autres positions, on a constaté que le phénomène se manifestait de façon presque systématique dans le comté de Richmond. Les exemples suivants montrent que les voyelles dénasalisées se retrouvent aussi bien en syllabe accentuée fermée qu'en position pénultième :

| [ɛ :] | | [a :] | | [o :] | |
|-------|----------|--------|----------|--------|-----------|
| cinq | pointu | danse | tremper | ongle | trompette |
| pince | peinturer | lampe | chanson | longue | s'élonger |
| pointe | printemps | blanche | enfant | seconde | plonger |

À la baie Sainte-Marie, la tendance est présente, mais paraît beaucoup moins répandue. Nous avons relevé peu d'exemples illustrant le phénomène en syllabe fermée. Le verbe *emprunter* conjugué au présent offre un exemple stable où la voyelle est toujours dénasalisée : [apre : t]. Les mots contenant des voyelles dénasalisées en syllabe inaccentuée semblent également délimités en nombre. Les vocables *menton*, *rencontrer*, *entendre* et *longtemps*, qui ont une fréquence assez élevée dans le discours, se prononcent systématiquement avec des voyelles « orales », lesquelles, comme à l'île Madame, sont particulièrement longues dans la position où elles apparaissent.

*iv. Le désarrondissement de /œ/* : en acadien, il est typique d'entendre en syllabe fermée [œ] dans les mots *fève*, *lève*, *appelle*, *jette*, etc. La présence d'une consonne labiale ou labialisée semble favoriser l'apparition du phénomène. En effet, les mots qui suivent, fournis pas des informateurs acadiens originaires de la baie Sainte-Marie, remplissent cette condition : achète, lève, appelle, gèle, pèse, amène.

Dans le comté de Richmond, un écart par rapport à l'usage acadien commun se manifeste. En effet, l'utilisation de [œ] dans les mots déjà énumérés apparaît comme l'exception plutôt que la règle chez les locuteurs de cette région. Les comportements des locuteurs s'apparentent, en fin de compte, à l'usage « standard » où l'on rencontre toujours [ɛ] dans le contexte examiné.

En fait, le contraste décrit fait partie d'un processus plus systématique de désarrondissement du [œ], propre au parler de l'île Madame, et qui touche à la fois les mots qui ont [œ] en acadien, mais [ɛ] en français commun, et ceux qui ont [œ] dans les deux variétés. La liste proposée ci-dessous indique des mots qui, à l'île Madame et dans les environs, il-lustrent ce processus[18] : jeune, aveugle, neuve, veuve, seul, feuille.

À partir de cette énumération, on voit que les formes [žɛn], [avɛg], [sɛl] pour *jeune, aveugle* et *seul* dans ces cas s'éloignent de l'usage standard, mais aussi de celui des autres régions acadiennes où l'on entend généralement [œ] dans ces mots. Or, si ailleurs en Acadie la redistribution de [ɛ] et [œ] ne fait que renforcer l'opposition, de faible rendement phonologique, /œ/ − /ø/, un phénomène inverse est observable à Richmond : l'opposi-tion /œ/ − /ø/ se trouve remplacée par /ɛ/ − /ø/ : *jeune/jeûne*, et l'oppo-sition /ɛ/ − /œ/ se neutralise en faveur de /ɛ/ : *seul/sel* prononcés tous deux [sɛl].

*v. L'ouverture de [ɔ]* : une tendance remarquée dans le parler acadien de l'île Madame, ainsi que dans celui des villages environnants, affecte /ɔ/ et son ouverture en syllabe accentuée et inaccentuée (*propre* → [prap]). Nous constatons que le son issu de cette altération est souvent très antérieur et d'ouverture maximale. Par ailleurs, il peut également maintenir son articu-lation postérieure et, comme [a], se réaliser sans l'arrondissement des lèvres. Les voyelles ainsi prononcées sont caractérisées par des timbres se situant dans la zone articulatoire de [a] et [ʌ] :

a) corde      orange      fourbir
   morte      morue       fourneau
   porte      morceau     aujourd'hui

b) robe       obliger
   botte      octobre
   poche      collège
   école      chocolat

Plusieurs remarques s'imposent à partir des listes présentées ci-dessus. En premier lieu, les derniers exemples cités en (a) à propos de la syllabe inaccentuée devant /r/ indiquent que les locuteurs de l'île Madame par-tagent un phénomène caractéristique des parlers acadiens en général, y compris celui de la baie Sainte-Marie. Pour des mots comme *fourbir, aujour-d'hui* ou *fourneau*, les locuteurs prononcent non pas la voyelle fermée [u] en syllabe inaccentuée, mais celle nettement plus ouverte [ɔ]. C'est à partir de ces formes acadiennes de base que, à l'île Madame, [ɔ] s'ouvre en [a].

Deuxièmement, on s'aperçoit que le phénomène s'avère particulière-ment fréquent, dans le contexte, devant la vibrante [r]. Pourtant, son appa-rition ne se limite guère à cet entourage, car l'ouverture de [ɔ] semble possible devant toutes les consonnes. Pour ce qui est de la voyelle située devant une nasale, il semblerait qu'à l'heure actuelle la fermeture en [ʊ] (voir plus haut) demeure le processus qui l'emporte dans ce contexte. Néanmoins, nous avons constaté l'existence des formes [pam], [am] et [aɲaɲ] pour *pomme, homme* et *oignon*.

Soulignons, en dernier lieu, que le phénomène décrit ci-dessus n'a pas été relevé jusqu'ici dans le parler acadien de la baie Sainte-Marie.

## Extension de ces caractéristiques en Acadie

Les points identifiés, comme étant communs aux deux parlers comparés, ont généralement une grande extension en Acadie. L'affrication, l'interversion et l'ouïsme se retrouvent dans toutes les régions de la Nouvelle-Écosse, ainsi que dans les parlers du Nouveau-Brunswick, de l'Île-du-Prince-Édouard et de Terre-Neuve[19]. L'affrication et l'ouïsme sont généralement considérés comme spécifiques à l'acadien, par rapport à la variété québécoise contemporaine. Il faut noter, cependant, les exemples d'ouïsme relevés dans les graphies québécoises anciennes[20].

Dans le deuxième groupe de cas exposés, ce sont généralement les aspects où il y a coïncidence entre nos deux parlers qui se retrouvent avec le plus d'extension ailleurs. Ainsi, tous les parlers acadiens ouvrent le /ɛ/ en /a/ devant /r/ + consonne, comme dans certaines variétés de québécois; la version plus générale de ce phénomène rencontré à la baie Sainte-Marie est moins fréquente. Le maintien de l'opposition de longueur pour /ɛ/ est également largement répandu dans l'Acadie et au-delà. Par contre, la réalisation fermée [e :] du membre long de la paire que l'on rencontre à la baie Sainte-Marie connaît une distribution très restreinte. Pour ce qui est de l'usage contrastif de l'île Madame sur ces points, on le voit coïncider avec l'usage du Nouveau-Brunswick : non-ouverture de /ɛ/ en /a/ devant /r/ final ou intervocalique; réalisation en [ɛ :] de la voyelle longue.

Les cas de la troisième section sont de plusieurs types; on peut rapprocher les deux premiers cas des précédents du fait que les réalisations de l'île Madame coïncident avec l'usage le plus répandu en Acadie : les diphtongues orales et les chuintantes de la baie Sainte-Marie connaissent très certainement une extension moindre. Pour ce qui est des voyelles nasales, les réalisations diphtonguées ne se rencontrent en Nouvelle-Écosse que dans la région du sud-ouest. On les retrouve également à l'Île-du-Prince-Édouard. Les réalisations V + N qu'on trouve à l'île Madame étaient autrefois plus répandues, à la fois en Nouvelle-Écosse et ailleurs. La baie Sainte-Marie et l'île Madame ont en commun la conservation de ces réalisations anciennes des voyelles nasales, sous une forme ou une autre, alors qu'à Chéticamp et au Nouveau-Brunswick, seules des voyelles simples subsistent de nos jours. Un parallèle partiel a été conservé dans la neutralisation de /ɔ̃/ − /ã/, qui connaît une assez grande extension en Acadie.

Par contre, un dernier point observé pour les voyelles nasales, la dénasalisation en syllabe fermée, constitue un développement propre à l'île Madame et n'a pas de parallèle ailleurs[21]. Il en va de même pour les deux derniers cas notés. En soi, les phénomènes de dénasalisation, de désarrondissement et d'ouverture des voyelles non tendues constituent des tendances naturelles de changement qui se rencontrent souvent dans d'autres parlers du monde, et leur apparition à l'île Madame nous offre des exemples d'évolution récente favorisée par l'isolement relatif.

En général, on trouve les origines des différentes caractéristiques examinées, dans les usages régionaux et le parler populaire du XVIIe siècle en France. C'est le cas pour l'ouïsme, la longueur vocalique, l'affrication, l'interversion, etc. Pour ce qui est de l'extension sur le territoire français, on peut consulter avec profit les travaux de comparaison diachronique de Louise Péronnet[22], du moins dans le cas des caractéristiques partagées avec le Nouveau-Brunswick. Ainsi, l'exemple de *vert/verte* montre que c'est dans le contexte /r/+C (exemplifié par *verte*) que l'ouverture en /a/ présente la plus grande extension en France.

Les traits non partagés avec le Nouveau-Brunswick, caractéristiques de la baie Sainte-Marie, et non pas de l'île Madame, viennent également de la France, notamment des parlers du centre-ouest : la diphtongaison des voyelles (orales et nasales), les chuintantes « saintongeaises ». Les travaux de comparaison effectués par Ginette Richard[23] mettent en relief ces éléments communs.

Là où notre étude nous fait conclure à l'existence probable de variantes dans l'ancien acadien, notamment dans le cas des voyelles nasales, les descriptions des parlers souches, par exemple ceux de Lars-Ove Svenson[24] pour le parler du Marais vendéen, peuvent encore indiquer des sources possibles de ces fluctuations.

### Explications socio-historiques possibles des contrastes phonétiques

Les usages phonétiques que cette étude identifie comme étant spécifiques à la baie Sainte-Marie rejoignent très vraisemblablement ceux de l'ancienne Acadie — la filiation remonte ensuite à des usages ayant cours en France à l'époque de la formation des variétés coloniales, certains très répandus, d'autres avec une extension plus restreinte. Une telle observation serait compatible avec ce qu'on sait de la grande continuité démographique que cette région acadienne a connue avec Port-Royal et le repeuplement rapide et direct après la Déportation. L'absence de ces mêmes caractéristiques phonétiques à l'île Madame ne peut pas s'expliquer par l'influence standardisante de l'école ou d'autres institutions normatives. On s'attendrait plutôt à la situation inverse et on la trouve, dans d'autres domaines, comme dans le cas du *je* « collectif » cité au début, où la standardisation est plus grande à la baie Sainte-Marie. On cherchera plutôt une explication dans l'influence des contacts qu'ont connus les Acadiens de l'île Madame avec des populations francophones à comportement linguistique plus « avancé » au XVIIIe siècle : Louisbourg, Saint-Pierre et Miquelon, et pour certains, les ports français durant l'exil. Ce dernier facteur est encore plus pertinent pour Chéticamp[25]. Ces contacts auraient eu comme conséquence d'exposer la population à des prononciations alternatives, qui ont eu gain de cause sur les variantes déjà senties comme plus « archaïques », compte tenu de l'évolution du français commun. Au Nouveau-Brunswick, une évolution linguistique parallèle, et qui va parfois plus loin encore, on le sait, peut être attribuée en partie aux mêmes facteurs, mais renforcés par l'influence plus soutenue des institutions normatives francophones. Le conservatisme phonétique de la baie Sainte-Marie résulte essentiellement de son homogénéité et de l'absence relative de contact francophone externe à l'époque cruciale du démantèlement et de la reconstitution au XVIIIᵉ siècle.

Des contrastes parallèles existent à l'intérieur de la région de l'île Madame. On a abordé brièvement cette question à quelques reprises. Les villages de la « terre ferme », si on peut caractériser ainsi l'île du Cap-Breton par rapport à l'île Madame, témoignent de la conservation d'un état plus ancien. Rivière-Bourgeois présente ainsi des chuintantes « saintongeaises » comme à la baie Sainte-Marie et ses voyelles nasales connaissent toutes des réalisations de type V + N, distinctes les unes des autres; nous sommes donc en présence d'un système plus ancien, sans neutralisation ni remplacement partiel par des réalisations simples, comme dans toutes les localités de l'île Madame. À Louisdale, nous relevons d'autre part la version plus générale, mais plus rare, de l'ouverture du /ɛ/, dans un mot comme *hiver*, rejoignant le comportement de la baie Sainte-Marie.

Ce maintien de différences à l'intérieur d'une même région acadienne, comme dans le cas de l'île Madame, constitue en soi un dernier contraste à signaler avec la baie Sainte-Marie où l'homogénéité est très grande. Cette homogénéité va d'ailleurs en s'accentuant. Si on recule de deux générations, les différences dialectales entre localités voisines peuvent encore être attestées dans cette région[26]. De nos jours, les différences entre les localités s'estompent à cause de l'homogénéité francophone de la région. Dans le cas de l'île Madame, la dispersion géographique et la distribution ethnique mixte affectant les différentes localités ont contribué à la fois au maintien accru des différenciations dialectales fines et aux transferts linguistiques.

# NOTES

1. Ces recherches ont été rendues possibles grâce à des subventions du Conseil de recherches en sciences humaines du Canada.

2. Citons en particulier Robert Ryan, *Une analyse phonologique d'un parler acadien de la Nouvelle-Écosse (Canada) (Région de la baie Sainte-Marie)*, Québec, Centre international de recherche sur le bilinguisme, 1981.

3. Dans chacune des cinq régions principales qui sont l'objet de l'ensemble de notre recherche, une communauté particulière a été sélectionnée pour une enquête sociolinguistique en profondeur, comportant au moins 24 informateurs. Les autres localités sont représentées par des enquêtes complémentaires, portant le nombre total d'interviews à près de 300.

4. Cet aspect est bien mis en évidence dans Sally Ross, « L'Île Madame, majorité ou minorité? », à paraître dans *Cahiers de la Société historique acadienne*.

5. J. Alphonse Deveau, *Notre héritage acadien : l'histoire du groupe ethnique acadien de 1755 à nos jours*, Pointe-de-l'Église, 1983; Sally Ross et J. Alphonse Deveau, *The Acadians of the Maritimes : Past and Present*, Halifax, Nimbus, 1992.

6. Bernard Pothier, « Les Acadiens à l'Île-Royale (1713–1734) », *Cahiers de la Société historique canadienne*, vol. 23, p. 97–111; A.H. Clark, *Acadia : The Geography of Early Nova Scotia to 1760*, Madison, University of Wisconsin Press, 1968.

7. Cf. Uriel Weinreich, William Labov et Marvin Herzog, « Empirical Foundations for a Theory of Language Change », in W. Lehman and Y. Malkiel (eds.), *Directions for Historical Linguistics : A Symposium*, Austin, University of Texas Press, 1968, p. 97–195; William Labov, « The Social Origins of Sound Change », in William Labov (ed.), *Locating Language in Time and Space*, New York, Academic Press, 1980, p. 251–265; James Milroy, *Linguistic Variation and Change*, Oxford, Basil Blackwell, 1992.

8. Cf. Muriel K. Roy, « Peuplement et croissance démographique », dans Jean Daigle (dir.), *Les Acadiens des Maritimes*, Moncton, Centre d'études acadiennes, 1980, p. 135–208.

9. Calculé selon la formule pour l'assimilation passée, donnée dans M. K. Roy, *op. cit.*

10. Karin Flikeid, « 'Moitié français, moitié anglais'? Emprunts et alternances de langue dans les communautés acadiennes de la Nouvelle-Écosse », *Revue québécoise de linguistique théorique et ap-

pliquée*, vol. 8, nº 2, 1989, p. 177–228.

11. Karin Flikeid et Louise Péronnet, « 'N'est-ce pas vrai qu'il faut dire : j'avons été?' Divergences régionales en acadien », dans *Français moderne*, vol. 57, nº 3–4, 1989, p. 219–242.

12. Pour un résumé, voir par exemple Karin Flikeid, « Recherches sociolinguistiques sur les parlers acadiens du Nouveau-Brunswick et de la Nouvelle-Écosse », dans Raymond Mougeon et Édouard Beniak (dir.), *Le Français canadien parlé hors Québec : aperçu sociolinguistique*, Québec, PUL, 1989, p. 183–199.

13. Où C = consonne; L = liquide, c.-à-d. /r/ ou /l/.

14. Une description de cet aspect se trouve dans Francis Landry, *Étude synchronique des voyelles nasales dans le parler de Pubnico-Ouest*, mémoire de maîtrise, Université de Montréal, 1985.

15. Par exemple, Geneviève Massignon, « Le Traitement des voyelles nasales finales dans les parlers français du sud de la Nouvelle-Écosse », dans *Bulletin de la Société linguistique de Paris*, vol. 45, 1949, p. 129–134; Ryan, *op. cit.*; Karin Flikeid, « Unity and Diversity in Acadian Phonology : An Overview Based on Comparisons among the Nova Scotia Varieties », in *Journal of the Atlantic Provinces Linguistic Association*, Vol. 10, 1988, p. 64–110; Ginette Richard, *Comparaison entre le parler de la baie Ste-Marie (Nouvelle-Écosse, Canada) et les parlers du Haut-Poitou et de Saintonge : étude phonétique et phonologique*, thèse de doctorat, Université de Toulouse, 1991.

16. Cette deuxième variante se rencontre uniquement chez certains des informateurs âgés.

17. G. Richard, *op. cit.*, p. 293.

18. Éphrem Boudreau, dans sa description du parler de Rivière-Bourgeois, *Glossaire du vieux parler acadien* (Montréal, Éditions du Fleuve, 1988), paraît également sensible à ce phénomène, en transcrivant « faille » *feuille*, « sal » *seul*, « vav » *veuve*.

19. Voir les travaux suivants : Louise Péronnet, *Le Parler acadien du sud-est du Nouveau-Brunswick*, New York, Peter Lang, 1989; Ruth King et Robert Ryan, « La Phonologie des parlers acadiens de l'Île-du-Prince-Édouard », dans Mougeon et Beniak, *op.cit.*, p. 245–259; Ruth King, « Le français terre-neuvien : aperçu général », dans Mougeon et Beniak, *op.cit.*, p. 227–244.

20. Marcel Juneau, *Contribution à l'histoire de la prononciation française au Québec : étude des graphies des documents d'archives*, Québec, PUL, 1972.

21. C'est la syllabe fermée qui constitue le contexte principal pour les dénasalisations décrites dans Robert Ryan et Barry Miller, « La dénasalisation des voyelles /ɛ̃/, /ã/, et /ɔ̃/ observée dans un parler acadien de l'Île-du-Prince-Édouard », *Actes du 14ᵉ colloque annuel de l'Association de linguistique des Provinces atlantiques*, 1990, p. 153–158.

22. *Op.cit.*

23. *Op.cit.*

24. Lars-Ove Svenson, *Les Parlers du Marais Vendéen*, Gøteborg, Elandera, 1959.

25. Ross et Deveau, *op. cit.*

26. À travers nos informateurs les plus âgés et les observations datant des années 1940, dans Geneviève Massignon, *Les Parlers français d'Acadie*, 2 vol., Paris, Klincksieck, 1962.

# PORTRAIT D'AUTEUR : ANSELME CHIASSON

Donald Deschênes
Université de Moncton

Ramener à quelques paragraphes la vie d'un homme tel que le père Anselme Chiasson est quasi impossible, tant sont multiples ses intérêts et diverses ses actions. Encore aujourd'hui, à l'âge de 82 ans, il demeure toujours très actif, et le suivre n'est pas une mince tâche.

Charles Chiasson[1], fils de Timothée à Lubin à Thimothée et de Colombe Boudreau, est né le 3 janvier 1911 à Chéticamp, un grand village de pêcheurs de la côte nord-ouest du Cap-Breton (N.-É.). Il y fait ses études primaires et secondaires. En 1927, après avoir voyagé sur le *Kinburn* jusqu'à Mulgrave et en train pendant deux jours, Charles entre au collège des Capucins à Ottawa où il fait de brillantes études.

En 1931, à la prise d'habit au noviciat de Québec, il devient le frère Anselme, du nom de son frère puîné, et est ordonné prêtre à Chéticamp en 1938. En 1939, la guerre éclatant en Europe, il lui est désormais impossible d'aller poursuivre ses études à Rome; il enseigne plutôt la philosophie et la théologie dogmatique au Sanctuaire des Capucins à Pointe-aux-Trembles, près de Montréal, jusqu'en 1946. Pendant ce séjour, il publie avec le frère Daniel Boudreau, un cousin, lui aussi originaire de Chéticamp, les trois premières séries des *Chansons d'Acadie*.

En 1946, il est nommé supérieur au Couvent des Capucins à Cacouna (Québec) où il œuvre comme prédicateur de retraites dans les paroisses et les communautés religieuses. Curé de la paroisse Saint-François-d'Assise à Ottawa, de 1949 à 1957, il manifeste beaucoup d'intérêt pour la cause des francophones en Ontario par son engagement tant au niveau local que provincial, par exemple au sein de l'Association franco-ontarienne de l'éducation et de la Fédération canadienne-française des foyers-écoles, dont il est l'un des cofondateurs et premiers directeurs.

En 1958, il est nommé supérieur du Couvent des Capucins à Bathurst (N.-B.) et, en 1959, il établit une maison de son ordre à Moncton où il réside depuis. Dans sa carrière, ce retour en Acadie sera marquant puisqu'il coïncide avec le début de la Révolution tranquille, moment capital dans l'histoire récente de l'Acadie. C'est au même moment qu'il entreprend, pour le compte du Musée national de l'Homme, des enquêtes ethnographiques au Nouveau-Brunswick, en Nouvelle-Écosse et aux Îles-de-la-Madeleine.

En 1960, il fonde la Société historique acadienne dont il devient le président en 1962 et dont il dirigera les *Cahiers* de 1964 à 1974. Dans ce même souffle, il fonde les Éditions des Aboiteaux, la première maison d'édition acadienne des Maritimes, qui lui permet de faire paraître ses premiers ouvrages, dont *Chéticamp, histoire et traditions acadiennes*. Cet ouvrage connaît dès son lancement un grand succès. Le père Anselme parcourt ensuite l'Acadie dans tous les sens pour y prononcer de nombreuses conférences sur l'histoire et les traditions acadiennes.

En 1964, il devient archiviste aux Archives acadiennes de l'Université de Moncton, qui deviendront le Centre d'études acadiennes. Il y fait le dépouillement des fonds des historiens Rameau de Saint-Pierre, Émile Lauvrière et Placide Gaudet. Avec le père Clément Cormier, il s'attaque à une œuvre colossale et unique, en rédigeant l'*Inventaire général des sources documentaires sur les Acadiens*. En 1974, il assume la direction du Centre avant de prendre sa retraite en 1976 : 65 ans obligent. Cela ne l'empêche pas de demeurer actif puisqu'il continue à dispenser ses conseils, à faire de la recherche, à œuvrer au sein de comités et à publier divers ouvrages de folklore dont *Les Îles-de-la-Madeleine, vie matérielle et sociale de l'empremier* (1981) et *Tout au long de ces côtes, chansons folkloriques des Îles-de-la-Madeleine* (1983) qui s'ajoutent aux *Légendes des Îles-de-la-Madeleine* (1969), ouvrage complété, en 1991, par un recueil de contes des Îles-de-la-Madeleine, *Le Diable Frigolet*. Écrit avec Annie-Rose Deveau, *L'Histoire des tapis « hookés »* *de Chéticamp* sort en 1985, avant les monographies suivantes : *Sainte-Anne-de-Kent, 1886–1986* (1986), *Paroisse Saint-François-d'Assise d'Ottawa, 1890–1990* (1990) et *Ristigouche, centenaire des Capucins, 1894–1994* (1992).

C'est cet artisan des plus méritants que j'ai interviewé pour les lecteurs et les lectrices de *Francophonies d'Amérique*.

\* \* \*

FA  – Comment vous définissez-vous comme écrivain?

AC  – Ça fait un bout de temps que je réfléchis à ça. J'ai l'impression que je n'ai pas l'imagination, par exemple, pour écrire un roman. Je serais plutôt un genre d'écrivain descriptif, comme décrire un paysage, décrire une situation, décrire peut-être des sentiments. Mais je ne suis pas inventif. Je ne serais pas capable de créer, il me semble.

FA  – Ainsi, comment pourrait-on qualifier votre style?

AC  – Moi, je considérerais mon style comme descriptif et clair. Sans vouloir me vanter, j'ai l'impression que j'ai un style très limpide. Je ne peux pas supporter une phrase obscure. Il me semble que n'importe qui peut prendre mes livres, n'importe quelle phrase est claire. Il me semble que ça définit assez bien mon style.

FA  – Écrivez-vous en fonction d'un lecteur précis? Par exemple, quand vous avez écrit *Chéticamp*, le faisiez-vous uniquement pour les gens de Chéticamp? Quel était le but que vous poursuiviez?

AC  – Ça dépend de quelle œuvre je publiais. Mon livre sur Chéticamp était plutôt une œuvre d'amour. Personnellement, je voulais exprimer ce que j'avais ressenti, ce que j'avais entendu raconter par mes grands-pères, puis par les personnes âgées de mon temps, quand j'étais enfant. Exprimer ce que je ressentais de l'histoire de Chéticamp, de la vie des gens de Chéticamp, exprimer cet amour que j'avais de cette histoire-là et, en même temps, la faire partager aux gens de Chéticamp.

Mais je n'avais aucune idée de l'envergure que cela allait prendre. J'écrivais ça surtout pour Chéticamp afin que les gens de Chéticamp apprécient en somme leur histoire.

FA – Il n'y avait donc chez vous aucun souci d'immortalité, aucune envie de devenir un grand écrivain ou de faire œuvre éducative!

AC – Non, certainement pas! C'est pour ça que j'ai été bien surpris quand j'ai gagné des prix avec l'histoire de Chéticamp. Le prix Champlain d'abord, pour le meilleur livre écrit en dehors de la province de Québec! Puis le deuxième, en 1961, celui du ministère des Affaires culturelles pour le meilleur livre en Amérique du Nord, Québec compris. Alors, imagine-toi la surprise pour le petit gars que j'étais, sorti de Chéticamp, d'une école où même la grammaire française était en anglais. Il faut dire que j'avais fait mon cours classique dans un collège avec des professeurs de France et canadiens-français.

FA – Je sens, à travers vos propos, que vous aviez un souci certain de réveiller ou de stimuler la fierté acadienne des gens de Chéticamp.

AC – Ah! oui! Je me considère comme un grand patriote. J'ai toujours été un grand patriote. Je rêvais toujours de l'Acadie, de revenir en Acadie. Alors, dans mes œuvres, il y a certainement toujours ce sentiment de patriotisme.

FA – Pensez-vous que la publication de *Chéticamp* a pu avoir une influence pour la rédaction d'autres monographies paroissiales?

AC – Je ne pourrais pas dire que je m'en suis rendu compte moi-même, mais je sais qu'il y a beaucoup de meilleures monographies paroissiales qui sont parues depuis que la mienne est sortie. D'abord, en Acadie, où il n'y en avait pas beaucoup qui avaient été écrites. Il y a eu des témoignages comme celui d'André Vachon, alors directeur des Archives nationales de la province de Québec, qui a écrit dans une revue : « Après des histoires telles que ... le Chéticamp du père Chiasson, il n'est vraiment plus permis d'écrire de mauvaises monographies paroissiales. »

Imagine-toi! C'était le premier livre que j'écrivais. Il y a eu aussi Émery LeBlanc, le chanoine Alphonse Fortin, professeur de lettres à Rimouski, qui m'a écrit ceci après avoir lu mon livre :

> J'ai appris une belle histoire ... qui pourrait bien n'être, après tout, qu'une autre réussite miraculeuse de ce peuple incroyable de la touchante, souffrante et vaillante Acadie. Et vous avez raconté cette histoire de façon à charmer les techniciens du folklore savant comme à

149

enchanter les simples lecteurs qui gardent le goût de l'admiration pour les histoires bien dites ou bien écrites. Je vous félicite chaleureusement de ce beau livre dont je parle à tout le monde.

Sans oublier Victor Barbeau, président de l'Académie canadienne-française, et juge pour le ministère des Affaires culturelles quand le prix fut attribué à mon livre. Il a écrit un article pour une revue de France, puis il m'en a envoyé une copie. Voici ce qu'il dit :

> La monographie du père Chiasson possède … une qualité que j'estime, depuis Montaigne et La Fontaine, à nulle autre pareille : la bonhomie. Cet ouvrage est, en bref, une leçon d'amour, de fierté et d'espérance. Il a déjà obtenu … deux prix littéraires. C'est trop peu. La seule récompense qui lui rendrait justice serait d'être connu et lu en France.

Victor Barbeau, un puriste, dont les livres sont écrits dans un français extraordinaire. Imagine-toi, l'émotion que j'avais quand j'ai lu ça!

FA — Au départ, qu'est-ce qui vous a donné le goût d'écrire? Y a-t-il eu des événements déclencheurs? Seriez-vous né avec un crayon dans les mains?

AC — *Chéticamp*, je ne l'ai pas écrit parce que j'ai été poussé par quelqu'un ou par un événement spécial. C'est venu quasiment avec ce que j'avais reçu dans mon enfance, ce que j'avais vécu, ce que je ressentais, tout naturellement. C'était une œuvre d'amour.

J'ai commencé mes livres de chansons avec le père Daniel, alors que nous étions ensemble à la Réparation [Sanctuaire des Capucins à Pointe-aux-Trembles au Québec]. On avait une grand-mère, qui connaissait à peu près cinq cents chansons par cœur, qui chantait à merveille. L'abbé Gadbois, dans ce temps-là, publiait *La Bonne Chanson*, qui avait une vogue extraordinaire. On lui avait offert nos chansons et il n'avait pas pris la peine de répondre. Vu qu'il ne répondait pas, on a commencé à publier ça nous-mêmes, un peu en suivant son exemple. Le premier volume est paru en 1942. C'est moi qui ai fait les illustrations. On publiait ça surtout pour Chéticamp parce que la radio était arrivée, puis les chansons anglaises entraient à Chéticamp. On voulait, en somme, aider à sauvegarder la culture française à Chéticamp et, surtout, l'amour de leurs chansons qu'on considérait, nous autres, comme des trésors.

Pour ce premier recueil, on avait demandé une préface à Marius Barbeau; ça me surprend encore quand je repense à ça. On était naïfs, mais ça nous avait tellement encouragés.

FA — Donc, votre rencontre avec M. Barbeau a été déterminante à plus d'un point de vue.

AC — Surtout pour nos chansons; pour tout. Moi, j'étais jeune prêtre et j'enseignais à Montréal, alors que le père Daniel était étudiant. On a écrit à Marius Barbeau et on lui a soumis quelques feuilles de nos chansons. Il nous a répondu, enchanté; il nous a même écrit que quelques-unes lui semblaient inconnues, des trésors selon lui. C'est ainsi qu'a commencé une correspondance avec ce grand folkloriste.

Ensuite, l'été, on passait nos vacances au chalet des Capucins, au fameux lac Meech, près d'Ottawa. Alors, c'est comme ça qu'on a fait la connaissance de M. Barbeau. Avec Marcel Rioux, il est venu plusieurs fois passer des veillées avec nous autres. Par la suite, il est venu au monastère. Puis, il nous a fait venir au Musée de l'Homme à Ottawa[2] pour chanter la plupart des chansons qu'on savait, le père Daniel surtout parce qu'il chante bien et que moi je chante mal. J'en ai chanté quelques-unes que le père Daniel ne savait pas. Alors, c'est comme ça qu'on a enregistré nos chansons sur sa petite machine à rouleaux de cire. C'est tout ce qu'il y avait dans ce temps-là.

On a eu de nombreux contacts. Il nous a encouragés et dirigés. C'est également lui qui m'a fait rencontrer Luc Lacourcière, puis j'ai fait la connaissance de Mgr Félix-Antoine Savard, de Roger Matton, de Conrad Laforte. C'est au contact de folkloristes de cette trempe que je me suis formé peu à peu.

Durant tout ce temps-là, je travaillais à mon livre. À ma première année de collège, en 1927, j'avais pris la résolution d'écrire mon livre sur l'histoire de Chéticamp. Je profitais de toutes les occasions pour recueillir des données sur l'histoire de Chéticamp. Et ce n'est qu'en 1960 que je l'ai publié. Alors, j'y ai mis du temps. C'est franchement une œuvre d'amour.

FA – Si on part de 1942, la première série des *Chansons d'Acadie*, jusqu'à 1992 où vous venez de faire paraître votre monographie sur les Capucins de Ristigouche[3], dans votre œuvre, sentez-vous une certaine évolution dans votre écriture, dans votre style, dans vos préoccupations, dans votre façon d'aborder tout cela?

AC – Naturellement! Avec les années et ces contacts-là, l'expérience des volumes que j'ai publiés, j'ai évolué; je me suis probablement, je l'espère, amélioré aussi dans mon style.

Après mon livre sur Chéticamp et la parution de nos chansons, naturellement, j'ai commencé à recueillir des chansons, des contes et des éléments de tradition précieux que j'ai publiés plus tard. Comme j'avais une espèce de réputation d'écrivain, on a eu recours à moi pour écrire l'histoire de la paroisse Sainte-Anne-de-Kent par exemple, avec la participation du principal de l'école Arthur Poirier.

À cause de cette publication-là, qui a coïncidé avec le centenaire de la paroisse Sainte-Anne-de-Kent, quand est venu le temps du centenaire de notre paroisse Saint-François-d'Assise d'Ottawa, naturellement, ils m'ont demandé si j'en n'écrirais pas l'histoire, d'autant plus que j'y avais été curé six ans. Prochainement, on va célébrer le centenaire de l'arrivée des Capucins à Ristigouche.

FA  – Est-ce que vous avez d'autres projets actuellement?

AC  – Non. J'ai l'histoire de Ristigouche. La version française est imprimée et il y a la version anglaise qui paraîtra d'ici quelques mois. J'ai commencé doucement un deuxième recueil de contes des Îles-de-la-Madeleine, mais je ne sais pas si je le finirai.

FA  – Finalement, les commandes de monographies, ce sont des choses assez récentes. Ce qui fait que, depuis que vous avez pris votre retraite, vous avez une vie d'écrivain extrêmement active.

AC  – Ah! oui, absolument! Avant cela, c'était surtout des articles. J'ai été responsable des *Cahiers de la Société historique acadienne* pendant douze ans. J'y ai écrit plusieurs articles. J'ai écrit des articles aussi pour d'autres revues.

FA  – Vous avez fait partie de l'équipe de publication de ces *Cahiers* depuis le début, je crois?

AC  – Ah! oui. On a fondé *Les Cahiers* en 1960 et c'est Émery LeBlanc, le rédacteur en chef de *L'Évangéline*, qui s'en était chargé. Il a publié un premier numéro en 1960, un seul pour commencer. L'année suivante, je pense qu'il en a publié un autre, peut-être deux. Après son départ de Moncton pour Montréal, j'ai pris la succession. Tout de suite, j'ai porté la fréquence à quatre numéros par année.

C'était un rêve que j'avais eu longtemps avant de revenir en Acadie, de fonder une société historique et de lancer une revue.

FA  – La Société historique Nicolas Denys...

AC  – N'existait pas. Il y avait deux sociétés historiques qui existaient, mais qui ne fonctionnaient pas, celle du Madawaska et celle de l'Île-du-Prince-Édouard. Ici on avait déjà essayé de fonder une société historique avec Placide Gaudet et Mgr Allard et ça n'avait pas fonctionné non plus. C'était mon rêve. Je suis arrivé en 1959 et en 1960, on a fondé la Société historique et lancé *Les Cahiers*. Ça marche encore, et même que ça a fait des petits.

Il n'y avait pas de cours d'histoire de l'Acadie à l'université. La Société historique a contribué à la création de ces cours sur l'histoire de l'Acadie ainsi qu'au développement du Centre d'études acadiennes.

FA  – Quels sont, selon vous, les numéros les plus importants des *Cahiers de la Société historique*?

AC  – Le numéro Dièreville, pour moi, est très important. Ensuite, il y a eu celui qu'on a consacré aux voyages de Mgr Plessis en Acadie.

FA  – Quels sont les articles que vous y avez publiés et que vous jugez les plus marquants?

AC  – Il y en a trois qui me viennent à la mémoire. J'ai publié un article sur les monographies paroissiales, comment écrire une monographie paroissiale, en insistant justement sur le fait qu'une monographie paroissiale ne devrait pas simplement se contenter de parler des dates de la construction de l'église, de l'arrivée du curé, mais elles devraient parler de la vie des gens. C'est ça qui leur donne une valeur universelle.

Un autre article que j'ai publié, c'est celui sur les cantiques que les Acadiens chantaient à la Déportation, entre l'église de Grand-Pré et les bateaux qui allaient les transporter à l'autre bout du monde.

Ensuite, le troisième article dont je me souviens, c'est celui sur Placide Gaudet. Je suis probablement celui qui actuellement le connaît le mieux parce que j'ai classifié tous ses documents au Centre d'études acadiennes, une centaine de boîtes. C'est un livre que j'aimerais écrire, la vie de Placide Gaudet. Ce sera facile si j'ai le temps et pourvu que la santé reste bonne.

### Principaux ouvrages du père Anselme Chiasson

*Chansons d'Acadie*, Daniel Boudreau (coll.), Montréal, La Réparation; Moncton, Éditions des Aboiteaux; Chéticamp (N.-É.), Les Trois Pignons, 1942–1985, 7 séries.

*Chéticamp, histoire et traditions acadiennes*, Moncton, Éditions des Aboiteaux, 1961, 317 p. Réimpressions en 1962, 1972 et 1981; traduction anglaise : *History and Acadian Traditions of Chéticamp*, St. John's (T.-N.), Breakwater, 1986, 316 p.

*Le Diable Frigolet et 24 autres contes des Îles-de-la-Madeleine*, Moncton, Éditions d'Acadie, 1991, 224 p.

*Les Îles-de-la-Madeleine, vie matérielle et sociale de l'empremier*, Montréal, Leméac, coll. « Connaissance », 1981, 269 p.

*Légendes des Îles-de-la-Madeleine*, Moncton, Éditions des Aboiteaux, 1969, 125 p.; Éditions d'Acadie, 1976, 132 p.

*Paroisse Saint-François-d'Assise d'Ottawa, 1890–1990*, Ottawa, 20 av. Fairmount, 1990, 250 p.

*Petit Manuel d'histoire d'Acadie, les Acadiens de 1867 à 1976*, Jean Daigle, Clarence d'Entremont et Léon Thériault (coll.), Moncton, Librairie acadienne, Université de Moncton, 1976, 38 p.

*Tout au long de ces côtes, chansons folkloriques des Îles-de-la-Madeleine*, Mont-Saint-Hilaire (Qc), Chant de mon pays, 1983, 64 p.

### Principaux articles du père Anselme Chiasson

« Cantiques acadiens de 1755 », dans *Les Cahiers de la Société historique acadienne*, vol. 8, n° 1, mars 1977, p. 35–41.

« L'évolution historique du folklore en Acadie depuis un siècle », dans *Les Cahiers de la Société historique acadienne*, vol. 10, n° 4, décembre 1979, p. 170–175.

« Monographie paroissiale et histoire orale », dans *Histoire orale : communications du deuxième colloque d'histoire orale en Atlantique*, 1981, p. 5–10.

« Placide Gaudet », dans *La Revue de l'Université de Moncton*, vol. 3, n° 3, septembre 1970, p. 120–128.

« Les Traditions et la littérature orale en Acadie », dans *Les Acadiens des Maritimes : études thématiques*, sous la direction de Jean Daigle, Moncton, Centre d'études acadiennes, 1980, p. 521–556.

### *Écrits en hommage au père Anselme Chiasson*

Charlotte Cormier et Donald Deschênes, « Anselme Chiasson et Germain Lemieux, deux folkloristes en milieu minoritaire », dans *Les Actes du colloque, l'œuvre de Germain Lemieux, s.j. : bilan de l'ethnologie en Ontario français*, Université de Sudbury, Sudbury (Ontario). À paraître.

Ronald Labelle et Lauraine Léger (dir.), *En r'montant la tradition, hommage au père Anselme Chiasson*, Moncton, Éditions d'Acadie, 1982, 254 p.

## NOTES

1. Ce texte s'appuie sur « Esquisse biographique » de Ronald Labelle (*En r'montant la tradition, hommage au père Anselme Chiasson*, Moncton, Éditions d'Acadie, 1982, p. 212–214) et sur « Quand Fr. Anselme retrouve ses chansons et ses racines » de Benoît Fortin (*Les Cent Ans de mes frères* [s.l., s.é.], [1990], p. 35–36).

2. Aujourd'hui le Musée des civilisations.

3. Nous écrivons « Ristigouche » conformément à la transcription proposée par le père Pacifique de Valigny, autorité reconnue de la langue micmaque.

# LE DIABLE FRIGOLET
de ANSELME CHIASSON
(Moncton, Éditions d'Acadie, 1991, 240 p.)

# TI-JEAN-LE-FORT
de MELVIN GALLANT
(Moncton, Éditions d'Acadie, 1991, 175 p.)

Germain Lemieux, s.j.
Centre franco-ontarien de folklore (Sudbury)

Les ethnologues nous disent souvent, et avec preuve à l'appui, que nos contes folkloriques ont longtemps voyagé d'une génération à l'autre, d'une mémoire à l'autre, avant d'être recueillis sur papier ou sur bande sonore. Une grande partie de nos contes ne sont pas d'origine canadienne. Ils ont été contés et racontés par de multiples artistes-paysans, souvent analphabètes, et ces artistes se sentaient libres d'allonger leurs récits en empruntant des éléments à d'autres pièces de leur répertoire.

De plus, nos conteurs canadiens ont beaucoup voyagé sur terre et sur mer, par goût ou par besoin; ce qui leur a permis d'écouter d'autres conteurs et d'élargir les cadres de leur répertoire régional.

Ce sont ces réflexions qui nous sont venues à l'esprit, en lisant *Le Diable Frigolet et autres contes des Îles-de-la-Madeleine* recueillis et publiés par le père Anselme Chiasson, qui a eu l'heureuse idée de conserver le cachet typiquement acadien de cette langue archaïque, mais si douce à l'oreille, en reproduisant le vocabulaire et la grammaire des conteurs acadiens aux Îles-de-la-Madeleine. Les mots *basir*, *bot*, *bonne jeunesse*... nous remettaient en présence de ce bon vieux conteur acadien Camille Chiasson qui nous disait, en 1950 : « Quand j'étions p'tit boy, j' faisions des p'tits bots, deckés en chêne et ribbés en cèdre! » Notre première réaction a été de croire à un anglicisme en entendant *bot*. Mais un dictionnaire de la marine du XVIIe siècle nous a bientôt appris que *bot* signifiait un bateau ou un bâtiment de la région de nos ancêtres les Normands. Les Anglais en ont fait le mot *boat*; notre vieil Acadien avait donc raison d'employer ce mot sans se faire accuser de recourir à un anglicisme. Et l'expression « Tu peux penser! », pleine de sympathie et d'entregent, que de fois l'avons-nous entendue et enregistrée!

Ces quelques remarques nous ont été dictées par la satisfaction de réentendre des conteurs qui ne peuvent tromper l'auditeur à propos de leur origine. Que dire maintenant du plaisir ressenti en rencontrant dans *Le Diable*

*Frigolet* des personnages que des conteurs gaspésiens et franco-ontariens nous avaient fait connaître? Jean l'Ours, Jean Collet (chez nous, Jean de Calais), Tritonne (ou Truitonne), fille laideron, et Florine, fille de grande beauté. De même le meunier charitable qui élève trois enfants princiers trouvés dans un coffret flottant près de la roue du moulin à farine; les forgerons qui façonnent des cannes d'acier pour les hommes forts; la jeune fille précipitée dans un puits, qui découvre un jardin souterrain et la demeure de trois petits nains qui la protègent et déposent son corps dans un coffre confié à la mer; le héros Jean l'Ours trahi par ses compagnons qui ne veulent pas le tirer du souterrain d'où il a délivré trois princesses…, autant de thèmes traditionnels aussi vivaces dans les contes de Madelinots que dans les contes ontariens ou gaspésiens.

Ces constatations ne sont pas de nature à diminuer le mérite des contes du père Chiasson, mais ils donnent aux ethnologues un argument de plus pour démontrer la vigueur de la tradition orale au Canada français, et le rôle qu'a joué dans la culture paysanne ce déplacement fréquent de nos familles campagnardes vers des régions où le gagne-pain semblait plus facile.

Ces contes madelinots montrent en plus aux jeunes chercheurs que le nom des héros peut varier d'une région à l'autre sans altérer le contenu du récit folklorique. Le *Jean l'Ours* d'Étienne Lapierre des Îles-de-la-Madeleine est chassé de l'école pour avoir tué ou blessé involontairement d'autres élèves, en jouant. Le *Ti-Jean Poilu* d'Aldéric Perreault de Sudbury (Ontario) a la même force que Jean l'Ours; il massacre et tue involontairement bon nombre d'écoliers. On aurait aimé qu'il se retire du milieu scolaire, mais son grand-père et protecteur est un roi… et ce dernier paie les dommages causés par son petit-fils Jean Poilu. Jean l'Ours des Îles-de-la-Madeleine s'attache des meules de moulin aux pieds pour réduire sa vitesse et parvenir à chasser le lièvre. D'après Télesphore Courchesne de Lavigne (Ontario), Ti-Jean, capitaine du bâtiment merveilleux, engage à son bord le héros Grand-Coureur qui était forcé de s'attacher des meules aux pieds pour mieux chasser le lièvre. Le diable *Frigolet* du père Chiasson devient *Cochelet* à Hagar (Ontario), *Luciflet* à Lavigne (Ontario) et *Miquemique* en Gaspésie. C'est toujours le même diable qui file la laine et se fait rouler par la paysanne dont le mari a découvert le nom du fileur.

Un autre point a intéressé le folkloriste ontarien : la façon humoristique dont le conteur termine son récit: « S'ils sont pas morts, ils vivent encore! » Un de nos conteurs gaspésiens (Alfred Thibault) terminait la plupart de ses contes de la même façon.

Que conclure de ce bref coup d'œil sur *Le Diable Frigolet*? C'est un volume extrêmement précieux pour les défenseurs de la tradition orale au sein de la francophonie de notre continent américain. C'est un document qui peut venir en aide aux professeurs de folklore, de sociologie et même d'histoire. Les vingt-cinq récits que contient cet ouvrage peuvent fournir à nos étudiants en linguistique et en littérature orale des sujets de recherche sérieux sur la persistance des contes folkloriques dans nos communautés francophones, sur la valeur de cette mémoire populaire qui a accompagné nos compatriotes obligés d'émigrer dans un autre milieu.

Pour sa part, les contes acadiens que nous présente Melvin Gallant, sous le titre de *Ti-Jean-le-Fort* n'ont pas l'attrait des récits des Îles-de-la-Madeleine publiés par le père Chiasson. Le lecteur ordinaire n'y verra peut-être pas une énorme différence, mais pour les amateurs de récits oraux, la différence est très grande.

L'auteur nous avertit qu'il s'agit de contes conservés dans la tradition acadienne, mais « largement remaniés » pour les rendre plus modernes. Mais le lecteur aurait certainement apprécié davantage Ti-Jean-le-Fort, si le texte ne s'était pas éloigné autant de la version populaire. Le conte remanié et modernisé perd de son contenu poétique et se rapproche davantage du roman que du conte traditionnel. Pour ma part, j'aurais préféré un Ti-Jean transporté sur un promontoire inaccessible, dans une peau d'animal portée par des aigles plutôt que de recourir à l'énergie électrique. Cette ascension, grâce à la force de gros oiseaux eût été plus poétique, plus conforme à l'imaginaire populaire. Toutefois, le texte se lit bien, les contes sont passablement variés même s'ils sont tous centrés sur la force du héros Ti-Jean.

Les ethnologues admettent que notre conte canadien est plus ancien que le Canada, que l'Hercule grec se retrouve fréquemment dans notre conte populaire et que même le Cyclope de l'*Odyssée* remplit plusieurs pages de nos anthologies du conte folklorique canadien-français. Il faudrait être aveugle pour ne pas reconnaître que les contes acadiens ont plusieurs liens de parenté avec les contes québécois et franco-ontariens hérités du Québec. Est-ce l'Acadie qui a reproduit les thèmes folkloriques du Québec ou le Québec qui a emprunté ses thèmes à l'Acadie? Ce n'est pas le lieu de répondre à cette question. Les historiens pourraient s'amuser en suivant la généalogie de certains conteurs émigrés au Québec ou en Ontario, conteurs dont les ancêtres étaient acadiens. En relisant le texte de Barbaro aux grandes oreilles ou de Ti-Jean Poilu, on constate que la famille Perreault venait de la région de Joliette où les Acadiens ont émigré en assez grand nombre, après 1755.

Revenons aux contes de Melvin Gallant vantant les aventures de Ti-Jean-le-Fort. Malgré les nombreux remaniements de ces récits acadiens, on peut les lire avec intérêt puisqu'on y retrouve l'impayable Ti-Jean qui vient en aide à une fourmi immobilisée dans la gomme d'épinette, et qui intervient comme juge équitable dans l'attribution des parties d'un animal abattu. En Ontario, comme en Acadie, Ti-Jean reçoit de précieux cadeaux du lion, de l'aigle et de la fourmi. Avec une patte de cette dernière, Ti-Jean peut pénétrer dans un château sous-marin, y repérer une princesse captive, écouter en toute sécurité un géant (ou génie) qui confie à la princesse le secret de sa vie. Grâce au poil du lion, Ti-Jean va combattre un énorme lion dans le corps duquel loge un pigeon. La plume de l'aigle permet à Ti-Jean de poursuivre le rapide pigeon et d'en extraire l'œuf qui, une fois brisé dans le front du génie, mettra fin aux jours du ravisseur de la princesse. Et très souvent, Ti-Jean reçoit, à la suite de ses démarches surhumaines, la princesse pour épouse.

Et tout comme dans *Le Diable Frigolet*, les thèmes de plusieurs contes de Melvin Gallant sont déjà connus dans la tradition orale ontarienne et deviennent d'autant plus intéressants pour nous.

On s'aperçoit que le volume de contes madelinots du père Anselme Chiasson et les contes acadiens de Melvin Gallant sont sortis, à la même date, des mêmes ateliers. Ces deux volumes sont de nature à faire connaître le répertoire acadien, mais celui du père Chiasson aura certainement, dans le milieu universitaire, une plus grande influence que celui de Melvin Gallant.

Par ailleurs, ce sont des travaux de longue haleine qui enrichiront la connaissance de la culture canadienne-française, en plus d'encourager nos compatriotes francophones à conserver cet héritage culturel qu'est le conte folklorique.

# BIBLIOGRAPHIE DES
# PUBLICATIONS D'ACADIE, 1609–1990 :
# SOURCES PREMIÈRES ET SOURCES SECONDES
## de MARGUERITE MAILLET
(Moncton, Chaire d'études acadiennes, coll. « Balises », n° 2, 1992, 389 p.)

René Dionne
Université d'Ottawa

Heureuse Acadie qui peut compter sur une université où, animés par un fort sentiment d'appartenance à la collectivité qui les entoure, les professeurs et les chercheurs ont à cœur le service de la communauté en même temps qu'ils ont le souci de travailler au progrès de la science! Marguerite Maillet appartient depuis le début des années 1970 au groupe imposant d'universitaires de Moncton qui ont compris l'importance de développer les études acadiennes dans une perspective scientifique. Depuis 1968, ces professeurs ont à leur disposition les services de recherche et la riche documentation d'un Centre d'études acadiennes qui croît sans cesse et, depuis 1982, l'appui d'une Chaire d'études acadiennes dont les projets multiples en sciences humaines commencent à donner des fruits. La *Bibliographie des publications d'Acadie, 1609–1990 : sources premières et sources secondes* de Marguerite Maillet est d'une très grande valeur et d'une grande utilité.

L'ouvrage se situe dans la continuité d'une série de bibliographies préparées par le Centre d'études acadiennes au cours des deux dernières décennies. Depuis 1975 ont paru quatre inventaires de sources documentaires sur les Acadiens et leur folklore ainsi que deux guides bibliographiques qui ont mis à jour et complété ces inventaires[1]. S'y sont ajoutées, venues de l'extérieur, deux bibliographies partielles de la littérature acadienne, l'une d'un chercheur indépendant, Claude Potvin[2], et l'autre d'un bibliothécaire du gouvernement québécois, Henri-Bernard Boivin[3]. Dès 1970, pour les besoins de sa recherche en histoire littéraire acadienne, Marguerite Maillet avait commencé à établir des listes d'œuvres littéraires et à les publier, entre autres, dans *Les Acadiens des Maritimes. Études thématiques*[4], ouvrage préparé sous la direction de Jean Daigle, ainsi que dans une *Anthologie de textes littéraires acadiens [1606–1975]*[5], faite en collaboration avec Gérard LeBlanc et Bernard Émont, et dans son *Histoire de la littérature acadienne. De rêve en rêve*[6].

C'est comme un volume d'accompagnement à ces deux derniers ouvrages que Marguerite Maillet a d'abord entrevu sa *Bibliographie* de la critique de la littérature acadienne. Elle a cependant élargi ses critères de sélection des auteurs. Dans l'*Anthologie* et dans son *Histoire*, elle n'avait considéré que les Acadiens nés dans les Maritimes et les francophones qui avaient vécu un certain temps dans ces provinces et qui avaient publié un ouvrage sur l'Acadie. Dans la *Bibliographie*, elle inclut, de plus, les francophones qui ont vécu ou vivent dans les Maritimes et qui ont œuvré dans les milieux acadiens ou pour la cause acadienne, même si leur livre ne traite pas de l'Acadie, ainsi que ceux dont les ouvrages ont pour sujet l'Acadie et y ont été publiés.

La bibliographe s'est très tôt rendu compte qu'il serait plus économique et plus utile de dépasser le cadre littéraire de ses deux premiers volumes : puisqu'il lui fallait feuilleter 219 revues, aussi bien les dépouiller pour l'ensemble des publications acadiennes (études linguistiques, économiques, sociologiques, politiques, juridiques, etc.) et non seulement pour les œuvres littéraires. La *Bibliographie des publications d'Acadie* ne contient pas pour autant tous les titres de livres et de brochures publiés de 1609 à 1990. Ne sont inscrites, en effet, que les publications qui ont donné lieu à des critiques ou à des présentations dans les revues.

Restent à faire une bibliographie exhaustive des brochures et des ouvrages publiés — un projet que Marguerite Maillet pourrait réaliser bientôt, car elle possède une très grande partie de la documentation requise — et une bibliographie de la critique parue dans les journaux, laquelle serait une entreprise de grande envergure malgré l'existence d'index pour quelquesuns d'entre eux. Notons aussi que n'ont été répertoriées que les revues dont la collection complète était accessible au Centre d'études acadiennes ou à la bibliothèque Champlain de l'Université de Moncton; on peut regretter qu'il n'y ait pas eu de fonds disponibles pour répertorier les périodiques qui se trouvent aux Archives nationales du Canada. Aussi est-il souhaitable que, en des temps meilleurs, on puisse recenser dans un supplément les textes de ces périodiques et de ceux qui ont été laissés de côté parce que la collection était incomplète.

Les 219 revues dépouillées l'ont été de façon exhaustive. Ont été retenus les articles (ou parties d'articles), les comptes rendus et les notices qui ont trait à un auteur ou à ses œuvres (sauf les annonces qui ne contiennent aucun élément de critique); les titres de ces textes sont inscrits (numérotés de 1 à 3076) dans la première partie du répertoire (p. 19–279) à la suite du nom de l'auteur et disposés en ordre chronologique soit sous la rubrique « Auteur et œuvre », soit sous le titre (bien dégagé typographiquement) de l'ouvrage auquel ils se rapportent. Dans la seconde partie (p. 281–321), intitulée « Généralités » (numéros 3077 à 3674), les textes critiques sont classés selon des vues littéraires sous les rubriques suivantes : littérature, roman et nouvelle, poésie, théâtre, presse, folklore et ethnographie, langue et linguistique, arts et culture, diffusion de la littérature. La description signalétique des œuvres et des textes critiques a été faite avec minutie, conformément aux meilleures règles de la science bibliographique.

À la fin de l'ouvrage, on trouve une liste alphabétique des 335 auteurs de publications (p. 323–331), qui inclut les dates de naissance (et de décès) de chacun; une liste alphabétique des 621 publications (p. 332–342), qui renvoie au nom de l'auteur de chacune; un index des auteurs d'articles (p. 353–382), qui réfère aux numéros des articles qu'ils ont publiés; une liste des périodiques dépouillés (p. 383–389), avec l'indication du lieu et des années de parution de chacun.

L'ensemble — 621 sources premières et 3674 sources secondes — constitue un outil de travail indispensable aux chercheurs aussi bien qu'aux professeurs et aux étudiants du domaine acadien. Elle épargnera du temps aux uns et aux autres et en incitera plusieurs à se mettre au travail ou à agrandir leur champ d'étude. Ceux qui s'intéressent, par exemple, à l'œuvre d'Antonine Maillet trouveront au centre du volume (p. 186–215) une liste de 455 textes (numéros 1905–2360) portant sur ses écrits; c'est une invitation au chercheur qui étudie la réception des œuvres. L'amateur curieux de savoir à quel genre de livres se sont intéressés les lecteurs se rendra compte, en consultant la partie consacrée aux généralités, que le folklore et l'ethnographie semblent avoir eu la préférence jusqu'ici; et s'il compile la liste des critiques consacrées aux livres des folkloristes qu'il connaît (Anselme Chiasson, Georges Arsenault…) ainsi qu'aux œuvres littéraires nourries par le folklore, il verra son opinion confirmée sans conteste. La langue et la linguistique sont également un domaine très fréquenté. On peut supposer que la *Bibliographie* de Marguerite Maillet, en faisant prendre conscience davantage du large éventail d'œuvres littéraires et d'écrits divers qui constituent le corpus acadien, incitera de plus en plus les jeunes Acadiens à étudier leur littérature dans son ensemble à leur université tandis que professeurs et chercheurs utiliseront l'ouvrage pour étendre le champ de leur enseignement et parfaire leurs travaux.

# NOTES

1.   Centre d'études acadiennes (CEA) [de l'] Université de Moncton (Le), *Inventaire général des sources documentaires sur les Acadiens*, Moncton, Éditions d'Acadie, 1975–1977, 3 vol.; Ronald Labelle, avec la collaboration de Jean Beaulieu et [de] Marcel Breton, [préface du père Anselme Chiasson], *Inventaire des sources en folklore acadien*, Moncton, Centre d'études acadiennes, Université de Moncton, 1984, 194 p.; Hélène Harbec, *Guide bibliographique de l'Acadie, 1976–1987*, œuvre réalisée [avec la collaboration et les conseils de] Paulette Lévesque [et sous] la direction de Muriel Kent Roy, Moncton, Centre d'études acadiennes, 1988, xvii, 508 p.; *Guide bibliographique de l'Acadie. Supplément et mise à jour, 1988–1989*, compilé par Norbert Robichaud sous la direction de Ronald Labelle, Moncton, Centre d'études acadiennes, 1991, 91 p.

2.   *Acadiana, 1980–1982. Une bibliographie annotée. An Annotated Bibliography*, Moncton, les Éditions CRP, 110 p.

3.   *Littérature acadienne, 1960–1980. Bibliographie*, Montréal, ministère des Affaires culturelles, Bibliothèque nationale du Québec, 1981, 63 p.

4.   Moncton, Centre d'études acadiennes, 1980, p. 557–594 : « Littérature d'Acadie. Bibliographie ».

5.   Moncton, les Éditions d'Acadie, 1979, 643 p.

6.   Coll. « Universitaire », Moncton, les Éditions d'Acadie, 1983, 262 p.

# EXISTENCES
## de HERMÉNÉGILDE CHIASSON
(Trois-Rivières/Moncton, Écrits des Forges/Éditions Perce-Neige)
(1991, 65 p.)

# LES ANGES EN TRANSIT
## de DYANE LÉGER
(Trois-Rivières/Moncton, Écrits des Forges/Éditions Perce-Neige)
(1992, 84 p.)

Françoise Tétu de Labsade
Université Laval (Québec)

La francophonie aurait-elle des conséquences culturelles et économiques immédiatement vérifiables? Est-ce à cause de la récession? Ne serait-ce pas plutôt la conséquence de la multiplication des salons du livre? Toujours est-il qu'une vague de coéditions modifie sensiblement le paysage du marché du livre. Nous ne pouvons que nous réjouir de l'augmentation de ces tandems Actes Sud/Leméac ou Boréal/Seuil. Que la jeune maison d'édition acadienne Perce-Neige s'associe avec les Écrits des Forges dont on connaît depuis plusieurs décennies l'implication en poésie est de bon augure pour la francophonie nord-américaine, ne serait-ce que parce qu'elle permettra une diffusion plus large de ses auteurs.

Herménégilde Chiasson est un des Acadiens que les Québécois connaissent bien. Son œuvre filmée et son œuvre écrite allongent régulièrement d'un nouveau titre une liste déjà importante. J'ai encore présente à l'esprit la drôle d'émotion que m'avait causée *Mourir à Scoudouc* en son temps parce que j'avais eu la chance qu'un ami de Moncton me l'ait offert à ce moment-là. Le recueil dont il est question aujourd'hui sera plus accessible. *Existences* porte la marque d'un auteur pluridisciplinaire : des dessins, petits portraits (autoportraits peut-être?) encadrés au milieu d'une grande surface diversement griffée de quelques traits de plume, structurent cet ensemble de récits poétiques. Tels des séparateurs de classeur, ils permettent à l'auteur de ranger, par ordre alphabétique entre chacun d'eux, de courts textes en prose d'une quinzaine de lignes. La quatrième de couverture les qualifie de « contes », mais contrairement à la forme orale de ce genre volontiers enflé et répétitif, ces textes de Herménégilde Chiasson donnent plutôt dans la miniature et le filigrane dont on retrouve la manière dans les dessins. L'œil du cinéaste n'est jamais fermé; il propose en quelques phrases courtes et simples « des scénarios poétiques *infilmables* » et laisse galoper l'imagination du lecteur, trop souvent victime, en d'autres livres épais et lourds, « du langage qui défigure, qui dégrade, qui annule continuellement le réel » (p. 31).

La sobriété du texte autorise l'auteur à nous offrir l'histoire d'une vie en 15 lignes dans un dernier texte particulièrement émouvant. De l'ensemble des sentiments évoqués ressort une grande impression de solitude : « Il passait ses longues journées dans un univers de papier » (p. 8), mais d'une solitude propice à toute sorte de création : « N'allez surtout pas croire qu'il est malheureux » (p. 14). La brièveté des saynètes force à une densité d'écriture qu'allège la présentation : les pages sont carrées, et les textes s'y inscrivent en largeur. Herménégilde Chiasson nous confirme par ces récits qu'il a le sens de l'image sous toutes ses formes et qu'il connaît plus d'un moyen de « plaire et toucher ».

*Les Anges en transit* de Dyane Léger ont une présentation plus classique : si les récits un peu plus longs sont regroupés en deux grandes parties, c'est sans doute pour mieux faire ressortir la fécondité de l'imagination de cette poète. À chaque page, presque à chaque ligne, un feu nourri d'images force le lecteur à abandonner une vision du monde prosaïque pour suivre Dyane Léger dans le domaine enchanté du rêve. Comme Lewis Carroll, elle nous invite à traverser le miroir. En reviendrons-nous baignés d'aurore et lavés de toute peur ? Probablement pas. Les questions sont posées et on prend bien garde de laisser le lecteur libre de répondre.

Il est dommage que les éditeurs n'aient pas cru bon de préciser la carrière littéraire de Mme Léger, plus jeune et probablement moins connue que Chiasson. Avec France Daigle, Rose Després, Anne Cloutier, Monique Leblanc, elle fait partie d'une nouvelle génération d'Acadiennes qui sont sorties de l'ombre de la grande Antonine pour affirmer une identité de femme d'Acadie qui ne soit pas réduite à la Sagouine. Si je me souviens bien, ses *Graines de fées* avaient été l'une des premières publications des Éditions Perce-Neige (1981) et avaient d'ailleurs connu une réédition (1987). Le fait est assez rare dans le cas des textes poétiques pour qu'il en soit fait mention.

Le style de Mme Léger est empreint d'une fébrilité qui ne peut laisser indifférent ; la violence, qui parfois éclate en mille fulgurances, cache une sensibilité qu'on devine exaspérée par une réalité insupportable mais prête à tous les enthousiasmes de la jeunesse. Ne faut-il pas avoir son aplomb pour oser questionner la mort ?

La deuxième partie du recueil m'a particulièrement touchée ; situés à La Nouvelle-Orléans, les textes sont un vibrant témoignage de la rencontre de deux écrivains, de deux peuples issus d'un même sang, voire de deux races. Le livre trouve ici un équilibre quasi géographique puisque la « sorcière de vent[1] » avait fait précéder ce séjour dans l'Acadie du Sud d'un voyage « de l'Est à l'Ouest ». Le hasard, qui parfois fait bien les choses, avait fait de moi le témoin muet de ce passage en Louisiane de Dyane Léger : aussi suis-je sans doute plus sensible que d'autres à ce rappel de souvenirs qui sont un peu les miens. Ce congrès, auquel nous participions, fut le point de départ pour ceux d'entre nous que les *Cris sur le bayou*[2] n'avaient pas encore alertés d'un nouvel intérêt pour cette littérature sœur.

Plus primesautière que son aîné, Dyane Léger a gardé un côté naïf et attachant alors que l'on sent Herménégilde Chiasson plus rompu à toutes sortes de mécaniques langagières. Compte tenu de la taille et du prix modestes de ces deux livres, voilà deux bonnes raisons de découvrir à travers eux « L'Acadie pour quasiment rien[3] ».

## NOTES

1. Dyane Léger, *Sorcière de vent*, Moncton, Éditions d'Acadie, 1983.

2. Jean Arceneaux, *et al.*, *Cris sur le bayou*, Montréal, Intermède, 1980.

3. Antonine Maillet et Rita Scalabrini, *L'Acadie pour quasiment rien : guide historique, touristique et humoristique d'Acadie*, Montréal, Leméac, 1973.

# L'ACADIE :
## L'HISTOIRE DES ACADIENS
## DU XVIIe SIÈCLE À NOS JOURS
### de YVES CAZAUX
### (Paris, Albin Michel, 1992, 476 p.)

Maurice A. Léger
Université de Moncton

Un écrivain chevronné en Europe, un certain Yves Cazaux, doté d'une verve romantique et épique, et précédé d'un palmarès impressionnant d'ouvrages, vient nous offrir son benjamin, une *Histoire des Acadiens*. Voilà enfin ce que nous attendions, ce qui nous aiguillonne à nous ruer chez le libraire, afin de le dévorer pour y éventer tous ses dédales.

Mais la récolte n'a rien produit de ce qui avait été semé, car un des seuls atouts de ce volume est l'encadrement du contexte européen qui voudrait cerner le récit de l'Acadie de ses enjeux politiques et des manigances suspectes qui l'ont entouré.

Les événements historiques sont tissés dans un décor géographique qu'il faut bien connaître pour développer, comme l'auteur l'a voulu, son scénario hagiographique plutôt qu'historique :

> À moins de s'être adonné à un tourisme d'une rare qualité, nul n'est familier de cette géographie, qui n'évoque communément rien, car nos contemporains pensent souvent avec émotion aux Acadiens sans rien savoir, même sommairement, des lieux où ils vécurent et souffrirent, des lieux où ils sont revenus en grand nombre vivre et prospérer en paix dans le cadre des mésaventures cruelles de leurs arrière-grands-parents (p. 124).

Mais la réalité décousue de son récit n'est qu'un mirage mal défini de l'espace géomorphique. Un écrivain méticuleux s'astreint habituellement à l'unique épellation reconnue à l'époque du récit, des noms géographiques dans une seule langue pour ne pas brouiller le lecteur qui ne connaît pas le pays; s'il y a lieu de donner un autre nom au lieu, il en fait une parenthèse ou une note comme il l'a fait d'ailleurs pour « Canso » (p. 128). Je n'aurais pas assez d'espace pour souligner tous les brouillages et les erreurs de noms de lieu dans l'ouvrage en question : Chibouctou pour Chebouctou (p. 205) (Halifax actuellement), et aussi Chibouctou et Chedabocutou (p. 195) pour Chedabouctou (p. 205); Mistigouache pour Missaguash (p. 297); Naxouat pour Nachouac (p. 202); Mirliguesh pour Mirligueche (p. 127) (Lunenburg actuellement); sans compter qu'il prend l'île du

Prince-Édouard pour l'île Saint-Jean (p. 330) et le golfe (p. 50) et la baie de Fundy (p. 22) pour la baie Française. Le tout se continue d'une manière burlesque avec Ivernon pour Inverness (p. 373), Nouvelle-Bretagne pour Nouvelle-Angleterre (p. 187), et le comble : Moncton Bay pour la baie de Newport (p. 171). Cazaux dit : « je n'obtiendrai jamais la preuve de ce que je hasarde » (p. 114); cela est vrai surtout lorsqu'il dit : « la Hève aujourd'hui Halifax » (p. 146 et 229); « New-York (l'ancienne Amsterdam) » (p. 139); « C'est encore le mouvement de la rivière Saint-Jean, surtout à partir du moment où Boishébert, le dernier commandant du fort de Jemseg l'avait fait sauter, j'écris fort de Jemseg à moins que ce ne fût le fort Latour au bas de la rivière. Mais qu'importe? » ([*sic*], p. 334) et « Un autre groupe, de Nouvelle-Angleterre, fonda dans le Vermont la paroisse de *l'Acadie* d'où essaima tout un ensemble de villages » (p. 371). Finalement, les Acadiens de l'ancienne Acadie à nos jours au Canada n'ont jamais été identifiés du nom de « Cadiens », ce qui est une identification purement louisianaise (p. 345, etc.).

Encore plus désopilante est la panoplie d'aberrations dans les noms des figurants, dont voici quelques exemples : Fleury devient Foulques (p. 40); Fléché devient Flèche (p. 49); Côme de Nantes devient Cosme de Mantes (p. 109); Didace de Liesse devient Didasse de Liene (p. 109); Montergueuil devient Montorgueil (p. 195); Perrot devient Pérot (p. 196); Clark devient Clarck (p. 198); Sylvain Breau devient même Guillaume Blanc (p. 205); Goutin devient Goyon (p. 204); Bigot devient Bizot (p. 219); Colepepper devient Culpepper (p. 136); Moulton devient Hulton (p. 273); de Karrer devient de Kaner (p. 279); de Lery devient de Liéry (p. 284); et, au grand désarroi de l'épiloguiste, Gautier devient Gauthier (p. 275); Bujold devient Bifold (p. 336); Brincard devient Brincourt (p. 362) et j'en passe, mais sans oublier le grand chef Pontiac qui devient Pondiac (p. 386).

Il ne faut s'étonner de rien de la part d'un auteur qui réussit à intégrer Brigitte Bardot (p. 20), James Bond (p. 289) et Margaret Mitchell (p. 133) dans une « Histoire des Acadiens »; qui fait naître Charles de Biencourt « en 1691 ou 1692 » (p. 56) et le fait mourir « en 1624 » (p. 75); qui accomplit la prouesse de nous faire voir Charles de La Tour se battre en 1710 avec Subercase contre Nicholson, après être « venu de sa retraite du Cap-de-Sable » (p. 250). Véritable prouesse, en effet, car de La Tour était mort 44 ans auparavant, en 1666 et, de continuer Cazaux, il « fut grièvement blessé ». Quelle baliverne!

Comme si cette comédie ne suffisait pas, l'auteur nous monte un spectacle de promotion et de destitution; le frère du Thet devient un père (p. 61) et le père de la Chasse devient un frère (p. 272); le capitaine Chubb devient un major (p. 209); l'aide de camp Marcel devient un lieutenant (p. 349); le vice-amiral Holburne change de titre et de nom et devient l'amiral Holbourne (p. 355), avec le lieutenant général Howe qui devient le général How (p. 390); Knox, Gates et Burgoyne y passent jusqu'au duc de Broglie qui devient un comte (p. 361). Il fait célébrer « la première messe d'Acadie » (p. 50) à Jessé Flèche [*sic*] en 1610, alors que Nicolas Aubry y était en 1604; en 1701, « l'enseignement débuta en Acadie » (p. 204) lorsque la sœur Chausson ouvrit « la première école à Port-Royal » (p. 204), alors qu'en fait les Capucins ouvrirent la première école à la Hève dès 1632 et, en 1638, à Port-Royal où Madame de Brice fonda une école pour filles en 1644. Que d'erreurs! Mais voici la pièce de résistance : Jeanne Mius d'Entremont (p. 309) et Naomi Griffiths (p. 314) deviennent des hommes! Le tout est d'autant plus inexcusable que l'auteur avait à sa disposition le *Dictionnaire biographique du Canada* qu'il identifie fautivement, à la page 249, comme le « Dictionnaire de Biographie acadienne ».

« Les historiens ont des faiblesses » (p. 342), nous dit ce pseudo-historien, et ses faiblesses dans cette œuvre sont ses sources, car cet ouvrage de plus de 400 pages n'est qu'un plagiat de toutes les faiblesses et les erreurs de quatre sources secondaires : Adrien Huguet (*Jean de Poutrincourt, fondateur de Port Royal en Acadie*), Charlevoix (*Histoire et description générale de la Nouvelle-France*), la réédition par Samuel G. Drake de l'œuvre de Thomas Church (*The History of Philip's War*) et Bona Arsenault (*Histoire et généalogie des Acadiens*). Cazaux les cite abondamment, avec ou sans guillemets, et les nombreuses sources que j'ai vérifiées dans l'original n'étaient même pas copiées fidèlement dans les textes entre guillemets. Il s'est aussi servi des volumes de la *Collection de manuscrits contenant lettres, mémoires et autres documents historiques relatifs à la Nouvelle-France* qu'il identifie arbitrairement par sept différents titres (p. 270, 359, 432, 434 et 436, 438 et 440) jusqu'à les confondre presque avec une autre œuvre historique intitulée *Collection de documents inédits sur le Canada et l'Amérique*. De plus, il n'arrive même pas à écrire correctement les nom et prénom des autres auteurs qu'il cite : Azarie Couillard-Després devient pour lui Azary Couillart-Després (p. 109); Clarence J. d'Entremont devient pour lui Mius d'Entremont (p. 428); Roger Comeau devient Roger Cormeau (p. 429); McLennan devient MacLenann (p. 439); Dominick Graham devient Dominique Gratiam (p. 442); et Parkman devient Peekham. Il faut ajouter, à sa décharge, qu'il a bien épelé le nom de Marcel Trudel.

Avec la richesse des sources primaires et secondaires contemporaines disponibles, un historien, qui s'en donne la peine, peut relater sans préjugé la dynamique des faits authentiques dans leur contexte. Par exemple, au Premier acte, « La seigneurie de Poutrincourt » (p. 31–72), s'il avait consulté Elizabeth Jones (*Gentlemen and Jesuits*) et, surtout, Lucien Campeau (*La Première mission d'Acadie, 1602–1616*), il ne se serait pas embourbé dans une mare d'affirmations gratuites alimentées par son anticléricalisme virulent.

J'aurais pu résumer cette recension en une seule phrase de Cazaux lui-même : « Il faut dire que la non-information et la désinformation atteignent un véritable record. Je renonce à dresser, même en notes, un relevé des erreurs : ce serait perdre son temps » (p. 53). Je ne crois pas avoir perdu mon temps en prévenant ceux qui voudraient se procurer ce livre (39,95 $, plus la TPS), un véritable travesti de l'histoire des Acadiens... comme si les Acadiens n'avaient pas assez souffert!

Je terminerai avec un dernier extrait de cet ouvrage : « Que n'apprendrions-nous sur les affaires d'Acadie si nous disposions de tous les matériaux existants? » (p. 426) Je rêve, en effet, du jour où, en tirant profit de toutes ces sources, on écrira, enfin, une véritable histoire de l'Acadie.

# UNE REMISE EN CAUSE DE LA SITUATION LINGUISTIQUE DE LA LOUISIANE FRANÇAISE[1]

Becky Brown
Purdue University (West Lafayette, Indiana)

Lorsqu'on parle de la situation linguistique en Louisiane, on dit souvent qu'il y a trois dialectes français distincts : le français colonial, le créole et le cadien[2]. On ne peut nier que trois groupes principaux d'immigrants francophones aient été impliqués dans la colonisation de l'État, mais s'il est bien vrai qu'à travers le temps les populations se sont mêlées, on peut s'interroger sur ce qui a bien pu empêcher un nivellement des langues? L'aspect linguistique est souvent ignoré lors des discussions sur les caractéristiques de la population louisianaise, et une mise à jour s'impose. Pour ma part, je me contenterai d'esquisser ce problème en proposant une perspective sociolinguistique éclairée par des recherches sur le terrain.

Il convient tout d'abord de décrire la provenance des trois dialectes, puis de considérer la situation linguistique telle qu'elle nous apparaît.

L'expression *français colonial*, aussi appelé *français louisianais* (« Louisiana French » : Fortier, 1894; Lane, 1934 et 1935) et « River French » (parce que le parler appartenait aux planteurs du Mississippi), est utilisée pour indiquer la variété parlée par les descendants des Créoles européens. À la Nouvelle-Orléans, il reste quelques milliers de locuteurs, ainsi que quelques petites communautés le long du fleuve et, malgré le manque d'études comparatives linguistiques, on dit que cette variété de français ressemble au français international[3]. Du point de vue social, les locuteurs font partie de la haute société de la Nouvelle-Orléans. Au XIXe siècle, il y avait même une importante société littéraire qui se réunissait dans des salons, dont les membres se considéraient socialement plus élevés que les Cadiens ou les Créoles africains[4] (Neumann, 1985, p. 17).

Le *créole*, pour sa part, provient des descendants des esclaves, des immigrants et des Indiens d'Amérique du Nord. On l'appelle aussi le *français nèg*, le *français plat*, le *couri-vini*, le *gombo* ou « Black French ». Son lexique est emprunté au français international, mais la morphosyntaxe ressemble à celle des Créoles francophones des Antilles. La population parlant cette variété se trouve surtout au centre de l'État, entre autres, dans les paroisses de Saint-Martin, de Sainte-Mary, d'Ibérie, de Lafayette et de Saint-Landry. Enfin, d'autres communautés habitent dans les paroisses de Pointe-Coupée et Saint-James (Neumann, 1985, p. 21). Hancock (1977) confirme l'existence de petites communautés de créolophones au Texas (notamment à Houston, à Beaumont et à Orange), ainsi qu'en Californie (à Sacramento). On doit à Morgan (1959, 1960, 1970) et Oukada (1977, 1978) la plupart des recherches originales sur cette variété. Récemment, une grammaire exhaustive a été écrite par Neumann (1985). En ce qui concerne la vitalité du code, Neumann affirme que, bien que le nombre de locuteurs soit en baisse, la langue joue toujours un rôle important dans la société. Depuis la naissance d'une conscience ethnique dans les années soixante, le créole est devenu un symbole d'identité et représente l'adhésion à un groupe social spécifique. Quant à la hiérarchie sociale des variétés du français du répertoire verbal louisianais, le créole occupe le rang le plus bas après le cadien. De ce point de vue, il est dévalorisé.

Quant au *cadien*, il constitue la variété parlée par la majorité de la population francophone de l'État. Les locuteurs sont les descendants des Acadiens, des Indiens d'Amérique du Nord et autres immigrants. Il existe une intercompréhension entre cette variété et le français international, car mes informateurs l'appellent simplement « le français ». L'anglicisation de l'État, qui a commencé au XIXᵉ siècle, a sans doute eu l'effet le plus néfaste quant à sa survie. Pourtant, la renaissance culturelle, jusqu'à présent, incite à la reconnaissance du code. L'histoire du cadien est riche; il est clair que de nombreuses langues l'ont influencé dans le passé et qu'aujourd'hui encore il continue à subir des influences externes. Par exemple, dans la phonologie et la prosodie, le cadien ressemble aux variétés françaises du Canada. En outre, plusieurs expressions lexicales qui caractérisent le français du Canada sont également employées en cadien (comme « jongler », « char », « bâtisse », « asteur »). Il y a encore des vestiges du XVIIᵉ siècle, surtout des provinces de l'ouest de la France (« icitte », « je vas » et « espérer » dans le sens d'« attendre »). Quelques expressions sont empruntées aux Indiens américains (« chaoui », pour raton laveur[5], et « bayou »).

En général, le cadien est loin d'être une variété homogène. Johnson (1976) maintient que l'isolement géographique des communautés cadiennes a favorisé le développement des dialectes. C'est pourquoi cette recherche a tenu compte des frontières des paroisses. Néanmoins, à ce jour, on n'a pas encore effectué d'étude globale sur le cadien qui comprenne toutes les paroisses francophones.

Dans la hiérarchie sociale, le cadien est considéré comme inférieur à l'anglais, mais supérieur au créole. Le langage est associé depuis longtemps aux illettrés, et ce regrettable stéréotype est malheureusement tenace. Il se peut que la renaissance culturelle encourage un changement dans la perception de la société et aide à insuffler aux locuteurs une certaine fierté. Le cadien est le plus souvent employé entre amis et en famille, on peut donc l'appeler une variété « intime » (Esman, 1985, p. 51). En général, il n'est pas employé pour des affaires officielles ou des cérémonies; toutefois, dans les écoles d'immersion, on commence à intégrer des régionalismes linguistiques.

Selon Smith-Thibodeaux (1977), 3 000 à 4 000 personnes parlent le français colonial, selon Neumann (1985) 60 000 à 80 000, le créole (entre 10 000 et 20 000 sont blancs) et 500 000 à 1 000 000, le cadien. Ces chiffres sont approximatifs et représentent 15 % de la population totale de l'État. Les chercheurs qui s'intéressent au français louisianais sont conscients du problème posé par les recensements officiels des locuteurs francophones, qui ne se sentent pas toujours valorisés par leur langue. Par conséquent, le nombre de locuteurs de langue maternelle française et le nombre de foyers où on parle français demeurent difficiles à évaluer. De plus, le recensement ne fait pas de distinction entre les diverses variétés du français, ce qui signifie qu'on indique seulement si la langue maternelle est « le français » tout court et si on parle « français » chez soi. Ainsi, on ne peut pas arriver à des chiffres exacts pour chaque variété. La question « Est-ce que vous parlez français? » soulève un autre problème. Ce qu'on comprend varie selon le Franco-Louisianais. Quelques informateurs m'ont indiqué que cette question du recensement faisait référence au français de France ou au français international et que, par conséquent, elle ne les concernait pas. Dans un document officiel du gouvernement de l'État, le changement contextuel transforme l'aire sémantique de l'expression. Enfin, Neumann insiste sur le fait que les chiffres du recensement n'indiquent pas le niveau de compétence et qu'ils ne tiennent pas compte des Cadiens qui parlent également le créole.

Dans les études publiées, on affirme souvent, à tort, que les frontières linguistiques en Louisiane sont fondées sur les races. Du point de vue historique, cela est peut-être vrai, car les Cadiens étaient des Acadiens blancs, alors que les Créoles étaient des esclaves africains. Mais, avec le temps, les populations francophones se sont mêlées et certains Cadiens ont commencé à parler créole, tandis que des Noirs apprenaient le cadien. Quelques ethnologues ont donné le nom de « cadien noir » à ce dernier type. On ne saurait trop insister sur le caractère hétérogène de la Louisiane française. Après la colonisation de l'État, quelques Noirs sont déménagés vers l'ouest et vers les plaines, loin des colonies originelles des bayous de la paroisse Saint-Martin. Une fois installés, l'assimilation à la culture cadienne a commencé. Spitzer (1977, p. 146) affirme que, dans cette région des plaines, les Noirs sont plus cadienisés du point de vue culturel, qu'ils parlent une variante noire du cadien au lieu du créole, et que l'influence du Cadien sur leur musique est plus forte que celle des Antilles. Il ajoute, néanmoins, que bien que plusieurs Noirs (ainsi que des Indiens américains) aient appris le cadien et aient participé aux formes modifiées de la vie culturelle cadienne, ils ne se considèrent pas ni ne se sont jamais considérés Cadiens. Spitzer explique ce fait par la discrimination raciale

(p. 151). Esman (1985) démontre que les Noirs ne sont pas considérés comme Cadiens et qu'eux-mêmes ne se considèrent pas Cadiens.

Par conséquent, la description linguistique admise des trois variétés reflète les faits historiques. Il est raisonnable de penser que le mélange des populations a amené un mélange des langues. Neumann admet que les données statistiques pour le total des créolophones n'incluent pas les nombreux Cadiens qui parlent créole. Les recherches récentes révèlent que ces frontières linguistiques sont de moins en moins distinctes. Tentchoff (1975) maintient que même l'usage des termes *un Cadien* et *un Créole* ne désigne pas deux catégories distinctes de personnes. Guilbeau (1972), Hull (1968) et Morgan (1970) font référence à une forme de nivellement des langues ou des dialectes. Des procédés linguistiques, comme la métropolitanisation et l'ingérence, ont changé la caractéristique linguistique des variétés régionales mais, à bien des égards, elles retiennent des traits distincts. Neumann (1985) réfute Guilbeau (1972) qui propose l'achèvement du nivellement des variétés et, par la suite, il ne parle que d'une variété francophone, le français louisianais. Neumann démontre de façon décisive, à l'aide de plusieurs données, que le créole reste distinct malgré une forte influence du cadien :

> Malgré le nivellement général et la complexification morphologique du [créole], nous croyons que le syntagme verbal et en particulier le système des marqueurs préverbaux constituent toujours un critère important de distinction entre créole et cajun. L'absorption du créole dont parle Guilbeau (1972) ne nous paraît pas encore acquise… Le système du pronom personnel est un autre domaine où le créole et le cajun se distinguent encore très nettement (p. 69).

La situation en Louisiane se trouverait polarisée : d'une part, trois variétés distinctes et, d'autre part, une variété complètement nivelée. En outre, la présence croissante du français international en Louisiane est importante et elle entraîne d'autres processus linguistiques comme l'ingérence, le nivellement ou la métropolitanisation. Pour rendre compte de ce fait, au lieu de parler des variétés distinctes où les frontières sont nettes et bien définies, il vaudrait mieux expliquer la situation linguistique en invoquant un modèle dynamique, donc, un continuum linguistique où les variétés se chevauchent. D'un point de vue anthropologique, on dirait que l'ensemble des catégories qui contiennent toutes les variétés du français louisianais (par exemple, le cadien, le créole, le cadien créolisé, le créole cadienisé, le français international, etc.) constitue « le répertoire linguistique » (Gumperz, 1971) de la communauté francophone.

Cette notion ne tient aucun compte de la supposition *a priori* que les langues qui ont évolué sont distinctes; elles sont plutôt une partie d'un seul tout — le même répertoire verbal. Les variétés du répertoire constituent un *continuum* linguistique qui, selon DeCamp (1971), est une gamme continue des parlers où chaque locuteur maîtrise une partie de la portée. Alors, selon le contexte social un locuteur peut se rapprocher du créole ou du cadien, selon ce que la situation exige. Cet environnement linguistique complexe est essentiellement le résultat de l'anglicisation de l'État[6]. La plupart des locuteurs, en Louisiane, ont accès à au moins deux codes : l'anglais et une ou plusieurs variétés françaises.

Pour bien comprendre ce *continuum* linguistique, il faut considérer la gamme des parlers. On a déjà mentionné le français colonial, le créole et le cadien. Tout d'abord, il faut signaler qu'il n'y a pas de nomenclature uniforme pour distinguer les diverses variétés francophones l'une de l'autre. Par exemple, on utilise souvent le français louisianais (*Louisiana French*) pour désigner le cadien, peut-être à cause de l'importance sociale de ce dernier. Deuxièmement, il faut également reconnaître que les locuteurs font partie du groupe dominant de la société. De sorte qu'ils ont accès à une variété d'anglais qui fait aussi partie de ce *continuum*. Dans les publications, on l'appelle de diverses manières : *Cajun English, anglish* [*sic*] ou américain. À la radio comme à la télévision, on entend souvent une caricature de cette variété, attitude qui contribue à stéréotyper ce parler. Le système phonologique est fortement influencé par le cadien alors que la syntaxe a plusieurs caractéristiques de l'anglais du sud et du « BEV » (*Black English Vernacular*). Ce parler est la langue maternelle de la jeune génération monolingue et, habituellement, la seconde langue des bilingues qui l'ont apprise pour survivre dans la société anglophone. Une informatrice m'a dit qu'elle avait appris l'américain uniquement pour faciliter la communication avec ses petits-enfants. Le statut social de l'américain se situe au même niveau que le BEV et fait, lui aussi, l'objet de moqueries. Plusieurs lycéens cadiens m'ont dit qu'ils étaient frappés d'ostracisme dans leur institution à cause de leur parler. En revanche, il y en a beaucoup qui sont fiers de leur ethnicité cadienne et même s'ils ne parlent pas français, cela n'enlève rien au fait qu'ils soient Cadiens[7].

On doit également inclure le français international dans ce *continuum* louisianais. Avec l'émergence de la conscience culturelle, plusieurs Louisianais apprennent ce code à l'école. À La Nouvelle-Orléans, cette variété est employée (en même temps que l'anglais) surtout pendant les cérémonies officielles (comme pour la fête de la Bastille). Ainsi, le français international est utilisé pour représenter le caractère francophone de l'État. Par conséquent, cette variété assume le rôle de marqueur d'identité et de symbole de solidarité.

Jusqu'ici la discussion sur le répertoire verbal en Louisiane française n'a décrit qu'un aspect de la situation linguistique totale. Elle n'a pas réussi à dépeindre l'effet réciproque des répertoires dans un échange social, c'est-à-dire dans quelle mesure cette situation multilingue peut être décrite en termes spécifiques d'une interaction communicative. On a déjà mentionné l'inégalité des variétés et cette réalité d'une hiérarchie linguistique évoque l'appellation de Ferguson : la diglossie. Dans plusieurs communautés linguistiques, deux variétés ou plus sont employées par des locuteurs dans des conditions et des domaines différents. Souvent, il y a une variété de prestige et un dialecte régional, lesquels cohabitent au sein de la communauté, chacun ayant sa fonction spécifique : dans ces conditions, le français louisianais est un exemple de diglossie. Les monolingues (cadien ou créole) et les trilingues sont rares, mais les bilingues (une variété francophone et l'anglais) sont assez nombreux. Les deux langues en jeu sont l'anglais, en haut de l'échelle (le *high variety* de Ferguson), qui est employé dans des interactions avec des locuteurs d'autres dialectes et, en bas de l'échelle, soit le cadien, soit le créole (le *low variety* de Ferguson), qui sont employés en famille ou avec des amis. Mais, un examen plus approfondi de la définition montre que ce phénomène n'est pas la diglossie proprement dite. La diglossie, selon Ferguson, fait référence à une relation complémentaire entre deux systèmes linguistiques voisins. Il en donne la définition suivante :

> Diglossia is a relatively stable language situation in which, in addition to the primary dialects of the language (which may include a standard or regional standards), there is a very divergent, highly codified (often grammatically more complex) superposed variety, the vehicle of a large and respected body of written literature, either of an earlier period or in another speech community, which is learned largely by formal education and is used for most written and formal spoken purposes but is not used by any sector of the community for ordinary conversation (Ferguson, 1959, p. 336).

Malgré le fait que la situation linguistique en Louisiane française constitue à certains égards un exemple analogue, elle diffère sur plusieurs plans importants. D'abord, le cas de la Louisiane touche à des langues qui ne sont pas liées génétiquement (l'anglais et les variétés françaises). Donc, il ne s'agit pas d'une langue et de ses dialectes. Deuxièmement, il y a chevauchement dans les domaines d'usage linguistique. Selon Ferguson, chaque variété a sa fonction propre. En Louisiane, bien que le cadien et le créole soient des langues employées au foyer, l'anglais l'est aussi. Troisièmement, la situation linguistique est loin d'être stable avec le déplacement évident d'un code minoritaire (francophone) par un code majoritaire (l'anglais) (voir Brown, 1993). Ce processus est en cours depuis l'anglicisation de l'État, qui a commencé au début du XIXe siècle. En conséquence, il serait plus précis d'adopter une définition plus large, comme plusieurs chercheurs en ont éprouvé le besoin, et d'admettre que l'environnement multilingue louisianais est diglossique de façon assez libre[8].

La discussion du déplacement d'une langue implique une autre caractéristique : la mutation linguistique. Gumperz (1971) écrit : « This phenomenon most frequently occurs when two groups merge, [...] or when minority groups take on the culture of the surrounding majority » (p. 119). Le contact prolongé entraîne les diverses variétés dans un espace social où une des variétés assume un rôle dominant. Gumperz note qu'il peut y avoir des similitudes structurelles linguistiques du fait de ce contact pro-longé. Et, par la suite, l'empiétement linguistique peut se produire.

L'idée de mutation ou de déplacement sous-entend la disparition pro-gressive d'un des parlers en question. En Louisiane, les variétés qui sont déplacées sont les parlers francophones. Dorian (1981) note que la muta-tion linguistique entraîne souvent une langue moribonde dans son sillage. Selon Dressler (1988), la mutation linguistique indique une transition du bi-linguisme stable au monolinguisme. Étant donné ces points de vue, le des-tin du français louisianais apparaît sous un jour plutôt sombre. Par ailleurs, le recensement indique qu'avec chaque génération le nombre de franco-phones diminue et les domaines d'usage déclinent. La variété omnipotente et dominante, l'anglais, exerce une tension constante. D'après les études sur la disparition des langues, il est permis de voir là un symptôme clas-sique de l'obsolescence d'une langue.

Pourtant, une renaissance culturelle, comme celle de la Louisiane, peut ralentir l'obsolescence d'un code. Ce mouvement social a conduit à une prolifération de groupes engagés dont le but est de préserver la langue et la culture. Il serait prématuré de dire que l'obsolescence de la langue est imminente (Neumann, 1989; Griolet, 1986). Dressler (1988) remarque que la façon dont une langue récessive meurt est la conséquence de deux fac-teurs : les principes de l'obsolescence en général et les variables structu-relles et sociales comme le déplacement fonctionnel et le changement d'attitude envers les langues en question. Ce changement d'attitude est le plus important, compte tenu qu'un changement mélioratif peut aider à préserver une langue. Le statut du français louisianais est en train de pas-ser rapidement d'une langue à réprimer à une langue dont on est fier. L'impact du prestige sur les situations linguistiques est bien documenté dans des études sociolinguistiques, et ce prestige donne de la vitalité au français louisianais.

Les résultats d'une étude cherchant à établir le statut du français en Louisiane font clairement apparaître un changement d'attitude (Henry, 1990). À la suite d'un sondage téléphonique auprès de 1 020 habitants dans huit paroisses francophones, on a découvert que le taux de « parlant fran-çais » est en hausse et qu'une nouvelle génération francophone se déve-loppe[9]. Vingt-cinq pour cent des personnes interrogées de moins de 19 ans disent qu'elles parlent français, tandis que lors du recensement de 1980 seulement 10,5 % des personnes entre 5 et 17 ans affirmaient parler fran-çais. Par conséquent, non seulement le nombre de francophones est en hausse, mais aussi le nombre de gens qui reconnaissent être francophones. Il se pourrait donc que le stigmate soit en train de disparaître.

Cet aperçu de la situation linguistique en Louisiane française est néces-sairement superficiel, puisqu'il a fallu tenir compte des limites imposées par le cadre restreint d'un article. Ces quelques réflexions n'avaient pour but que de remettre en question certaines idées reçues et de situer le fran-çais louisianais dans une perspective descriptive plutôt que normative.

### Références

Becky Brown, « The Social Consequences of Writing Louisiana French », in *Language in Society*, No. 22, 1993 (à paraître).

Jules Daigle, *A Dictionary of the Cajun Language*, Ann Arbor, Edwards Brothers, 1984.

David DeCamp, « Toward a Generative Analysis of a Post-Creole *Continuum* », in *Pidginization and Creolization of a Language*, Dell Hymes, ed., Cambridge, Cambridge University Press, 1971, p. 349–370.

Virginia Domínguez,*White by Definition : Social Classification in Creole Louisiana*, New Brunswick (New Jersey), Rutgers University Press, 1986.

Louis-Jacques Dorais, « Diglossie, bilinguisme et classes sociales en Louisiane », dans *Pluriel*, n° 22, 1980, p. 57–91.

Nancy Dorian, *Language Death*, Philadelphia, University of Pennsylvania Press, 1981.

Wolfgang Dressler, « Language Death », in *Linguistics : the Cambridge Survey*, Vol. 4, Frederick Newmeyer, ed., New York, Cambridge University Press, 1988, p. 184–192.

Marjorie Esman, *Henderson Louisiana : Cultural Adaptation in a Cajun Community*, New York, Holt, Rinehart and Winston, 1985.

Charles Ferguson, « Diglossia », in *Word*, No. 15, 1959, p. 325–340.

Joshua Fishman, *The Sociology of Language*, Rowley, Massachusetts, Newbury House Publishers, 1972.

Alcée Fortier, *Louisiana Studies*, New Orleans, F. F. Hansell & Brothers, 1894.

Patrick Griolet, *Cadjins et Créoles en Louisiane*, Paris, Payot, 1986.

John Guilbeau, « Folklore and the Louisiana French Lexicon », in *Louisiana Review / Revue de Louisiane*, n° 1, 1972, p. 45–54.

John Gumperz, *Language in Social Groups*, Stanford, Stanford University Press, 1971.

Ian Hancock, « Repertory of Pidgin and Creole Languages », *Pidgin and Creole Linguistics*, Albert Valdman, ed., Bloomington, Indiana University Press, 1977, p. 362–391.

Jacques Henry, « Le Français, nouveau arrivé? », in *La Gazette de Louisiane*, vol. 1, n° 3, 1990, p. 1–5.

James Hintze and Larbi Oukada, « The Lexical Item « Creole » in Louisiana », in *The Journal of the Linguistic Association of the Southwest*, No. 2, 1977, p. 143–161.

Alexander Hull, « The Origins of New World French Phonology », in *Word*, No. 24, 1968, p. 255–269.

Jerah Johnson, « The Louisiana French », in *Contemporary French Civilization*, No. 1, 1976, p. 19–35.

George Lane, « Notes on Louisiana-French I : Spoken Standard French of St. Martinville », in *Language*, No. 10, 1934, p. 323–333.

George Lane, « Notes on Louisiana-French II : The Negro-French Dialect », in *Language*, No. 11, 1935, p. 5–16.

Raleigh Morgan, « Structural Sketch of Saint Martin Creole », in *Anthropological Linguistics*, No. 1, 1959, p. 20–24.

Raleigh Morgan, « The Lexicon of Saint Martin Creole », in *Anthropological Linguistics*, No. 2, 1960, p. 7–29.

Raleigh Morgan, « Dialect Leveling in Non-English Speech of Southwest Louisiana », in *Texas Studies in Bilingualism*, Glen Gilbert, ed., Berlin, De Gruyter, 1970, p. 50–62.

Ingrid Neumann, *Le Créole de Breaux Bridge, Louisiane*, Bamberg, Helmut Buske Verlag, 1985.

Larbi Oukada, *Louisiana French : A Linguistic Study with a Descriptive Analysis of Lafourche Dialect*, dissertation, Bâton-Rouge, Louisiana State University, 1977.

Larbi Oukada, « The Territory and Population of French-Speaking Louisiana », in *Revue de Louisiane / Louisiana Review*, No. 7, 1978, p. 5–34.

John Reinecke and Aiko Tokimasa, « The English Dialect of Hawaii », in *American Speech*, No. 9, 1934, p. 122–131.

John Smith-Thibodeaux, *Les Francophones de Louisiane*, Paris, Éditions Entente, 1977.

Nicholas Spitzer, « Cajuns and Creoles : The French Gulf Coast », in *Southern Exposure*, No. 2–3, 1977, p. 140–155.

Dorice Tentchoff, « Cajun French and French Creole : Their Speakers and Questions of Identities », in *The Culture of Acadiana : Traditions and Change in South Louisiana*, Steven Del Sesto and Jon Gibson, eds, Lafayette, Louisiana, University of Southwestern Louisiana Press, 1975, p. 87–109.

David Wetsel, *Louisiana French : Myths and Realities*, communication présentée au Conseil international d'études francophones, Lafayette (Louisiane), 1984.

# NOTES

1. On utilise le terme « Louisiane française » pour *French Louisiana*, c'est-à-dire la partie francophone dans le sud-ouest de l'État. Elle comprend de 22 à 26 paroisses civiles sur 64 (appelées comtés ailleurs aux États-Unis). On ne s'entend généralement pas sur l'inclusion des paroisses périphériques. La Louisiane française est également appelée *Acadiana, the French Triangle, Cajun Country*, la Nouvelle Acadie et l'Acadie tropicale.

2. On rencontre plusieurs orthographes pour désigner ce code : le cajun, le cadjein, le cadjin, le cajin, l'acadin et le cadien (parmi d'autres). Suivant les décisions du Comité qui se charge de la standardisation du français louisianais, on utilisera dorénavant le *cadien*.

3. L'expression « le français international » (ou *Book French* et *Metropolitan French*) est employée ici comme terme neutre. Traditionnellement, on utilise le terme « français standard », mais cela implique que les autres variétés sont non standardisées ou sous standardisées, donc inférieures.

4. Dans la documentation louisianaise, l'expression « créole » est polysémique. Dans cet article, les Créoles européens sont les descendants des Français ou des Espagnols nés en Louisiane. En comparaison, les Créoles africains sont les descendants des esclaves qui parlent le créole. Donc, dans les publications, l'expression « Créole » est ambiguë et représente deux peuples. En outre, « créole » désigne une langue. Pour une discussion de la nature polysémique du terme, voir Dominguez (1986), Hintze & Oukada (1977) et Tentchoff (1975).

5. Dans son dictionnaire du cadien, Daigle (1984) épelle ce mot « chatoui » et donne une étymologie populaire. Il écrit : « upon seeing a raccoon, someone remarked, 'chat, oui!' » et l'expression a été créée. En réalité, la forme était empruntée au choctaw « shaui » (Read, 1931). Suivant Read, Wetsel (1884) et Griolet (1986), j'écris « chaoui ».

6. Cette conclusion est un prolongement de la position avancée par Reinecke et Tokimasa (1934) quant à la communauté linguistique hawaïenne. Ils démontrent que des tensions institutionnelles peuvent transformer n'importe quelle communauté linguistique en un *continuum* dialectal.

7. Cela est également vrai pour les Allemands du Texas qui ne parlent pas allemand.

8. Voir surtout Fishman (1972) qui a développé et élargi la définition originale de Ferguson ; Neumann (1985) et Dorais (1980), pour l'adaptation spécifique à la Louisiane française.

9. Les paroisses incluses dans l'étude sont Acadie, Evangeline, Iberie, Lafayette, St-Landry, St-Martin, St-Mary et Vermillon.

# UNE COMMUNAUTÉ FRANCO-AMÉRICAINE DANS L'ÉTAT DE NEW YORK : UNE ÉTUDE PRÉLIMINAIRE SUR LE FRANÇAIS À COHOES

Cynthia A. Fox
Université de l'État de New York à Albany

Cohoes est fondée en 1630 par Kiliaen Van Rensselaer, un des directeurs de la Compagnie hollandaise des Indes orientales[1]. Située au confluent de la Mohawk et de l'Hudson, elle reste agricole jusqu'au début du XIXe siècle. À cette époque, on se rend compte que son emplacement près d'une source importante d'énergie hydraulique est favorable au développement de l'industrie. Au moment de la construction de sa première manufacture de textiles en 1840, la population de Cohoes ne s'élève qu'à 150 âmes. Dix ans plus tard, elle en compte 4 229. La population continue à croître sans interruption jusqu'en 1910, année où elle atteint son apogée avec 24 709 habitants. Or, depuis 1930, la démographie de Cohoes connaît une décroissance presque aussi fulgurante, et sa population ne compte plus actuellement que 16 000 âmes.

Si aujourd'hui un tiers de la population de Cohoes est d'origine canadienne-française, c'est qu'en fait, derrière ces statistiques plutôt sèches, se cache l'histoire d'une population franco-américaine dont les fortunes suivent de près celles de sa cousine de la Nouvelle-Angleterre. L'arrivée des premiers immigrants canadiens-français commence assez doucement vers 1840. Vingt ans plus tard, cette immigration s'accélère. Selon un recensement de 1868, la population comptait 2 209 Canadiens français, un chiffre qui justifiait aux yeux de l'Église la fondation d'une paroisse française et l'installation d'un prêtre francophone[2]. Trois ans plus tard, une succursale de la Société Saint-Jean-Baptiste est établie. En 1880, vingt-cinq pour cent des travailleurs de la ville sont canadiens-français. Cette même année, l'église française, Saint-Joseph, ouvre une école paroissiale. Des religieuses de la communauté des Sœurs de Sainte-Anne viennent de leur maison mère de Lachine (Québec) pour assurer l'enseignement. Les élèves passent la moitié de la journée à apprendre la langue française, la religion et l'histoire du Canada en français. L'autre moitié de la journée, l'enseignement est dispensé en anglais.

Les trente années suivantes voient l'établissement de trois autres paroisses françaises, Sacré-Cœur et Sainte-Anne (Northside) en 1887, et

Mater Misericordiae ou Sainte-Marie en 1899. Celles-ci n'ont pas tardé à établir leurs propres écoles bilingues[3]. En 1879 et en 1882, la ville accueille deux Congrès nationaux des Franco-Américains. Et durant tout ce dernier quart du siècle, elle a maintenu au moins cinq journaux de langue française (*L'Avenir*, *Le Journal des Dames*, *Le Journal de Cohoes*, *L'Indépendant*, *La Patrie nouvelle*) et trois compagnies théâtrales françaises (*L'Athénée canadien*, *Le Cercle Racine* et *Le Conseil Montcalm*[4]).

Cohoes a été frappée de plein fouet par la Crise de 1929 et, malgré de grands efforts, elle est depuis la fin des années trente une ville qui manque de bases économiques solides. Le changement des conditions sociales aux États-Unis aussi bien qu'au Canada et un affaiblissement des liens entre les Franco-Américains et les Canadiens français ont accéléré l'assimilation de ces derniers face aux institutions américaines et à la langue anglaise. Aujourd'hui il n'y a ni journal ni théâtres français. Bien que les quatre paroisses françaises existent toujours, la messe ne se dit plus en français depuis les années soixante, sauf lors de la fête de la Saint-Jean-Baptiste. C'est aussi pendant cette décennie que l'on a abandonné les deux derniers programmes d'enseignement bilingue.

La fin des années soixante-dix a signalé les débuts d'une renaissance culturelle pour les Franco-Américains de Cohoes. Des bourses venant du *Capital District Humanities Program* à l'Université de l'État de New York à Albany et du *National Endowment for the Humanities* ont rendu possible une série de programmes, destinés au grand public, qui exploraient le fait français en Amérique du Nord dans son ensemble, et dans la région, en particulier[5]. En même temps s'est formée une association, la Fédération franco-américaine de New York (FEFANY), ayant pour but de faire connaître la culture et l'héritage des Français nord-américains et d'encourager le partage de cet héritage chez les Franco-Américains, l'emploi du français nord-américain et la communication avec d'autres peuples francophones.

Parmi ses efforts de promotion de la langue française, la Fédération organise des cours de français pour les écoliers et offre des bourses aux lycéens qui ont l'intention de continuer l'étude de la langue au niveau universitaire. De plus, elle publie un bulletin bilingue mensuel et organise un déjeuner français chaque mois. Néanmoins, la connaissance du français n'est pas requise pour être membre de l'association, et d'autres réunions, voire toutes, se déroulent en anglais. Il est donc clair que l'emploi du français par la collectivité est définitivement compromis. Le maintien de la langue est devenu une simple question de choix personnel.

### Le français à Cohoes : la cueillette des données

L'enquête sur le terrain qui nous a permis de constituer un corpus du français parlé à Cohoes a été effectuée pendant l'été 1991. Alors que nous avions prévu une série d'entretiens individuels, dans un cas notre informateur avait invité deux amis à participer et dans cinq autres cas, un ou deux membres de la famille de l'informateur sont arrivés pendant l'entretien et y ont participé également. Ainsi nous avons effectué seize entretiens avec vingt-quatre informateurs. Ce corpus peut sembler un peu hétéroclite, mais comme ce travail représente la première étude de ce genre à Cohoes, il nous a semblé important de garder une attitude souple envers sa composition.

Nous avons profité d'une réunion de la FEFANY à l'occasion de la Saint-Jean-Baptiste pour annoncer notre intention de commencer cette étude et pour demander des informateurs-volontaires. De la quarantaine de membres présents, seulement quatre se sont manifestés. Mais ceux-ci, ainsi que certains membres du Comité exécutif de la Fédération, ont pu nous suggérer d'autres personnes à contacter. Pour nous, la sélection des informateurs ne reposait donc pas sur des critères externes tels que la classe sociale ou le quartier habité, mais uniquement sur les réseaux sociaux. Cependant, il nous semble raisonnable de penser que nos informateurs sont représentatifs de ceux qui, de l'avis général, ont fait le plus d'efforts pour conserver leur français et, par conséquent, le parlent « le mieux ».

Il faut dire qu'au premier contact l'attitude des informateurs était souvent un peu méfiante. Dans trois cas, les personnes contactées ont carrément refusé de nous parler et, dans trois autres, les informateurs ont longtemps hésité avant d'accepter. La plupart de ceux qui ont participé à notre étude étaient membres de la Fédération et plusieurs d'entre eux ont même expliqué pendant l'entretien qu'ils avaient assisté à la réunion où nous avions fait notre annonce. Tout en refusant de se porter volontaires, ils avaient décidé d'accepter de nous parler si jamais nous les contactions directement.

Cette méfiance trouve ses origines dans les préjugés, fondés sur la langue, auxquels les Francos sont confrontés depuis leur jeunesse[6]. Par exemple, dans l'extrait qui suit, le frère d'une de nos informatrices décrit la réaction d'un professeur à l'école secondaire, un Italien qui enseignait le français, face à la variété de français employée par certains élèves. La réaction de sa sœur, par la suite, souligne le fait que la pression exercée pour leur faire abandonner leur français était encore plus forte en dehors de l'école où les autres enfants se moquaient d'eux :

> 19 Parce qu'y ava A... ton frère p'is nos neveux-là i' parlaient canadien p'is i' dit « Hey B...! no talking Canadian here! You're talking Canadian French »!

> 05 Voyez-vous? Voyez-vous qu'est-ce que j' vous disais? C'est pour ça qu' ça nous a accoutumés à pas parler français parce qu' quand qu'i' nous disaient qu'on parla, j' lui disais 't (tout) à l'heure que i' les app'laient les « blueberries » « les canucks » i' faisaient uh fun of uh you know what I mean? (05 : 2 : 37)

Ceux qui ont réussi à garder leur français malgré ces obstacles semblent préférer l'utiliser un peu en cachette, même aujourd'hui. Ainsi une autre informatrice décrit ce qui se passe lorsqu'elle sort avec ses amies d'enfance :

> [...] des aut' filles que j' va aller um au petit déjeuner avec aujourd'hui ah quand qu'on s' met ensemb' moi j' parle français p'is i' me répon'. C'est tout [tUt] i' parlent tous [tUt] français. Ça fait que que j' leur ai dit j'ai dit « on va au restaurant, p'is on on entend tous [tUt] les autres pays oh i' parlent tous [tUt] leurs langues p'is nous-aut' on parle pas français que c'est qu'on a? » You know, « are you ashamed? » (12 : 1 : 07)

Or, une fois que la décision de nous parler a été prise, l'accueil est devenu chaleureux. Dans de nombreux cas, ces informateurs avaient sorti leurs anciens manuels scolaires, des albums de photos et bien d'autres souvenirs.

Le premier tableau décrit les dix-huit informateurs principaux. Le plus jeune parmi ces huit hommes et dix femmes avait 56 ans et le plus âgé, 82 ans. Neuf informateurs étaient sexagénaires et six étaient septuagénaires. Neuf étaient nés à Cohoes ou à Waterford, deux à Troy, un à Détroit et quatre au Québec. La plupart des informateurs qui n'étaient pas natifs de Cohoes se sont installés dans cette ville avant l'âge de six ans, mais deux des femmes n'y sont venues qu'après l'âge de seize ans et un des hommes a passé toute sa vie à Troy. Ce n'est donc pas une coïncidence si ces trois informateurs sont les seuls à ne jamais être allés à une des écoles françaises à Cohoes. Étant donné ces écarts, nous avons jugé bon de ne pas prendre en considération leur production langagière dans le profil linguistique qui suit.

Nous avons préparé un questionnaire sociolinguistique suscitant des discussions sur les sujets suivants : l'enfance, l'école, le travail, la famille, les loisirs, le français, les voyages dans les régions ou les pays francophones et les attitudes envers les traditions canadiennes-françaises. Afin d'atténuer le plus possible le côté formel d'une telle situation, nous n'avons pas insisté sur les sujets qui ne semblaient pas intéresser nos locuteurs et avons parfois poursuivi d'autres sujets qui n'avaient pas été prévus. Dans le même but, nous avons également fait preuve de souplesse quant à l'endroit où devait se dérouler l'entretien. Treize de nos informateurs nous ont invitée chez eux, deux à leur lieu de travail, et un a préféré venir chez nous.

Lorsqu'ils étaient enfants, onze informateurs ne parlaient que le français à la maison, cinq ne parlaient que l'anglais et deux parlaient les deux langues. Alors que quatre prétendent utiliser parfois le français à la maison aujourd'hui, aucun des informateurs ne l'utilise ni exclusivement ni systématiquement dans ce contexte, ceci pour deux raisons : un mariage où le conjoint ne parle pas la langue et la mort d'un ou des deux parents. L'emploi du français à l'intérieur de la maison semble aussi rare. Lorsqu'on

TABLEAU 1

*Résumé des informateurs*

|    | sexe | âge | né(e) | lieu | à Cohoes |
|----|------|-----|-------|------|----------|
| 01 | M | 61 | 1930 | Troy | 6 ans |
| 02 | F | 69 | 1922 | Cohoes | — |
| 03 | F | 69 | 1922 | Cohoes | — |
| 04 | M | 56 | 1935 | Waterford | — |
| 05 | F | 71 | 1920 | Québec | 6 ans |
| 06 | F | 75 | 1916 | Cohoes | — |
| 07 | F | 82 | 1909 | Québec | 17 ans |
| 08 | M | 61 | 1930 | Cohoes | — |
| 09 | M | 62 | 1929 | Detroit | 3 ans |
| 10 | F | 80 | 1911 | Québec | 19 ans |
| 11 | F | 67 | 1924 | Cohoes | — |
| 12 | F | 70 | 1921 | Cohoes | — |
| 13 | M | 69 | 1922 | Québec | 2–3 ans |
| 14 | M | 74 | 1917 | Troy | jamais |
| 15 | M | 63 | 1928 | Cohoes | — |
| 16 | M | 67 | 1924 | Cohoes | — |
| 17 | F | 7? | 191? | Cohoes | — |
| 18 | F | 70 | 1921 | Québec | 9 ans |

le parle — peu importe le contexte —, l'interlocuteur est soit un frère, une sœur ou un ami de la même génération, soit quelqu'un d'une génération plus ancienne.

Dans la plupart des cas, les informateurs ont envoyé leurs enfants aux écoles paroissiales où ceux-ci ont appris le français comme leurs parents. Mais les parents n'ont pas encouragé son emploi à la maison. Plusieurs ont indiqué que, par conséquent, leurs enfants étaient capables de parler français quand ils en avaient besoin, mais qu'ils souffraient d'une si grande insécurité linguistique qu'ils essayaient d'éviter de telles situations. Il est clair que la description du français à Cohoes ne serait pas complète sans une enquête sur le comportement linguistique des Francos de moins de cinquante ans.

Presque tous les informateurs ont remarqué qu'ils continuaient à faire leurs prières en français. Mais à cette exception près, ils ont déclaré avoir très peu d'occasions de parler français et très peu de gens avec lesquels ils pouvaient le parler. Toutefois, l'entretien le plus court dura quarante-cinq minutes, le plus long, plus de quatre heures, et un seul locuteur a eu des difficultés à soutenir toute la conversation en français. Du reste, même si la plupart des locuteurs sont passés du français à l'anglais au moins une fois pendant l'entretien, il n'y en a eu qu'un seul à ne jamais retourner au français une fois que l'anglais a été introduit dans la conversation. Nous avons pourtant l'impression que son comportement s'explique par son insécurité linguistique plutôt que par un manque de compétence. En effet, étant donné que ces locuteurs ne parlent français que rarement, qu'ils sont conscients du fait qu'il existe des préjugés contre la variété qu'ils parlent, que l'enquêteur était professeur au niveau universitaire et parlait un français européen standard, et que beaucoup de questions dans l'entretien portaient sur la langue, on peut s'étonner que l'insécurité linguistique ne se soit pas manifestée plus souvent.

## Le français de Cohoes : description linguistique préliminaire

Conformément à la tradition des études dialectales en général, il est d'usage de décrire le français de la Nouvelle-Angleterre en fonction de deux catégories de traits caractéristiques : ceux qu'il partage avec la variété que l'on parle dans son pays d'origine (dans ce cas, le français québécois) et ceux qui le distinguent de cette variété. Bien que nos recherches ne nous permettent pas pour l'instant de dire en quoi pourrait consister la spécificité du français de Cohoes, cette dichotomie entre « traits partagés » et « traits uniques » nous donne quelques indications des voies à suivre, voies qui semblent prometteuses pour les recherches à venir.

En ce qui concerne la prononciation du français à Cohoes, en Nouvelle-Angleterre et au Québec, on trouve les caractéristiques consonantiques suivantes : l'affrication du /t/ et du /d/ devant les voyelles palatales hautes et les semi-voyelles :

| | |
|---|---|
| [part$^s$i] | 'parti' |
| [d$^z$y] | 'du' |

le maintien du /t/ en position finale :

| | |
|---|---|
| [tUt] | 'tout' |
| [fɛ$^j$t] | 'fait' |

et la simplification des groupes de consonnes en finale :

| | |
|---|---|
| [ɛ$^j$t] | 'être' |
| [kõprãn] | 'comprendre' |
| [α$^w$t] | 'autre' |
| [pɛrd] | 'perdre' |
| [ɛgzãp] | 'exemple' |
| [žUs] | 'juste' |

On trouve également un /h/ prononcé :

| | |
|---|---|
| [hot] | 'haut' |
| [dəhɔ$^w$r] | 'dehors' |

Le /r/ à Cohoes est apical à un seul battement.

Les procédures phonologiques qui portent sur les voyelles incluent le relâchement des voyelles hautes en syllabe fermée :

[mIl]        'mille'
[žYp]        'jupe'
[tUt]        'tout'

et l'harmonie vocalique facultative en syllabe ouverte :

[dᶻIfIɔIl]        'difficile'

On trouve aussi une procédure de diphtongaison qui ajoute une semi-
voyelle partageant les traits [arrière] et [arrondie] du noyau vocalique[7] :

[mʷamɛʲm]        'moi-même'
[uvraʷž]        'ouvrage'
[sœᵘr]        'sœur'
[tãʷt]        'tantes'

Plusieurs traits morphologiques du parler du Québec/Nouvelle-Angle-
terre se trouvent aussi dans le français de Cohoes. Ceux qui portent sur le
système pronominal (position sujet) sont l'emploi de *on* à la première personne du pluriel : « *On* a p'us d'école non p'us i' ont démoli not' école. »
(06 : 1 : 1); l'emploi du [a] ou [al] à la troisième personne du féminin singulier : « On s'est aperçu que Maman parlait bien l'anglais mais *a'* voulait
pas. » (18 : 1 : 3); et la généralisation de *ils* ([i], [il] ou [iz]) à la troisième personne du féminin pluriel : « Moi j' suis allée à l'école icit à Sainte-Marie
avec des filles *i'* étaient plus français que moi. » (3 : 1 : 6)
    À ces caractéristiques morphologiques que l'on trouve et au Québec et
en Nouvelle-Angleterre, on peut ajouter l'absence du morphème *ne* dans
les phrases négatives : « On parlait jamais français chez nous parce que
mon père comprenait pas le français. » (16 : 1 : 2); et l'emploi fréquent du
verbe *avoir* comme auxiliaire dans les contextes qui, selon la langue standard, exige le verbe *être* : « Le bâteau *a venu* à New York. » (12 : 2 : 2); « Ça
fait qu'on *a resté* amies, H... et moi. » (12 : 1 : 25); « J'*ai parti* d'ici su' le train
toute seule. » (03 : 1 : 12)
    Des traits morphosyntaxiques caractéristiques comprennent l'emploi de
la forme interrogative dans les constructions relatives : « A' parle pas autant que son mari, mais *qu'est-ce que* je pouvais pas dire en français j'ai dit
en anglais. » (03 : 1 : 13); « Puis i' savent *qu'est-ce que* c'est l'amour d'une
mère, hein? » (11 : 1 : 6); l'emplacement des pronoms en position post-
verbale dans les phrases impératives-négatives : « Appelez-*moi* plus jamais! » (12 : 1 : 05); « Si tu veux pas engraisser, prends-*en* pas! » (03 : 1 : 24);
et l'emploi du morphème interrogatif *tu* : « T'es-*tu* canadienne? » (12 : 2 : 4);
« Vot' mère et vot' père i's étaient-*tu* français? » (05 : 1 : 10)
    Brault identifie cinq facteurs sociaux qui ont contribué à la différencia-
tion du français de la Nouvelle-Angleterre de celui du Québec[8]. Ce sont

l'isolement par rapport à l'évolution linguistique canadienne, surtout après la « Révolution tranquille » des années soixante; l'écart des générations avec une démarcation nette entre les individus nés avant et après la Deuxième Guerre mondiale; l'influence des écoles paroissiales; l'influence des écoles publiques où trop souvent on méprisait le français local et les manifestations ethniques; et des facteurs psychologiques relatifs à la question de la valeur que l'on peut vraiment accorder à la connaissance du français aux États-Unis.

Un article de Fischer résumant l'état présent des études sur le français de la Nouvelle-Angleterre conclut que ces facteurs ont eu trois conséquences linguistiques principales[9]. Ainsi, les archaïsmes, les anglicismes et la réduction stylistique sont les traits qui servent à distinguer le français de la Nouvelle-Angleterre du français du Québec.

Fischer donne deux exemples d'archaïsmes du français franco-américain, que nous trouvons également à Cohoes, soit *bâtisse* pour « bâtiment » et *mouiller* pour « pleuvoir ». Il convient de souligner que ces deux emplois sont demeurés courants au Québec et au Canada français.

Un autre cas typique est le mot *moulin*, pour « usine », qui s'emploie à Cohoes, de même que *manufacture* et *facterie*. Ce mot se trouve dans *Le Dictionnaire canadien-français* de Sylva Clapin (1894) avec le commentaire suivant : « nos compatriotes, travaillant dans les manufactures des États-Unis, emploient surtout, presque tous, le mot *moulin* comme terme générique pour filature de coton, de toile ou de laine. » De plus. on entend encore à Cohoes les mots *confrère* pour « camarade de classe », *jonc* pour « alliance » et *degré* pour « classe ».

S'il est difficile de situer le vocabulaire archaïque du français de Cohoes par rapport au français franco-américain en général, c'est parce qu'il n'existe que très peu de recherches avec lesquelles on puisse faire des comparaisons. Or, pour l'étude des anglicismes, deux autres problèmes s'ajoutent au premier : il n'existe aucun locuteur à Cohoes qui ne soit pas bilingue et les locuteurs ne semblent pas se gêner pour utiliser des mots anglais pour différentes raisons. Notre expérience confirme ainsi celle de Locke qui a remarqué, dans son étude sur le français parlé à Brunswick dans le Maine, que « it has been particularly difficult to know where to draw the line on English words, since the French people of Brunswick are almost universally bilingual. It is difficult, even for them, to say which words of English origin have really become a part of their French and which are simply borrowed to fill a momentary gap[10]. »

Cela dit, il est d'usage de diviser les anglicismes en deux catégories : les emprunts et les calques. Les phrases suivantes contiennent des exemples d'emprunts non assimilés, c'est-à-dire des emprunts qui restent tout à fait anglais et dans leur forme et dans leur prononciation : « J'ai fait beaucoup de *volunteer work* là. » (18 : 1 : 7); « Aussi je (me) rappelle un p'tit *skit* quand que j'étais au peut-être du huitième degré. » (16 : 1 : 4); « I's avaient des chars ordinaires mais aussi i's avaient des chars ah *sightseeing*. » (11 : 1 : 23)

Ce type d'emprunt contraste avec les exemples suivants où la désinence verbale française sur un radical anglais indique que ce mot s'est adapté au système morphologique du français : « C'était une vieille fille qui nous avait *taughté* ça, Madame, Mademoiselle T..., mais j'ai appris du tricot. » (12 : 1 : 22); « Mais i' était dans le service i' avait été *drafté* en quarante et un. » (12 : 2 : 2)

Le calque se distingue de l'emprunt par le fait que ce n'est pas une forme, mais plutôt un sens qui est emprunté d'une langue à l'autre. Ainsi l'expression *pouvoir dire* (dans « on *peut dire* un bon homme seul'ment en lui parlant »), traduction littérale de l'anglais « can tell », se substitue à *reconnaître*. *Un bon homme*, de l'anglais « a good man », prend la place d'un *brave homme* ou d'un *homme bien*.

Mais dans la plupart des cas, dans notre corpus, ce transfert se fait à l'aide des mots apparentés. Dans les exemples qui suivent, le calque se manifeste par l'addition d'un sens « étranger » à un mot français qui ressemble au mot correspondant anglais : *prendre la retraite* s'exprime par *retirer*, calqué de l'anglais « to retire », et *une commande* au restaurant devient *un ordre* (« an order ») : « On a resté cinq ans là après qu'il a *retiré*. » (12 : 1 : 14); « – Et votre femme travaille?/ – Elle a *retiré*. » (13.1.17); « J'ai dit : ''voulez-vous pren' not' *ord*'?'' » (12 : 2 : 6)

La troisième catégorie identifiée par Fischer, celle de la réduction stylistique, s'avère également problématique, cette fois-ci parce que nous n'avons pas inclus dans l'entretien des tâches suscitant des styles ou des registres de langages différents. Cependant, le comportement linguistique de nos informateurs nous permettra en définitive de tirer un certain nombre de conclusions à ce sujet. Par exemple, nous avons constaté pendant les entretiens que les Francos de Cohoes ne font pas la distinction formel/familier que font les locuteurs québécois à travers l'emploi de *vous* et de *tu* et, par conséquent, ils ne sont plus sensibles aux rapports sociaux exprimés par ces pronoms d'allocution. Or le résultat de cette réduction n'est pas la simplification. En effet, comme l'indique la locutrice de l'exemple suivant, qui fait un commentaire sur un comportement que nous avons trouvé également chez la plupart de nos informateurs, on utilise *tu* et *vous* indifféremment.

> P'is si tu vas voir je ne porte pas de respect des fois j' porte de respect, des aut' fois j' porte pas, c'est du « tu » p'is « vous ». Tu l'sais pas, c'est ça, ça m' mélange aussi parce qu'on a pas ça en anglais c'est ma cousine va dire « tu portes respect au p'tit bébé p'is tu portes pas de respect à moi » [...] Parce des fois au bébé j' va' dire « vous » p'is à elle j' va' dire « tu ». (03 : 2 : 7)

Mais l'attitude de cette locutrice, qui accepte de ne pas employer ces pronoms d'une manière conséquente, contraste avec celle d'une autre, désireuse de parler « comme il faut ». Ce qui est donc intéressant dans ce deuxième échange, ce n'est pas tant que l'informatrice choisisse d'employer la forme familière avec l'enquêteur, ce qui peut s'expliquer par la différence d'âges entre elles, mais plutôt qu'elle annonce au début de l'entretien qu'elle a l'intention d'employer une forme plutôt que l'autre, et qu'elle mélange néanmoins les deux :

> 05 Je vais *te* dire « tu » plu plutôt que « vous ».
> CF D'accord.
> 05 An, uh *tu* m'as dit qu' *ton* nom c'est C... F...?
> CF C... F..., oui.
> 05 Uh uh é uh son *ton* nom de de fille c'était-tu une uh en français?
> CF Non.
> 05 Non?
> CF Non non. Uh uh en, en effet, mon nom de fille, c'est « F... »; mon nom de mariée, c'est « Y... ».
> 05 Ah ah.
> CF Mais uh oup! (Un coup de vent fait fermer la porte.)
> 05 Ah! la porte!
> CF C'est la porte.
> 05 Oui.
> CF Je l'ouvre?
> 05 Oui, voulez-*vous* si *vous* voulez parce que c'est plus frais... (05 : 1 : 2)

Ces deux exemples semblent indiquer que ces deux formes sont en variation libre. Mais il sera important d'examiner de près les contextes dans lesquels ils se trouvent, pour déterminer si cela est vraiment le cas ou si d'autres facteurs linguistiques ou non linguistiques sont en jeu.

### Le changement linguistique

Le français de Cohoes mérite d'être documenté. Il est donc important de dresser un inventaire de ses caractéristiques encore plus détaillé que celui que nous venons de faire. Mais à cette raison nous devons en ajouter une autre : cette variété est une source importante de matériel pour l'étude contrastive du changement linguistique.

Sans entrer dans les détails, citons deux phénomènes que nous avons remarqués dans notre corpus et qui méritent d'être étudiés : la détermination et la pronominalisation. Dans le premier cas, nous avons noté une tendance chez certains locuteurs à employer un article partitif là où nous nous attendrions à trouver un article défini : « P'is i' aimait *du* Canada. » (O3 : 1 : 4); « I' aiment *du* vin ah i' aiment i' aiment la bière, mais i' aiment *du* vin. » (03 : 1 : 27); « J'aime ça à ' folie *du* boudin » (12 : 2 : 7).

Étant donné que l'anglais n'emploie pas d'article dans ces contextes, ce phénomène ne peut pas s'expliquer par une convergence syntaxique. Or, comme les exemples cités le suggèrent, cet usage semble avoir un effet surtout sur les substantifs masculins. Il est donc possible qu'il soit lié d'une manière ou d'une autre à l'instabilité dans le système du genre grammatical.

En ce qui concerne la pronominalisation, nous chercherons à expliquer les cas curieux où la locutrice emploie « correctement » la forme *le* comme complément d'objet direct dans deux propositions de la phrase, mais pas dans la troisième : « J'ai présenté *lui* à maman. A' *l*'aimait a' *l*'aimait tout de suite. » (03 : 3 : 8)

Cette fois-ci, on ne peut pas écarter la convergence syntaxique comme explication, mais cela ne règle pas pour autant la question, à savoir pourquoi cette convergence s'appliquerait simplement dans certains contextes.

## Conclusion

En insistant sur le fait que la tradition des recherches au sujet du phénomène franco-américain exclut presque toute référence à l'État de New York en général et à la ville de Cohoes en particulier, nous avons suggéré que cet oubli est tout à fait arbitraire. Or cela ne veut pas dire que l'expérience qui s'est présentée aux Canadiens français à Cohoes était la même que celle qu'ils ont connue dans les autres villes et villages où ils se sont établis. Par exemple, il est très probable que la situation de Cohoes, à l'extrémité occidentale de l'espace franco-américain, rendait beaucoup moins importante, voire négligeable, la contribution acadienne que l'on constate dans les communautés dans l'est et le nord-est de la Nouvelle-Angleterre. De même, nous pourrions nous demander si la colonisation par les Hollandais, plutôt que par les Anglais, aurait voulu dire que la vie à Cohoes aurait été différente de la vie à Woonsocket (Rhode Island) ou à Manchester (New Hampshire), en dépit des ressemblances superficielles attribuables à un développement parallèle pendant la révolution industrielle. Finalement, il est évident, d'après ce que les informateurs ont dit pendant les entretiens, qu'ils connaissaient mal leurs cousins de la Nouvelle-Angleterre et qu'ils se définissaient en tant que Francos sur un axe nord-sud plutôt que sur un axe est-ouest. Nous devons donc nous demander si, après tout, la frontière géographique entre l'État de New York et la Nouvelle-Angleterre est finalement aussi arbitraire que nous l'avions pensé, et si elle ne pourrait pas correspondre au fond à une frontière psychologique, voire linguistique.

En fin de compte, ce que nous pouvons apprendre en étudiant le français de Cohoes va au-delà de l'établissement de ses rapports avec le français de la Nouvelle-Angleterre. Les Québécois qui quittaient leur province natale à la recherche d'un emploi ne sont pas allés uniquement vers le sud. Ils sont aussi partis vers l'ouest. Et lorsqu'ils sont arrivés à d'autres endroits tels que l'Ontario ou l'Alberta, d'autres facteurs géographiques et sociaux allaient influer sur leur langue. Or, si leurs variétés de français représentent une ressource inestimable tant pour l'analyse du changement linguistique que pour l'histoire du français, cette ressource n'est pas inépuisable. L'étude du français de Cohoes est donc un moyen d'assurer qu'au moins un de ces différents français, trop mal connus, ne disparaîtra pas sans laisser de traces.

# NOTES

1. Le peuplement de la Franco-Américanie étant bien connu, en guise d'introduction, nous nous limiterons à quelques données historiques et démographiques sur la population francophone de l'État de New York, plus particulièrement celle de Cohoes.

2. Arthur H. Masten, *The History of Cohoes, New York : Earliest Settlement to the Present Time*, Albany, Joel Munsell, 1877, (reed. Eric Hugo Printing Co, 1969).

3. Sister Mary Ancilla Leary, *The History of Catholic Education in the Diocese of Albany*, Washington, D.C., The Catholic University of America Press, 1957.

4. Éloïse A. Brière (dir.), *J'aime le New York. A Bilingual Guide to the French Heritage of New York State*, Franco-American Québec Heritage Series, Albany, State University of New York at Albany, 1986.

5. Éloïse A. Brière. « Rediscovering the French Canadian Diaspora : A Personal Testimony », in *Journal of Cultural Geography*, 8, 1988, p. 65–72.

6. Pour une discussion récente sur ce problème, voir Louise Péloquin, « Une langue doublement dominée : le français en Nouvelle-Angleterre », *Francophonies d'Amérique*, n° 1, 1991, p. 133–143.

7. Douglas C. Walker, « Canadian French », in J.K. Chambers, ed., *The Languages of Canada*, Montréal, Didier, p. 144.

8. Cf. Gérard Brault, « Le français en Nouvelle-Angleterre », dans Albert Valdam (dir.), *Le Français hors de France*, Paris, Champion, p. 84–87.

9. Robert A. Fischer, « La Langue franco-américaine », dans *Vie française* (Actes du premier colloque de l'Institut français du Collège de l'Assomption, niveau universitaire), Québec, Le Conseil de la vie française en Amérique, 1980.

10. William N. Locke, *The Pronunciation of the French Spoken at Brunswick, Maine* (Publication of the American Dialect Society, number 12), North Carolina, American Dialect Society, 1949, p. 160.

# LE MARIAGE ET LA MARIÉE DANS LES RÉPERTOIRES DE CINQ CHANTEUSES TRADITIONNELLES EN LOUISIANE

Susan K. Silver
Université Southwestern (Lafayette, Louisiane)

En Louisiane francophone, la chanson traditionnelle, généralement exécutée sans accompagnement instrumental dans le cadre intime des veillées familiales, devint au XX<sup>e</sup> siècle un genre musical féminin. Tandis que les chanteurs cadiens ou créoles pouvaient, depuis les années vingt, tirer parti de leur talent dans les salles publiques de danse, cette possibilité ne s'offrait pas aux chanteuses, car il était généralement mal vu pour une femme de se produire en public[1]. Les chanteuses restaient donc chez elles, divertissant enfants ou amis avec de vieilles chansons transmises de génération en génération. Les chansons qui se communiquaient ainsi étaient celles qui, pour une raison ou pour une autre, répondaient à un besoin, reflétaient une attitude ou véhiculaient des valeurs jugées importantes. L'analyse de ce répertoire[2] pourrait donc éclairer un peu le rôle de la femme dans la société cadienne ou créole du début du siècle, rôle jusqu'à ce jour peu étudié et mal connu. Nous avons choisi et transcrit les enregistrements de cinq chanteuses dont les répertoires étaient considérables et dont la plupart des chansons n'avaient jamais été écrites. Ces répertoires, largement ignorés, comprennent dans l'ensemble près de vingt-cinq heures d'enregistrement et plus de deux cent chansons. C'est à travers des mois de transcription de chansons ainsi que de rencontres avec les chanteuses qu'apparurent, petit à petit, certains thèmes fondamentaux de la vision féminine dans la Louisiane francophone traditionnelle. Nous ne prétendons pas pour autant que ces thèmes « définissent » complètement la femme et son rôle social ni qu'ils soient exclusifs à la tradition orale francophone en Louisiane, ce qui équivaudrait à séparer la Louisiane de son passé et de son histoire. Toutefois, vu le manque de matériaux écrits sur la femme cadienne et créole, la tradition orale devient essentielle pour pouvoir découvrir ce côté privé des deux cultures. En situant les chansons et les chanteuses dans la spécificité de leur contexte culturel, on vise à éclairer non seulement la place des femmes dans la société traditionnelle, mais aussi la « psyché » féminine dans la musique.

Dans les répertoires des chanteuses cadiennes et créoles ici considérées[3], le mariage est représenté comme une transition qui ne se fait que difficilement et avec beaucoup de regrets de la part des jeunes filles. Pour elles, cette transition représente surtout une perte d'indépendance et d'individualité car, dès lors, elles devront se soumettre à l'autorité du mari. Assujettie ainsi, l'épouse se voit souvent en opprimée et dépeint son mari en tyran, en geôlier ou en monstre (Loricia Guillory, R-D #6):

> J'aimerais bien mon mari,
> mais je l'aimerais mieux mort qu'en vie.
> Je l'aimerais mieux mort qu'en vie.
>
> Quand j'arrivais vers ses grands pieds,
> ô j'avais peur, donc, qu'il me cogne.
> (Refrain) J'aimerais bien …
>
> Quand j'arrivais vers ses grandes mains,
> j'avais peur qu'il m'attrape.
> (Refrain) J'aimerais bien …
>
> Quand j'arrivais vers sa grande bouche,
> j'avais peur qu'il me morde.
> (Refrain) J'aimerais bien …
>
> Quand j'arrivais vers son grand nez,
> j'avais peur qu'il me sente.
> (Refrain) J'aimerais bien …
>
> Quand j'arrivais vers ses grands yeux,
> j'avais peur qu'il me voie.
> (Refrain) J'aimerais bien …
>
> Quand j'arrivais vers ses grandes oreilles,
> J'avais peur qu'il m'entende.
> (Refrain) J'aimerais bien …

Une version française de la même chanson, recueillie en France aux environs de Cherbourg, dépeint la situation conjugale tout autrement. Le monstrueux mari de la version louisianaise devient, dans la version française du siècle précédent[4], la victime ridicule d'une épouse désinvolte:

> Mon pauvre Jean est bien malade,
> Bien malade, Dieu merci!
> Mon petit Jean m'a demandé,
> Le meilleur chef de Paris.
>
> Je l'aimais tant, tant et tant,
> Je l'aimais tant, ce pauvre Jean!
>
> Mon petit Jean m'a demandé,
> Le meilleur chat de Paris…
> Mais je n'avions plus qu'une vieille chatte,
> Qui ne savait plus happer de souris.
>
> Mon petit Jean m'a demandé,
> Le meilleur vin de Paris…

Mais je n'avions plus qu'une vieille mare,
Où que l'on met le lin à roui...

Mon petit Jean m'a demandé,
Le meilleur médecin de Paris...
Je mis ma coiffe et ma cape noire,
À Paris, je m'en fus le quéri.

Je m'en étais allée à Pâques,
Je revins à la Saint-Denis...
Quand je fus sur notre montagne,
J'entendis sonner pour lui.

Quand j'arrivis dans la chambre,
L'on me dit que tout était fini...

Dans treize onces de la plus belle toile,
L'on l'avait enseveli.

Je prins mes ciseaux à pointes fines,
Point à point je le décousis...

Quand j'arrive à ses ollières,
J'avais peur qu'il ne m'entendit.

Quand j'arrive à sa grande gueule,
J'avais peur qu'il ne me mordit...

Quand j'arrive à ses grosses pattes,
J'avais peur qu'il ne me battit.

Je le prins par les deux ollières,
Par dessus le mur je le jetis.

Je l'aimais tant, tant et tant,
Ce pauvre petit Jean!

La version louisianaise de Loricia Guillory semble éliminer la malveillance de la femme, thème fondamental dans la version française, pour insister sur le sentiment de crainte. La protagoniste française est insouciante et énergique comparée à la louisianaise, passive et tremblante devant son gigantesque mari. Terrorisée, incapable d'agir, elle peut seulement « souhaiter » sa mort.

Dans les chansons de mariage, l'événement se présente souvent comme le moment le plus désiré et le plus redouté de la vie d'une femme. D'une part, ne pas trouver de mari serait une humiliation intolérable qui la priverait du rôle maternel auquel elle est destinée depuis l'enfance. Comme le dit la chanson sur les « filles de Vermillon », il n'y a pire que d'être « vieille fille » (Lula Landry, BA #0160) :

Au Vermillon, j'étais assuré,
qu'il y a des filles en quantité,
des petites et des grandes.

195

Elles voudriont se marier,
mais personne les demande.
Elles voudriont se marier,
mais personne les demande.

Les filles ont fait une assemblée,
pour écrire des lettres.
Les filles ont fait une assemblée,
pour écrire des lettres.

Pour envoyer à leur curé,
pour lire à la grande messe.
Pour envoyer à leur curé,
pour lire à la grande messe.

À la grande messe ils sont allés,
les garçons, pour prendre le mot d'elles.
À la grande messe ils sont allés,
les garçons, pour prendre le mot d'elles.

Elles vous priont en amitié,
d'avoir pitié des filles.
Elles vous priont en amitié,
d'avoir pitié des filles.

D'autre part, même avec un mari convenable, le moment de l'alliance provoque tristesse plutôt que joie dans les cœurs féminins. Les images qui reviennent dans les chansons de noces portent sur la nature pénible de la vie conjugale pour la femme, le poids des responsabilités familiales et le regret de l'indépendance perdue. La nouvelle épouse n'exprime ni joie ni bonheur, mais plutôt la nostalgie pour la liberté et la douceur de sa jeunesse (Lula Landry, BA #0160) :

J'avais promis dans ma jeunesse,
que je m'aurais jamais marié.
J'avais promis dans ma jeunesse,
que je m'aurais jamais marié.

Adieu, la fleur de la jeunesse,
la noble qualité de vie.
La noble qualité de vie,
c'est aujourd'hui que je veux la quitter.

C'est aujourd'hui que ma tête est couronnée
et que mon cœur est orné d'un bouquet.

C'est aujourd'hui que ma tête est couronnée
et que mon cœur est orné d'un bouquet.

Adieu, la fleur de la jeunesse,
la noble qualité de vie.
La noble qualité de vie,
c'est aujourd'hui que je veux la quitter.

C'est aujourd'hui que je porte le nom de dame.
C'est par l'anneau que je porte au doigt.
C'est aujourd'hui que je porte le nom de dame.
C'est par l'anneau que je porte au doigt.

Adieu, la fleur de la jeunesse,
la noble qualité de vie.
La noble qualité de vie,
C'est aujourd'hui que je veux la quitter.

C'est aujourd'hui que je veux faire le serment.
C'est de finir mes jours avec toi.
C'est aujourd'hui que je veux faire le serment.
C'est de finir mes jours avec toi.

Adieu, la fleur de la jeunesse,
la noble qualité de vie.
La noble qualité de vie,
c'est aujourd'hui que je veux la quitter.

Une autre chanson de mariage reflète plus directement encore la douleur et la frayeur ressenties par une jeune mariée sur le point de partir avec son mari (Alma Barthélémy, HO #49) :

... Le lendemain des noces,
la belle a fait son paquet,
En regardant à la porte avec profonds soupirs.

Ah oui, grand Dieu,
que je regrette le jour de ma naissance.
Et moi, qui étais si bien élevée
avais grande jouissance.

Sa mère lui dit, Ma fille,
qui est-ce qui vous a forcée,
de prendre mais-t-un mari contre vos volontés?

Je vous ai pas mais toujours dit,
dedans le mariage, il faut quitter le badinage,
et prendre mais le souci?

Adieu, chers père et mère, sœur,
frère mais et parents.
Me voilà donc plongée dedans ce mariage.

Ce n'est pas, oui, mais pour un jour,
C'est pour toute ma vie.
Ce n'est pas, oui, mais pour un jour,
C'est pour toute ma vie.

La même chanson, chantée par Elita Hoffpauir pour Alan Lomax en 1934 [FA/USL], présente le mariage comme une réalité aigre-douce. Le lendemain des noces, dit-elle, on porte « l'habit de réjouissance », mais aussi « le chapeau de souci » et « le cordon de misère ».

L'époux est généralement absent de ces chansons de mariage. Il est rare que le mari dépeigne ses propres sentiments, le point de vue étant principalement féminin. Lorsqu'il est fait mention du mari ou du fiancé, c'est pour renforcer l'image des restrictions imposées à la femme comme l'allusion à la ceinture de chasteté dans la chanson suivante : « Cette-re ceinture que je porte,/ cet anneau d'or que j'ai-t-au doigt. // C'est mon amant qui me l'a donné./ C'est pour lui de vivre en tranquillité... » (Alma Barthélémy, HO #64)

L'amant absent ne supportera aucune infidélité. Il est à noter que plusieurs versions des chansons de mariage commencent par des variations du sentiment « J'avais promis dans ma jeunesse que je m'aurais jamais marié », donc par une négation de la transition qui va se faire. Jeune, elle déclare qu'elle ne sacrifiera jamais sa « virginité », la liberté de sa jeunesse, au mariage. Du point de vue de la femme, l'institution est dépeinte plutôt comme mal nécessaire que comme bonheur choisi. Le mariage représente « le souci » qui s'oppose à la « grande jouissance » et à la « noble qualité de vie » de la jeunesse; il représente surtout une perte, car ce qui est gagné par l'alliance, le mari, ne semble guère consoler l'épousée. Le plus souvent, il n'est même pas mentionné.

À l'encontre de ce qu'affirme Elizabeth Brandon (« In the Louisiana [French] songs pertaining to marriage [...] most of the lines predicting doom and spelling pessimism disappear. Statements of unhappiness are replaced by expressions of hope[5] »), la chanson de mariage louisianaise est dominée par le pessimisme. La « noble qualité de vie » à laquelle la jeune mariée dit adieu représente l'insouciance et la liberté qu'elle connaissait chez ses parents. Une fois mariée, elle sera responsable du ménage et des enfants, traditionnellement nombreux dans les familles franco-louisianaises. Elle répondra de tout à son mari. Comme le signale James Dormon : « Paternalism, even patriarchy, remained a constant in the Cajun value system [as late as the 1930's and 1940's]. Cajun women still lived as before under the autocratic domination of their men — fathers and husbands — having little voice in matters other than household affairs and child-rearing[6]. »

Le passage à l'état de mariée représentait donc un sacrifice de soi, une perte plutôt qu'un gain. La femme quitte la sécurité et l'autorité parentales pour l'insécurité de son nouveau ménage et pour une nouvelle autorité, celle du mari. Si gaie qu'ait été la fête de noce, elle entraînait souvent des difficultés financières et même émotives, comme l'indiquent beaucoup de chansons. Irène Whitfield décrit un joyeux bal de noces cadien où les parents, au moment du départ de leur fille, lui chantèrent : « Petite fille, tu quittes/ ton papa et ta maman/ pour aller dans la misère./ Bye-bye, petite fille...[7] » Les problèmes financiers qui attendent les nouveaux mariés sont le sujet d'une autre chanson recueillie par Whitfield : « Je voudrais bien me marier,/ mais je crains trop de la pauvreté./ Tous les jeunes gens qui n'ont pas d'argent,/ l'amour les laisse et la faim les prend[8]. »

La plupart des chansons cadiennes et créoles expriment, avec tristesse et nostalgie, la perte de l'indépendance constituée par le mariage. Quelques chansons exceptionnelles présentent une rébellion contre la domination maritale. « Le petit mari », chanson qui remonte au Moyen Âge[9], ridiculise un homme à la stature minuscule. Traditionnellement maître et seigneur, viril et puissant, le mari est réduit à la dimension d'une souris avec des implications sexuelles manifestes dès le début (Lula Landry, DA #0160) :

> Mon papa m'a donné un petit mari.
> Grand Dieu quel homme, quel petit homme!
>
> Je l'ai perdu dans la paillasse.
> Grand Dieu quel homme, quel petit homme!
>
> J'ai allumé la chandelle pour le chercher.
> Grand Dieu quel homme, quel petit homme!
>
> Le feu a pris dans la paillasse.
> Grand Dieu quel homme, quel petit homme!
>
> Je l'ai trouvé tout rôti.
> Grand Dieu quel homme, quel petit homme!
>
> Je l'ai-z-enseveli dans une soucoupe.
> Grand Dieu quel homme, quel petit homme!
>
> Les chats l'ont pris pour un' souris.
> Grand Dieu quel homme, quel petit homme!
>
> J'ai dit, Ô chat! Ô chat! C'est mon mari!
> Grand Dieu quel homme, quel petit homme!

L'effet produit par la chanson est à la fois comique et cathartique. Elle subvertit la supériorité, la puissance et la force physique de l'homme. Le mari subit l'humiliation et la terreur qui, dans beaucoup de chansons d'amour et de mariage, sont le lot des femmes. Dans une société où les mœurs et la religion soutenaient l'autorité de l'homme sur la femme, de l'époux sur l'épouse, une chanson comme celle-ci amusait et défoulait. Néanmoins, la version louisianaise est moins agressive que la vieille version française :

> La poule du curé l'avalit.
> Je pris la poule et l'étranglis.
> Dans son grand boyau je le trouvis.
>
> Dessur la table je le mis.
> Le diable vint qui l'emportit.
>
> Au diable, au diable les maris.
> Surtout quand ils sont si petits.

Ah, si jamais je prends mari,
N'en prendrai plus un si petit[10].

Dans l'ensemble, l'épouse dans la chanson cadienne et créole est, le plus souvent, obéissante et soumise. Par contre, la jeune fille l'est guère peu envers l'amoureux dont elle peut accepter ou refuser les avances et la demande en mariage. Elle essayait bien de conserver quelque pouvoir *après* le mariage, comme l'indique la coutume décrite par l'auteur anonyme du manuscrit édité par Jay K. Ditchy : « Lorsque l'époux place l'anneau au doigt de la femme, celle-ci a soin de fermer la main pour empêcher qu'il ne passe la seconde phalange, croyant conserver par là un ascendant certain sur son mari[11]. »

Dans la pensée traditionnelle, l'épouse rebelle qui domine le ménage rend la vie du mari misérable, ainsi que l'illustre une chanson comique, toujours exécutée lors de noces cadiennes :

Je me suis marié et j'en ai
    regret dans l'âme
    de m'avoir pris une femme.
La femme que j'ai prise,
    elle m'a troublé l'esprit.

Je lave la vaisselle et
    je frobis les chaudières.
Et je fais de la bouillie
    pour ses petits enfants.

Elle s'en va-t-au cabaret,
    elle boit et elle s'amuse,
    et tous ces plaisirs de rire.
Encore quand elle revient,
    si tout ne va pas bien,

Elle prend les mouchettes,
    et me l'envoie par la tête.
Et le plat de la fricassée,
    elle me l'envoie par le nez.

Garçons à marier, prenez exemple sur moi,
    corrigez bien vos femmes.
La femme, elle est plus forte
    quand elle prend les pantalons.

Et elle se rend sans façon
    maîtresse dans la maison[12].

Sur un ton plaisant, et même burlesque, la chanson renforce les valeurs du système patriarcal. L'absurdité de la situation décrite provient de la « masculinisation » de la femme qui agit en mari, négligeant « ses » enfants, fréquentant des cabarets, buvant et s'amusant. Encore pire, elle est l'agresseure au lieu de l'agressée. C'est après avoir raconté les agressions de l'épouse que le mari avertit les garçons à marier de « corriger bien » leur femme afin d'éviter pareille émasculation. Dans le monde reflété par ces chansons, l'épouse modèle doit se soumettre, abdiquer sa propre volonté et renoncer à son bien-être personnel pour assumer la volonté et faire le bonheur de l'époux.

À la différence de la musique exécutée par les hommes dans les lieux publics, la tradition musicale privée, représentée par les répertoires de ces chanteuses, est dominée par la personnalité et le point de vue féminins. Contrairement à ce que l'on pourrait croire après l'écoute de chansons commerciales, la femme, dans la culture créole et cadienne, est bien plus que « malheureuse », « mignonne », « canaille » ou « criminelle[13] ». Les textes de ces chansons la présentent plus complexe et plus étoffée. Les interprétations que les exécutantes donnent de leur répertoire, leur style, leur ton, leur choix de langage jettent une lumière nouvelle sur la place de la femme et de la chanteuse dans son contexte social et culturel.

## NOTES

1 La chanteuse et musicienne Cléoma Falcon fait toutefois exception. Voir Ann Allen Savoy, *Cajun Music : A Reflection of a People*, Eunice (Louisiana), Bluebird Press, 1984, p. 90–91.

2. Il s'agit des enregistrements réalisés par John et Alan Lomax dans les années trente, Harry Oster dans les années cinquante, Ralph Rinzler et Claudie Marcel-Dubois dans les années soixante et Barry Ancelet dans les années soixante-dix. On a aussi considéré les collections de chansons louisianaises recueillies dans la paroisse de Vermillon par Elizabeth Brandon dans les années cinquante et par Catherine Blanchet dans les années soixante-dix. Les chansons enregistrées par l'auteur pendant des entrevues faites sur le terrain sont indiquées simplement par « SKS », suivi de la date.

3. Il s'agit des répertoires d'Alma Barthélémy (Diamond,

paroisse de Plaquemines), Lula Landry (Abbéville, paroisse de Vermillon), Inez Catalon (Kaplan, paroisse de Vermillon), Odile Falcon (Lafayette, paroisse de Lafayette) et Loricia Guillory (Mamou, paroisse d'Évangéline) dans les collections Rinzler-Dubois (R-D), H. Oster (HO), et B. Ancelet (BA); Folklore Archives/University of Southwestern Louisiana [FA/USL]. La collection en question ainsi que le nom de la chanteuse et le numéro de l'enregistrement sont indiqués entre parenthèses dans le texte.

4. Albert Udry, *Les Vieilles Chansons patoises de tous les pays de France*, Paris, Fasquelle éditeurs, 1930, p. 137–139. La transcription phonétique donnée par Udry fut changée par l'auteur en orthographe standard pour la rendre plus lisible. De plus, les répétitions de vers ont été omises.

5. Elizabeth Brandon, « The Socio-Cultural Traits of the French Folksong in Louisiana », *Louisiana Review*, No. 1, 1972, p. 38.

6. James H. Dormon, *The People Called Cajuns*, Lafayette, University of Southwestern Louisiana, Center for Louisiana Studies, 1983, p. 72–73.

7. Irène T. Whitfield, *Louisiana French Folk Songs*, New York, Dover, 1969, p. 22. Dans une autre chanson de noces cadienne, « La marche des mariés », l'avenir conjugal est décrit en termes de tristesse et d'abandon par l'un des mariés, qui termine par les vers : « Quel espoir et quel avenir,/ moi, je peux avoir?/ C'est te voir t'en aller/ avec un autre que moi. » (Chantée par Solange Falcon, SKS 3-7-91.)

8. *Ibid.*, p. 37.

9. Patrice Coirault, *Formation de nos chansons folkloriques*, vol. 3,

Paris, Éditions du Scarabée, 1955, p. 323.

10. *Ibid.*, p. 325.

11. Jay Karl Ditchy, éd., *Les Acadiens louisianais et leur parler*, Baltimore/Paris, John Hopkins University Press/Librairie Droz, 1932, p. 255.

12. Transcription d'Ancelet et Perinet, lire notes, p. 14–15, *Louisiana Cajun and Creole Music*, Swallow 8003–2. La chanson était interprétée par Fenelon Brasseaux, Erath, paroisse Vermillon, 1934.

13. Pour des exemples de chansons de la tradition musicale commerciale, voir Ann Allen Savoy, *Cajun Music : A Reflection of a People*, Eunice (Louisiana), Bluebird Press, 1984.

# LA LOUISIANE ET LE CANADA FRANCOPHONE, 1673–1989

## de ALFRED OLIVIER HERO
(Hull/Longueuil, Éditions du Fleuve/Société d'histoire de Longueuil, 1991, 358 p.)

Mathé Allain
Université Southwestern (Lafayette, Louisiane)

Alfred Hero est un politologue distingué à qui on doit une étude importante sur les relations entre le Québec et les États-Unis. Revenu en Louisiane après une carrière passée hors de son État natal, il s'est consacré à l'étude des contributions canadiennes à cette culture francophone qui s'étendit autrefois du golfe du Mexique aux Grands Lacs.

La thèse qu'il soutient – nul érudit sérieux ne songerait à la mettre en doute – est que les Canadiens jouèrent un rôle primordial dans l'établissement et le développement de cet empire colonial. Comme il le souligne, les administrateurs canadiens, rompus aux réalités nord-américaines et expérimentés en politique indienne, s'adaptaient mieux que les gouvernants venus directement d'Europe. Naturellement, les officiels canadiens s'entouraient de collaborateurs de même origine, souvent leurs parents, et ainsi opposaient une « mafia » canadienne aux autorités françaises entourées de leur clientèle d'origine métropolitaine. Malheureusement, M. Hero a tendance à réduire une situation complexe à une cause unique : la rivalité entre Canadiens et métropolitains, rivalité qui a joué un rôle certes, mais parmi d'autres facteurs, en particulier la nature même d'un gouvernement où les responsabilités étaient divisées entre gouverneur et ordonnateurs de façon à rendre les activités factieuses virtuellement inévitables. De même, les rivalités (et les haines) entre Capucins et Jésuites et leurs luttes pour le contrôle de la vie ecclésiastique sont ramenées à cette cause unique.

L'admiration de l'auteur pour les officiels canadiens l'obnubile au point de le rendre aveugle quant à la corruption et à la cupidité dont ces derniers firent preuve tout autant que les métropolitains. À peine admet-il que Bienville ait pratiqué le népotisme et ait, peut-être, profité de sa position pour « faire mousser ses intérêts particuliers » (p. 140). En Louisiane, tous les fonctionnaires coloniaux quelle qu'ait pu être leur origine, utilisèrent leur fonction pour s'enrichir sans pour autant se sentir coupables. Comme les études récentes sur les fortunes de Richelieu et de Colbert l'ont démontré, les fonctionnaires de l'Ancien Régime ne voyaient aucune contradiction entre le service du Roi et la promotion de leur intérêt personnel et celui de leur famille.

Il est par ailleurs assez curieux qu'un livre qui traite des relations entre la Louisiane et le Canada francophone ne consacre que quelques pages aux Acadiens, comme si le Canada francophone se réduisait au Québec.

Les pages consacrées à la Révolution de 1768 reprennent l'interprétation simpliste des historiens créoles du siècle dernier (traîtrise espagnole, combinée à l'héroïsme créole) et démontrent une méconnaissance des travaux récents de Moore, Texada et Brasseaux (tous absents de la bibliographie qui inclut, par contre, de nombreuses sources tout à fait dépassées).

Les travaux de M. Hero n'ont guère été servis par la traduction. L'original, *Louisiana and French-Speaking Canada*, n'ayant pas été édité, il est impossible de juger de l'exactitude du texte français, mais il semble que le partitif anglais soit régulièrement rendu par « plusieurs », donnant aussi des phrases surprenantes comme celle où il est dit que le massacre des Natchez fit « plusieurs victimes ».

À cause des inexactitudes qu'il renferme (par exemple, la guerre de la Succession d'Autriche et celle d'Espagne sont confondues), ce travail est à utiliser avec précaution. Mais il peut offrir un premier aperçu utile sur des liens qui, quoique bien connus des spécialistes, sont souvent ignorés du grand public.

MÉDIAS FRANCOPHONES HORS QUÉBEC ET IDENTITÉ :
ANALYSES, ESSAIS ET TÉMOIGNAGES
de FERNAND HARVEY (dir )
(Québec, Institut québécois de recherche sur la culture, 1992, 356 p.)

Gratien Allaire
Faculté Saint-Jean, Université de l'Alberta (Edmonton)

L'Institut québécois de recherche sur la culture organisait en avril 1991 un colloque sur les *Médias francophones hors Québec et l'identité culturelle* qui réunissait des théoriciens, œuvrant pour la plupart dans les universités, et des praticiens, fortement ancrés dans la réalité des médias eux-mêmes. Cette décision de faire le lien entre la théorie et la pratique est pleinement justifiée dans le contexte d'un domaine de recherche en formation, la francophonie canadienne et acadienne, une expression de plus en plus utilisée pour identifier les francophones hors Québec, la francophonie du reste du Canada.

C'est une collection de 27 textes tirés de ces délibérations que nous présente le sociologue Fernand Harvey. Réunir autant de textes en une publication, les organisateurs de colloques sur la francophonie canadienne le savent trop bien, relève de l'exploit, mais de l'exploit de longue portée. Les colloques et leurs actes n'ont-ils pas été, et ne continuent-ils pas d'être, d'importants outils de promotion et de développement des études franco-canadiennes?

Harvey a divisé en deux parties les articles retenus. La première, plus théorique et plus dense, s'intitule « Enquêtes et analyses »; elle contient des « Problématiques générales » et des « Études de cas ». La seconde, plus descriptive et plus légère, est coiffée du titre « Essais et témoignages »; elle comprend une section nommée « Vue d'ensemble » et de courtes présentations regroupées sur une base régionale : « l'Atlantique et la Nouvelle-Angleterre », « l'Ontario », « l'Ouest et les Territoires du nord ».

La partie descriptive (p. 169–319) dresse un portrait des médias francophones de toutes les régions du pays. On y trouve des textes, de portée et de qualité inégales, sur une grande variété de médias. Plusieurs de ces articles témoignent du dynamisme et de l'originalité de groupes francophones canadiens. Quelques textes, dont celui de Lise Bissonnette, la directrice du *Devoir*, traitent de l'attention plutôt réduite que porte la presse québécoise à la francophonie canadienne. On y trouve également un texte sur « Une télévision pour les Franco-Américains... » (p. 241–246).

Ces essais et témoignages montrent des situations régionales très différentes. Ils indiquent la richesse médiatique de certaines francophonies (l'acadienne et l'ontarienne en particulier, où l'on trouve quotidiens, hebdomadaires, magazines, radios, radios communautaires et télévisions) en contraste avec la pauvreté d'autres coins du pays comme le Yukon et les Territoires du Nord-Ouest, où il n'y a qu'un hebdomadaire de langue française et quelques heures de programmation francophone à la radio ou à la télévision, et en certains endroits seulement.

La partie théorique (p. 15–168) regroupe huit textes, dont le texte de présentation de Fernand Harvey. Les méthodes varient, de l'induction à la déduction, de la recherche empirique à la réflexion. Denis Bachand, Claire Bélisle et Robert Jourdan présentent les résultats d'une enquête réalisée auprès de 200 adolescents de 13 à 19 ans. Roger de la Garde et Denise Paré font une analyse quantitative poussée de données tirées des recensements canadiens, des *Canadian Advertising Rates and Data*, de la *Matthews List* et du *Bureau of Broadcasting Measurement*. L'analyse de contenu de Manon Raîche et celle de Thierry Watine puisent à même les journaux de l'ensemble de la francophonie dans le premier cas, de l'Acadie dans le second. Simon Laflamme et René Jean Ravault livrent le fruit de leur réflexion sur le rôle des médias. Finalement, le texte de Michel Beauchamp aurait pu être inclus dans la partie descriptive puisqu'il « vise à mettre en relief quelques retombées du programme en information et communication de l'Université de Moncton » (p. 152).

Comme tout acte de colloque, on retrouve plusieurs points de vue et des interprétations souvent divergentes. Dans son texte, Harvey fait ressortir six éléments qu'il considère « plus déterminants », « plus particulièrement significatifs » (p. 18) de l'environnement dans lequel évoluent les médias francophones : la distinction entre communauté et société, l'importance du poids démographique, le rôle de l'État en remplacement de l'Église, l'impact des nouvelles technologies, les rapports métropoles culturelles-périphéries régionales et, finalement, les liens avec le Québec. La plupart de ces éléments ressortent nettement des contributions, et la grille de lecture proposée par le directeur de publication est très utile pour comprendre la situation des médias, pour situer les facteurs qui la modifient et pour mieux définir leur influence.

On peut cependant proposer une grille différente, basée davantage sur l'impact des médias, en utilisant une échelle s'étendant du négatif au positif. Cette grille a été utilisée par plusieurs des participants dont Wilfrid Roussel et André Thivierge.

À l'extrémité négative de l'échelle, les médias serviraient mal les franco-phones et contribueraient même à leur anglicisation. Pour ces chercheurs, les médias francophones ne sont pas suffisamment développés, ils ne visent pas assez le journalisme d'enquête, ils négligent trop la nouvelle na-tionale et internationale. Bref, pour emprunter les mots de Jean-Yves Durocher au sujet des hebdomadaires de l'Ouest, ils ressemblent trop à des bulletins paroissiaux (p. 297).

Pour Simon Laflamme, professeur au Département de sociologie à l'Uni-versité Laurentienne, le champ médiatique qui entoure le francophone hors Québec le porte à « sublimer le message anglophone » et, par consé-quent, « à sous-évaluer la culture de ses semblables », ce qui le porte à se défranciser, à se désolidariser « du Québec, de la France, alors qu'il se rap-proche du Canada anglais, des États-Unis » (p. 33). L'analyse de Manon Raîche est un peu moins négative, quoique la chercheure au Département de communication de l'Université d'Ottawa porte un jugement sévère sur la presse écrite. Celle-ci ne reflète pas tous les enjeux de la collectivité et reste faible, ce qui fait que « les journaux constituent malheureusement un ferment d'acculturation, en amenant les francophones à se tourner vers la culture anglophone dominante » (p. 71).

Vers le centre négatif (comme on dit le centre-gauche ou le centre-droit) de l'échelle se trouve le travail de René-Jean Ravault, professeur au Département de communication de l'UQAM. Il présente une proposition quelque peu provocante : pourquoi la francophonie nord-américaine ne suivrait-elle pas l'exemple de l'Allemagne et du Japon dont la prospérité économique s'est établie en dépit du fait que leur langue soit peu connue du reste du monde, ou encore l'exemple des Juifs, « qui n'ont imposé leur langue à personne et appris celle de leurs interlocuteurs » et qui prospèrent « sans jouir d'un territoire qui leur soit propre » (p. 55)?

Dans une étude plutôt neutre, Roger de la Garde et Denise Paré exa-minent « le rapport entre le poids démographique des deux principales communautés francophones hors Québec et leur accès aux massmédias » (p. 86). Ils concluent que si l'on veut privilégier la promotion de la langue française, c'est l'accessibilité qui doit primer, avec comme corollaire la cen-tralisation de la production : le développement des communautés de langue française passe par l'accès aux médias, afin d'avoir « un minimum de contrôle sur la production des contenus » (p. 103).

Le milieu de l'échelle est occupé par l'« Analyse interculturelle de pra-tiques télévisuelles de jeunes Franco-Ontariens et de jeunes Français » (p. 133–152) qu'ont effectuée Denis Bachand, Claire Bélisle et Robert Jourdan. Les trois chercheurs y vont d'une idée très originale et mènent leur comparaison d'une façon d'autant plus rigoureuse qu'ils utilisent un petit échantillon. Ils refusent d'abord l'idée de la passivité du téléspecta-teur, tout comme celle de l'influence indue de la télévision. Certaines de leurs conclusions peuvent surprendre : les adolescents de 13 à 19 ans ont des pratiques télévisuelles discriminatoires, et la télévision ne peut servir à l'acquisition de la connaissance linguistique, mais elle peut la renforcer. Communauté de langue ne signifie pas communauté de culture : « Langues et cultures ne sont pas superposables », affirment-ils (p. 150). Ils écrivent aussi : « S'il y a une communauté culturelle quelque part, c'est plutôt dans les goûts et humeurs de la classe jeune qu'il faudrait la chercher. En revanche, la télévision peut faire tomber certains écrans, stimuler vigoureusement la curiosité et l'intérêt pour l'échange que facilite la communauté de langue » (p. 149).

La section positive de l'échelle est occupée principalement par les praticiens des médias, les Pierre Brault, André Girouard, Sylvio Morin, Jean-Luc Thibault. Ils mettent l'accent sur les progrès réalisés par les médias, les situent dans le contexte de la survivance francophone en Amérique et du continuel combat pour la « cause ». D'ailleurs, le professeur Thierry Watine, du Département de communication de l'Université de Moncton, qualifie cette presse de « militante », impliquée « dans la défense et la promotion du fait français au sein de leur environnement » (p. 73). Dans cette optique, les médias, la presse écrite en particulier, deviennent des armes. L'étroite relation entre cette dernière et les associations provinciales francophones de l'Ouest, par exemple, n'est plus un manque d'indépendance ; elle est une nécessaire collaboration. Comme l'écrit Sylvio Morin, directeur des communications à la Fédération des communautés francophones et acadiennes du Canada, « cette affiliation ne m'est jamais apparue comme une entrave à la liberté de presse des rédactrices et rédacteurs en chef de ces journaux » (p. 180).

Somme toute, les chercheurs de la francophonie trouveront dans cet ouvrage sur les médias francophones canadiens des renseignements utiles, une bibliographie relativement complète — on y ajoutera l'importante étude de Bernard Pénisson sur *Henri d'Hellencourt : un journaliste français au Manitoba (1898–1905)* (Saint-Boniface, les Éditions du Blé, 1986) — et une liste d'adresses. Ils s'y verront aussi proposer des éléments d'interprétation, souvent contradictoires. Ils pourront enfin y puiser les composantes d'un cadre d'analyse, qu'ils pourront mettre à profit pour élaborer une interprétation plus globale des médias francophones canadiens et de leur rôle au niveau de l'identité culturelle. N'est-ce pas là le rôle des colloques et de leurs actes ?

# CHRISTIANITY COMES TO THE AMERICAS, 1492-1776
## de CHARLES H. LIPPY, ROBERT CHOQUETTE et STAFFORD POOLE
### (New York, Paragon House, 1992, 400 p.)

Olive Patricia Dickason
Université de l'Alberta (Edmonton)

Le rôle missionnaire dans les Amériques coloniales conférait à l'Église chrétienne un caractère particulier, à vrai dire une position privilégiée qui la distinguait de ses contreparties européennes. D'abord sous les Espagnols et les Portugais, plus tard sous les Français et ensuite sous les Anglo-Saxons, la diffusion du message chrétien établissait la justification officielle de l'invasion des Amériques par les Européens. D'autres nations comme la Hollande et la Suède étaient impliquées, mais à un degré moindre. À titre de principal intermédiaire chargé de la réussite de ce mandat, l'Église assumait l'essentiel du problème occasionné par l'imposition des concepts de la civilisation occidentale aux peuples du Nouveau Monde et par leur absorption dans le cadre de l'hégémonie européenne. Pour l'Église, quel fut le résultat de cette prodigieuse tentative visant à adapter un cinquième de la population du monde à cet objectif? Voilà la question centrale de *Christianity Comes to the Americas*.

Cet ouvrage illustre, en trois volets, comment le christianisme a été introduit dans le Nouveau Monde. Poole, Choquette et Lippy se penchent, respectivement, sur la position espagnole (et portugaise), française et britannique. Bien que toutes ces nations aient tenté de propager le christianisme, elles ont néanmoins maintenu des liens très étroits avec l'Europe, de sorte que l'objectif commun s'est rapidement dissipé dans le tumulte de la conquête et de la colonisation. L'évangélisation des Amériques n'apporta au Nouveau Monde ni la paix ni l'uniformité religieuse — pas plus qu'elles n'existaient en Europe.

Dès le début de l'entreprise, l'immensité de la tâche avait échappé aux dirigeants de l'Église. L'impression première à l'effet que les Amérindiens seraient facilement convertis ne tarda pas à se révéler une utopie car, très tôt, les missionnaires se sont trouvés en présence d'un certain nombre de problèmes. Ainsi, là où les Européens voyaient une lutte pour le maintien de l'ordre, par opposition au chaos exprimé en termes de bien et de mal, l'Amérindien voyait plutôt une dialectique destinée à maintenir l'harmonie. Le seul fait de prêcher dans ce nouveau décor exerçait une influence sur le message lui-même, tendance qui devait s'accentuer à mesure que l'on traduisait les Évangiles et la Bible. Il était inévitable qu'un processus subtil d'acculturation se produise de part et d'autre, particulièrement là où la population autochtone était forte. En outre, les circonstances matérielles du Nouveau Monde ajoutaient un impératif qui devait modifier les pratiques chrétiennes.

Cette évolution devait se manifester dès l'arrivée du catholicisme ibérique. En y faisant allusion dans ce chapitre extraordinaire de l'histoire des religions universelles, c'est à juste titre que Stafford Poole souligne les particularités de cette évolution, car malgré les atrocités de la Légende Noire, le mouvement humanitaire espagnol ne se compare même pas aux autres colonisateurs du Nouveau Monde. Jusqu'au moment où sa voix a été étouffée, l'Église a représenté la conscience officielle de la société espagnole, et un grand nombre de ses membres (mais pas tous) ont combattu avec acharnement pour préserver les principes d'une société équitable et juste. Il est possible que la liberté d'expression n'ait pas toujours été entière et sans entraves, mais elle permettait une assez grande latitude; la Légende Noire devait provenir de l'esprit d'autocritique que pratiquaient les Espagnols, quoiqu'elle fût perpétuée avec empressement dans le contexte des rivalités coloniales. Le dominicain Bartolomé de Las Casas, le plus célèbre des critiques, a même été en mesure d'exercer une influence sur la législation et sur la politique du Vatican. Poole soutient que, malgré les conflits intérieurs, l'évangélisation ibéro-américaine a été, à un certain niveau, une réussite appréciable. Cependant, il apporte certaines réserves à sa position et admet que le christianisme manifesté en Amérique latine ne correspondait pas à ce que l'Église avait envisagé au début de sa mission. Les civilisations autochtones s'étaient révélées étonnamment souples, et des recherches récentes révèlent que le syncrétisme était — et demeure — beaucoup plus répandu qu'on ne l'avait d'abord cru.

Comme le précise Robert Choquette, l'Église française était en présence de conditions bien différentes dans les régions boréales de l'Amérique du Nord. Ici, les populations étaient non seulement beaucoup moins nombreuses, mais aussi beaucoup plus dispersées. Toutefois, sur le plan spirituel, le monde et les mythologies de l'Amérindien partageaient les principes d'une unité fondamentale. S'il existait une identité ou une fusion entre les croyances des Français catholiques et des Amérindiens, Choquette n'aborde pas le sujet; à cet égard, il précise que les valeurs chrétiennes françaises devaient inévitablement dominer puisqu'elles représentaient la civilisation européenne plus évoluée, plus vigoureuse. Ainsi, en raison de l'affinité et de la sympathie qu'ils éprouvaient à l'égard des Amérindiens, les Français furent les colonisateurs qui eurent le plus de succès — les autochtones les aidant « à s'adapter aux accommodations nécessaires au nouveau monde des Européens blancs ». Selon Choquette, l'Église dominante était et demeurait essentiellement française.

Dans l'Amérique des Britanniques, l'histoire porte sur l'évolution du protestantisme selon ses diverses manifestations dans le milieu étranger du Nouveau Monde. Quoique l'évangélisation des Amérindiens constituât l'objectif majeur, il n'en demeure pas moins que l'importance de cet objectif devait s'évanouir devant toutes les difficultés qu'imposait la modification des pratiques religieuses européennes dans ce que l'on considérait comme une région inculte, sans civilisation et en proie à une multitude de dangers. Comme le dit Charles Lippy, ces nouvelles conditions, jusqu'alors inconnues, présentaient de nouvelles possibilités. Que le protestantisme, sous ses formes variées, ait accepté ce défi est un témoignage de sa vigueur dans l'Amérique contemporaine.

Lorsque l'on remonte aux sources européennes du christianisme tel qu'il s'est présenté dans le Nouveau Monde et que l'on énumère les faits qui ont marqué son évolution institutionnelle depuis son instauration, ces trois volets nous offrent un tour d'horizon juste et généralement judicieux, bien que l'on y relève certaines erreurs dans les détails. Dans le cas de Choquette, on aurait souhaité qu'il eût évité un si grand nombre de stéréotypes. Le point de vue de ces trois essais est, bien sûr, non autochtone.

# PENSÉES, PASSIONS ET PROSES
## de JEAN MARCEL
### (Montréal, L'Hexagone, 1992, 402 p.)

Jean R. Côté
Université d'Athabasca

Le dernier livre de Jean Marcel consiste en un bilan de ses vingt dernières années en tant qu'essayiste. Il rassemble trente-quatre textes sur des sujets dont la diversité ne saurait mieux être illustrée que par le titre des sections : « De choses très anciennes », « Des questions de langues et d'identité », « De la littérature québécoise », « Du cinéma et de l'opéra », « De l'essai ». L'éclectisme qui le caractérise permet difficilement d'y repérer un fil conducteur. Je confierai à l'auteur le soin de le désigner comme *le désir d'une pensée*. « J'appelle *pensée*, écrit Jean Marcel, ce qui n'a pas encore atteint le statut fixe de l'idée, un passage plus qu'un but, un voyage plus qu'un état. Et même dans ces conditions, il semble que la pensée n'est encore rien si quelque passion ne lui insuffle vie, ne l'agite, ne l'affecte. » Ce qui ne veut pas dire qu'il n'y a pas d'*idées* dans cette pérégrination; et encore moins qu'elles n'y sont pas élaborées avec rigueur. Bien au contraire.

*Pensées, passions et proses*, c'est quatre cents pages d'une écriture des plus finement structurées à laquelle le lecteur moyen ne saurait tout au plus reprocher que la grande érudition qui l'étaye. Une belle prose, donc, qui parle avec sagesse de multiples autres proses. Ces dernières couvrent un temps historique de large envergure : de la chute de l'Empire romain et du Moyen Âge, spécialité de l'auteur, jusqu'à l'époque actuelle. Elles parcourent en tous sens et en profondeur une géographie où sont rapprochées les cultures les plus diverses, faisant ressortir l'essentiel de leurs enjeux politiques et esthétiques.

Plus près de nous, les essais de Jean Marcel sur les questions de langue, d'identité et de culture minoritaire, écrits dans les années 70 et au début des années 80, ont, comme on dit d'un millésime viticole, très bien vieilli. Soit que les rapports entre le politique et le culturel n'ont guère perdu de leur actualité par la non-résolution des problèmes qu'ils engendrent sous le régime où nous vivons. Soit qu'ils sont, comme le souligne souvent l'essayiste, de tout temps d'actualité. On sent parfois gronder encore la sainte colère de l'auteur du *Joual de troie* (1973) dans « Le jugement dernier du dernier des jugements » (1989) à cause de l'odieux qui se tramait derrière la décision de la Cour suprême d'abolir la Loi 101. Mais tous les essais, même les plus incendiaires, sont toujours fondés sur une argumentation éner-

gique et d'une documentation éblouissante. « L'histoire de la norme », qui
à cet égard est exemplaire, fait preuve d'une lucidité et d'une justesse des
plus rigoureuses sur la tradition des rapports entre la jurisprudence et la
norme linguistique. Cette tradition, qui remonte aux premières tentatives
des chancelleries européennes d'employer les langues vernaculaires comme langues légales, fait ressortir le prestige et la réflexivité de l'écrit au dé-
triment de l'oral. Sous un autre angle, l'autorité qui marque des textes
comme « Forme et fonction de l'essai dans la littérature espagnole »,
« Richard Wagner dramaturge », « François-Xavier de Charlevoix ou la
métaphore historienne », n'empêchent pas certains autres de vibrer d'une
étonnante sensibilité. « Une poétique humaine de la divinité : Gustave
Lamarche », « Paradoxe de l'univers infernal chez Ferron » et « Le maître
de prose : Lionel Groulx » trahissent des admirations et des amitiés sin-
cères.

Quoi qu'il en soit, tous les articles, dont certains publiés d'abord à
l'étranger furent jusqu'à ce jour inédits en français, témoignent d'une analyse véritablement critique et d'une virtuosité remarquable du verbe. Est-ce
de s'être frotté pendant tant d'années à de grands noms que Jean Marcel en
est venu à cette maîtrise ? Il y a sans doute de cela. Mais, que serait devenue
la fréquentation sans une passion initiale pour l'animer ? C'est finalement
ce qui ressurgit comme pouvant unifier l'éclectisme de l'essayiste montréalais, et donner vie à son recueil, une fresque admirable pour les passionnés
de belles proses, traversées d'une pensée éclairante. Un grand cru.

Lorraine Albert
Université d'Ottawa

La section des livres comprend les titres publiés en 1992, ceux de 1991 qui n'avaient pas été répertoriés dans le numéro 2 de *Francophonies d'Amérique,* et quelques ouvrages de 1989–1990 qui nous avaient échappé.

Notre liste inclut des thèses de maîtrise et de doctorat soutenues depuis 1989, car il est très difficile d'avoir accès aux thèses de l'année courante. Cette section est d'ailleurs incomplète et nous serions très reconnaissants aux personnes qui voudraient bien nous faire parvenir les titres des thèses récentes soutenues à leur institution, ou ailleurs, dans les domaines qui intéressent cette revue.

Les titres précédés d'un astérisque font l'objet d'une recension dans les pages qui précèdent.

Nous tenons à remercier, d'une façon toute particulière, M. Gilles Chiasson du Centre d'études acadiennes de l'Université de Moncton, pour sa précieuse collaboration à la section de l'Acadie, tant cette année que pour les deux premiers numéros de *Francophonies d'Amérique.*

## L'ACADIE

ABBOTT, Louise, *French Newfoundlanders,* translated by Anne Thareau and Scott Jamieson, St.John's, Breakwater Books Ltd., 1991, 240 p.

ARSENEAU, Marc, *À l'antenne des oracles : poésie,* Moncton, Éditions Perce-Neige, 1992, 57 p.

ARSENAULT, Paul, *L'Âme acadienne depuis la Déportation,* Pointe-Claire (Québec), [s.é.], 1989, 40 p.

ASSOCIATION DES ENSEIGNANTES ET DES ENSEIGNANTS FRAN-COPHONES DU NOUVEAU-BRUNSWICK, *Les Enfants pauvres à l'école : oser s'engager,* Fredericton, Association des enseignantes et des enseignants francophones du Nouveau-Brunswick, 1992, 40 p.

ASSOCIATION DES PÊCHEURS PROFESSIONNELS ACADIENS, *La Fête de la mer en Acadie : l'APPA, 25 ans d'appartenance et de pouvoir des pêcheurs acadiens*, [s.l.], Association des pêcheurs professionnels acadiens, 1992, 78 p.

ASSOCIATION TOURISTIQUE DE LA PÉNINSULE ACADIENNE, *L'Acadie, mer et merveilles*, [s.l.], Association touristique de la péninsule acadienne, 1992, 26 p.

BEAUDIN, Maurice et Donald J. SAVOIE, *Les Défis de l'industrie des pêches au Nouveau-Brunswick*, Moncton, Éditions d'Acadie, 1992, 282 p.

BEAUDIN, Maurice et Donald J. SAVOIE (dir.), *Le Nouveau-Brunswick de l'an 2000*, Moncton, Institut canadien de recherche sur le développement régional, 1989, 200 p.

BEAULIEU, Bertille, *et al.*, *Aperçu de généalogie et d'histoire des familles Beaulieu du Grand Madawaska*, Edmundston (N.-B.), Éditions Marévie, 1992, 327 p.

BEAULIEU, Bertille, *et al.*, *Le Monde de Saint-Louis-Maillet*, Edmundston (N.-B.), Association des anciens et anciennes de Saint-Louis-Maillet, 1991, 313 p.

BÉRUBÉ SOUCY, Alvine, *Les Malheurs de Caroline : roman*, Saint-Basile (N.-B.), Éditions Lavigne, 1990, 78 p.

BOUCHARD, Gilles, *La Réforme administrative dans les pays francophones*, Moncton, Éditions d'Acadie, [1992].

BOUDREAU, Berthe, *Études acadiennes : inventaire des ressources documentaires pour la jeunesse*, Moncton, Centre de recherche et de développement en éducation, Faculté des sciences de l'éducation, Centre universitaire de Moncton, 1991, 87 p.

BOUDREAU, Gérald C., *Le Père Sigogne et les Acadiens du sud-ouest de la Nouvelle-Écosse*, Montréal, Bellarmin, 1992, 229 p.

BOUDREAU, Jules, *Mon théâtre : des techniques et des textes*, Moncton, Éditions d'Acadie, 1992, 144 p.

BOULY, Anne-Chantal, *Nos cousins d'Amérique : une chance pour le Poitou-Charentes*, Poitiers, Association régionale pour la promotion de l'ethnologie, 1992, 80 p.

BOURQUE, Gérald, *Eustache Bourque and Nathalie Leger : Family and Their Descendants/La Famille Eustache Bourque et Nathalie Léger*, Winnipeg, Gérald Bourque, 1991, 193 p.

BUTLER, Édith, *Super Happening (musique imprimée)* (paroles de Lise Aubut, musique d'Édith Butler), Mont-Saint-Hilaire, Chant de mon pays, 1990, 1 partition, 6 p.

CASTONGUAY LEBLANC, Yolande, *et al.*, *La Lecture chez les francophones de 6e, 9e et 12e années des Maritimes : attitudes, habitudes, réseaux et croyances : rapport de recherche*, Moncton, Centre de recherche et de développement en éducation, Faculté des sciences de l'éducation, Centre universitaire de Moncton, 1991, 269 p.

*CAZAUX, Yves, *L'Acadie : l'histoire des Acadiens du XVIIe siècle à nos jours*, Paris, Albin Michel, 1992, 476 p.

CAZAUX, Yves, *Le Baron de Saint-Castin . roman*, Paris, Albin Michel, 1990, 429 p.

CHAMBRE DE COMMERCE COCAGNE ET NOTRE-DAME, *Répertoire des membres de la Chambre de commerce Cocagne et Notre-Dame*, [s.l.], Chambre de commerce Cocagne et Notre-Dame, 1991, 59 p.

CHARBONNEAU, Paul M. (avec la collaboration de Louise Barrette), *Contre vents et marées : essai sur l'histoire des francophones de Terre-Neuve et du Labrador*, Moncton, Éditions d'Acadie, 1992, 119 p.

*CHIASSON, Anselme, *Le Diable Frigolet*, Moncton, Éditions d'Acadie, 1991, 240 p.

CHIASSON, Anselme, *Ristigouche : centenaire des Capucins, 1894–1994*, Restigouche, Paroisse Sainte-Anne, 1992, 171 p.

*CHIASSON, Herménégilde, *Existences*, Trois-Rivières/Moncton, Écrits des Forges/Éditions Perce-Neige, 1991, 65 p.

CHIASSON, Herménégilde, *Vermeer (toutes les photos du film) : poésie*, Moncton, Éditions Perce-Neige, 1992, 101 p.

CLUB RICHELIEU, *40e anniversaire : 1951–1991*, Edmundston (N.-B.), Club Richelieu, 1992, 40 p.

COMEAU, Delbé, *Mémoires, 1905–1949*, Yarmouth (N.-É.), Éditions Lescarbot, [1992], 634 p.

COMEAU, Fredric Gary, *Intouchable : poésie*, Moncton, Éditions Perce-Neige, 1992, 88 p.

CORMIER, Michel et Achille MICHAUD, *Richard Hatfield; A Political Biography*, translated by Daphne Ponder, Fredericton, Goose Lane, 1992.

CORMIER-BOUDREAU, Marielle, *Médecine traditionnelle en Acadie*, Moncton, Éditions d'Acadie, 1992, 345 p.

DEGRÂCE, Éloi, *Patrimoine et gros sous?*, Caraquet (N.-B.), chez l'auteur, 1992, 9 p.

DESJARDINS, Georgette (dir.), *Saint-Basile : berceau du Madawaska, 1792–1992*, Montréal, Méridien, 1992, 451 p.

DEVEAU, J. Alphonse, *Les Familles Belliveau et Thériault de la Nouvelle-Écosse*, Rivière-aux-Saumons (N.-É.), L'Auteur, 1990, 123 p.

DEVEAU, J. Alphonse, *Ambroise-Hilaire Comeau (1859–1911)*, Moncton, Éditions d'Acadie, coll. « Odyssée acadienne/Acadian Odyssey », 1992, 20 p.

DEVEAU, J. Alphonse, *Valentin Landry (1844–1919) : à la barre de l'Évangéline/Valentin Landry (1844–1919) : At the Helm of l'Évangéline*, Moncton, Éditions d'Acadie, coll. « Odyssée acadienne/Acadian Odyssey », 1992, 22 p.

DIÉREVILLE, N. de, *Voyage du sieur de Diéreville en Acadie* (précédé d'une introduction et suivi de notes et d'extraits de L.U. Fontaine), Saint-Jacques (Québec), Éditions du Pot de fer, coll. « Les Oubliés du XIXᵉ siècle québécois », 1990, 243 p. (Réimpression de l'édition de Québec, A. Côté et Cie, 1885).

DUBÉ, Marie, *Charles et puceron*, Saint-Basile (N.-B.), Éditions Lavigne, 1990, 47 p.

DUBÉ, Marie, *La Visite de maman lièvre*, Saint-Basile (N.-B.), Éditions Lavigne, 1991, 55 p.

DUGAS, Jean-Guy, *Opération Kiebitz : un rendez-vous à Pointe Maisonnette*, Caraquet (N.-B.), Éditions Franc-Jeu, 1992, 85 p.

EISELT, Marianne et H.A. EISELT, *Guide des sentiers de randonnée du Nouveau-Brunswick*, traduit par Alayn Noël, Moncton, Éditions d'Acadie, 1992, 232 p.

GALLANT, Cécile, *Les Femmes et la renaissance acadienne/Women and the Acadian Renaissance*, Moncton, Éditions d'Acadie, coll. « Odyssée acadienne/Acadian Odyssey », 1992, 24 p.

GALLANT, Cécile, *Pierre-Paul Arsenault, 1866–1927*, Moncton, Éditions d'Acadie, coll. « Odyssée acadienne/Acadian Odyssey », 1992, 24 p.

*GALLANT, Melvin, *Ti-Jean-le-Fort*, Moncton, Éditions d'Acadie, 1991, 175 p.

GALLANT, Melvin (dir.), *Mer et littérature*, actes du colloque international sur « La Mer dans les littératures d'expression française du XXᵉ siècle (Moncton, les 22–23–24 août 1991) », Moncton, Éditions d'Acadie, 1992, 352 p.

GAUTHIER, Jacques, *Clovis : roman* (Chroniques d'Acadie, tome 1), Montréal, Éditions Pierre Tisseyre, 1992, 470 p.

GILMORE, Rachna, *Ma mère est bizarre*, Charlottetown, Ragweed, 1991, 23 p.

GOUDREAU, Serge, *Aux sources d'une histoire : les Gautreau d'Amérique*, Montréal, L'Association des familles Gautreau, 1992, 300 p.

GRIFFITHS, Naomi E.S., *The Contexts of Acadian History, 1686–1784*, Montreal, published for the Centre for Canadian Studies, Mount Allison University, by McGill-Queen's University Press, 1992, 168 p.

JACQUOT, Martine L., *Les Nuits démasquées* (illustrations de W. Fraser Sandercombe), Edmundston (N.-B.), Éditions Quatre Saisons; Wolfville (N.-É.), Éditions du Grand Pré, coll. « Verger d'or », 3, 1991, 72 p.

LANDRY, Edmond-L., *Alexis : roman historique*, Moncton, Éditions d'Acadie, 1992, 228 p.

LANGFORD, Georges, *Le Premier Voyageur : poèmes et chansons*, Montréal, L'Hexagone, 1992, 190 p.

LEBLANC, Gérald, *Les Matins habitables : poèmes*, Moncton, Éditions Perce-Neige, 1991, 68 p.

LEBLANC, Gérald, Herménégilde CHIASSON, Claude BEAUSOLEIL, *et al.*, *L'Événement Rimbaud*, Trois-Rivières/Moncton, Écrits des Forges/Éditions Perce-Neige, 1991, 104 p.

LEBLANC, Judy, *Mots cachés*, Saint-Basile (N.-B.), Éditions Lavigne, 1992, 23 p.

LEBLANC, Judy, *Intrigue et mathématique*, Saint-Basile (N.-B.), Éditions Lavigne, 1991, 2 numéros.

LEBLANC, Raymond (Guy), *Cri de terre : poèmes* (préface de Pierre L'Hérault, suivi d'une analyse critique de Marcelle Belliveau), 3ᵉ édition, Moncton, Éditions d'Acadie, 1992, 91 p.

LEBRETON, Clarence, *L'Affaire Louis Mailloux*, Caraquet (N.-B.), Éditions Franc-Jeu, 1992, 238 p.

*LÉGER, Dyane, *Les Anges en transit*, Trois-Rivières/Moncton, Écrits des Forges/Éditions Perce-Neige, 1992, 84 p.

LÉGER, Yvon, *Beloved Acadia of my Ancestors : History and Genealogy*, translated by Antoine Bugeaud, Montréal, Éditions du Fleuve, 1992, 409 p.

LONG, Gaétane, *Poèmes mystiques*, Saint-Basile (N.-B.), Éditions Lavigne, 1992, 78 p.

MAILLET, Antonine, *et al.*, *Comme un cri du cœur : témoignages*, Roxboro (Québec), Éditions l'Essentiel, 1992, 152 p.

MAILLET, Antonine, *William S.*, Montréal, Leméac, 1991, 112 p.

MAILLET, Antonine, *Les Confessions de Jeanne de Valois : roman*, Montréal, Leméac, 1992, 344 p.

*MAILLET, Marguerite, *Bibliographie des publications d'Acadie, 1609–1990 : sources premières et sources secondes*, Moncton, Chaire d'études acadiennes, coll. « Balises », n° 2, 1992, 389 p.

MARTIN, Gwen L., *Pour l'amour de la pierre*, Fredericton (N.-B.), ministère des Ressources naturelles et de l'Énergie, 1992, 2 volumes.

MARTIN, Roger P., *Les Écoles de Rivière-Verte de 1877–1956*, Rivière-Verte (N.-B.), Chez l'Auteur, 1990, 272 p.

MARTIN, Roger P., *Les Moulins de Rivière-Verte*, Rivière-Verte (N.-B.), Éditions Roger P. Martin, 1989, 153, (35) f.

MÉTHOT, Linda, *Miroir cassé*, Saint-Basile (N.-B.), Éditions Lavigne, 1992, 153 p.

MICHAUD, Ghislain, *Carré de sable ou le miroir : poésie*, Edmundston (N.-B.), Éditions Marévie, 1992, 78 p.

MORIN, Réjean, *Apartés : poésie*, Edmundston (N.-B.), Éditions Marévie, 1991, 75 p.

NADEAU, Jean-Marie, *Que le tintamarre commence! Lettre ouverte au peuple acadien* (préface de Léger Comeau), Moncton, Éditions d'Acadie, 1992, 174 p.

OUELLET, Gérald G., *Études acadiennes : analyse des programmes en milieu scolaire*, Moncton, Centre de recherche et de développement en éducation, Faculté des sciences de l'éducation, Centre universitaire de Moncton, 1991, 126 f.

OUELLETTE, Roger, *Le Parti acadien : de la formation à la disparition, 1972–1982*, Moncton, Chaire d'études acadiennes, coll. « Mouvance », n° 3, 1992, 119 p.

PARATTE, Henri-Dominique, *Acadians*, Tantallon (N.É.), Four East Publication, coll. « Peoples of the Maritimes », 1991, 197 p.

*Parotte au Fort Beauséjour : cahier de jeux*, Saint-Joseph de Memramcook (N.-B.), Société du Monument Lefebvre, 1992, 16 p.

PICOTTE, Jacques, *Juridictionnaire : recueil des difficultés et des ressources du français juridique*, Moncton, École de Droit, Centre de traduction et de terminologie juridiques, 1991, 1er tome.

POITRAS, Jean-Guy, *Vivre son âge : manuel de conditionnement et d'exercices physiques pour le troisième âge*, Edmundston (N.-B.), Éditions Marévie, 1990, 353 p.

RAYMOND BOURGOIN, Berthe, *Le Dernier Trésor de mon coffre-fort*, Saint-Basile (N.-B.), Éditions Lavigne, 1990, 88 p.

*Reflets maritimes 1*, Moncton/Laval, Éditions d'Acadie/Mondia éditeurs, 1992, 95 p.

*Réussir les tests du GED : tests d'équivalence du niveau secondaire : développés pour le test français, 1992*, Moncton, Éditions d'Acadie, 1992, 707 p.

RINGUETTE, Monique, *Et la vie continue*, Saint-Basile (N.-B.), Éditions Lavigne, 1990, 93 p.

RINGUETTE, Monique, *Perdue dans Boston : première partie*, Saint-Basile (N.-B.), Éditions Lavigne, 1991, 110 p.

RIVIÈRE, Sylvain, *La Belle Embarquée : roman historique*, Moncton, Éditions d'Acadie, 1992, 235 p.

ROSS, Sally and J. Alphonse DEVEAU, *The Acadians of Nova Scotia. Past and Present*, Halifax, Nimbus, 1992, 208 p.

ROY, Albert, *Au mitan du nord : poésie*, Edmundston (N.-B.), Éditions Marévie, 1991, 98 p.

SAINT-MICHEL, Serge, *Mère Marie-Anne : Suzanne Cyr et les religieuses de Notre-Dame-du-Sacré-Cœur*, Paris, Éditions Fleurus, 1990, 47 p.

SANDERCOMBE, William Fraser, *L'Homme qui avait volé les couleurs de la vie* (texte original et illustrations de W. Fraser Sandercombe, version française de Martine L. Jacquot), Wolfville (N.-É.), Éditions du Grand-Pré, 1991, 54 p.

SAVOIE, Roméo, *L'Eau brisée, suivi des 17 poèmes de l'errance*, Moncton, Éditions d'Acadie, 1992, 82 p.

SIMARD, Bertrand, *Exercice papillon*, Moncton, Éditions d'Acadie, 1992, 152 p.

SIROIS, Étiennette CARON, *Le Passage de mon « petit village »*, Saint-Basile (N.-B.), Éditions Lavigne, 1990, 164 p.

SOCIÉTÉ SAINT-THOMAS D'AQUIN (I.-P.-É.), *La Cuisine acadienne/ Acadian Cuisine*, 5e éd., Charlottetown, Société Saint-Thomas d'Aquin, 1991, 102 p.

SOUCY, Camille, *Bo Bo*, Saint-Basile (N.-B.), Éditions Lavigne, 1991, 20 p.

SOUCY, Camille, *La Veuve vierge : roman adulte*, Saint-Basile (N.-B.), Éditions Lavigne, 1991, 240 p.

ST-AMAND, Nérée et Huguette CLAVETTE, *Entraide et débrouillardise sociale : au-delà de la psychiatrie*, Ottawa, Conseil canadien de développement social, 1991, 166 p.

STARETS, Moshé, *Les Attitudes des élèves acadiens néo-écossais à l'égard du français et de l'anglais au Canada* (assistant de recherche : Denis Savard),

Québec, Centre international de recherche en aménagement linguistique, 1991, 159 p.

SURETTE, Paul, *Mésagouèche : l'évasion d'un peuple*, Memramcook (N.-B.), Société historique de Memramcook, 1991, 145 p.

SWANICK, Eric L., *The Acadiensis Index, 1971–1991*, Fredericton, Acadiensis Press, 1992, 177 p.

THÉRIAULT, Fidèle, *Les Savoie : une grande famille acadienne au Nouveau-Brunswick*, Fredericton, Fidèle Thériault, 1992, 508 p.

THIBODEAU, Félix E., *Une géographie de Clare (Nouvelle-Écosse)*, Church Point, Digby, N.-É., Félix Thibodeau, 1991, 208 p.

THIBODEAU, Serge-Patrice, *Le Cycle de Prague : poésie*, Moncton, Éditions d'Acadie, 1992, 155 p.

THIBODEAU, Serge-Patrice, *Le Passage des glaces*, Trois-Rivières/Moncton, Écrits des Forges/Éditions Perce-Neige, 1992, 99 p.

UNIVERSITÉ DE MONCTON, DÉPARTEMENT D'ÉTUDES FRANÇAISES, *Mots partout : (poil au genou!)*, Moncton, Université de Moncton, Département d'études françaises, 1990, 46 p.

WADE, Mason, *Mason Wade, Acadia and Quebec : The Perception of an Outsider*, N.E.S. Griffiths and G.A. Rawlyk, eds, Ottawa, Carleton University Press, The Carleton Library, No. 167, 1991, 198 p.

WHITE, Stephen A., *Patronymes acadiens/Acadian Family Names*, Moncton, Éditions d'Acadie, coll. « Odyssée acadienne/Acadian Odyssey », 1992, 22 p.

YOUNG, Aurèle, *Louis Riel avait-il raison?*, Haute-Aboujagane (N.-B.), Imprimerie A. Dupuis Inc., 1992, 52 f.


## L'ONTARIO

ALBERT, Pierre, *Le Dernier des Franco-Ontariens : poésie*, Sudbury, Prise de Parole, 1992, 96 p.

ALBERT, Pierre, *Paul Demers*, Ottawa, Éditions L'Interligne, 1992, 144 p.

BARRETTE, Jean-Marc et Josée THERRIEN (dir.), *Hommage aux premiers prix : Concours provincial de français de l'Ontario (1938–1992)*, Ottawa, Concours provincial de français de l'Ontario, 1992, 112 p.

BELLEFEUILLE, Robert et Isabelle CAUCHY, *Le Nez* (suivi de *Petite Histoire de poux* de Robert de Bellefeuille), Sudbury, Prise de Parole, 1992, 127 p.

BOUCHARD, Yvonne, *Les Migrations de Marie-Jo : roman*, Ottawa, Éditions du Vermillon, coll. « Roman », n⁰ 3, 1991, 196 p.

BOURAOUI, Hédi, *Émigressence : poésie*, Ottawa, Éditions du Vermillon, coll. « Rameau de ciel », n⁰ 9, 1992, 93 p.

*BRUNET, Lucie, *Almanda Walker-Marchand : une féministe franco-ontarienne de la première heure*, Ottawa, Éditions L'Interligne, 1992, 304 p.

BRUYÈRE, Élisabeth, *Lettres d'Élisabeth Bruyère, 1850–1856*, Montréal, Éditions Paulines, vol. II, 484 p.

BUREAU, Brigitte, *Un passeport vers la liberté*, Ottawa, Mouvement des caisses populaires de l'Ontario, 1992, 330 p.

CAMPEAU, Nicole V., *Le Temps volé : poésie*, Ottawa, Éditions du Vermillon, coll. « Rameau de ciel », n⁰ 7, 1991, 103 p.

CENTRE FRANCO-ONTARIEN DE FOLKLORE, *Les vieux m'ont conté*; tome 30 : *récits traditionnels : répertoire de Joseph Tremblay*, Montréal/Paris, Éditions Bellarmin/Maisonneuve et Larose, 1990, 292 p.

CENTRE FRANCO-ONTARIEN DE FOLKLORE, *Les vieux m'ont conté*; tome 31 : *récits traditionnels : répertoires d'Alfred Thibault et d'Eugénie Miville*, Montréal/Paris, Éditions Bellarmin/Maisonneuve et Larose, 1991, 292 p.

CENTRE FRANCO-ONTARIEN DE FOLKLORE, *Les vieux m'ont conté* : tome 32 : *récits traditionnels*, Montréal/Paris, Éditions Bellarmin/Maisonneuve et Larose, 1991, 330 p.

CHRISTENSEN, Andrée, *Lèvres d'aube*, suivi de *L'Ange au corps : poésie*, Ottawa, Éditions du Vermillon, coll. « Rameau de ciel », n⁰ 8, 1992, 128 p.

COULOMBE, Caroline-Anne, *Le Cycle des ronces*, Hearst (Ont.), Le Nordir, 1992, 64 p.

DROUIN, Francine, *Création d'un service d'évaluation psycho-pédagogique des élèves sourds franco-ontariens au Centre Jules-Léger*, Ontario, ministère de l'Éducation, 1992.

ÉTHIER-BLAIS, Jean, *Le Seuil des 20 ans*, Montréal, Leméac, coll. « Vies et mémoires », 1992, 240 p.

FLAMAND, Jacques, *La Poésie, art pluriel*, Ottawa, Éditions du Vermillon, coll. « Essais et recherches », n⁰ 2, série « Art », 1991, 135 p.

*Frontières et manipulations génériques dans la littérature canadienne francophone*, Hearst (Ont.), Le Nordir, 1992, 136 p.

GALLICHAN, Danièle, *Un bernard-l'ermite pas comme les autres : conte* (illustré par Christian Quesnel), Ottawa, Éditions du Vermillon, coll. « Pour enfants », n⁰ 9, 1992, 32 p.

GAUDREAU, Guy (dir.), *Le Théâtre du Nouvel-Ontario : 20 ans — création ou engagement*, Sudbury, Éditions du Nouvel-Ontario, 1991, 99 p.

GRISÉ, Yolande et Robert MAJOR (dir.), *Mélanges de littératures canadienne-française et québécoise offerts à Réjean Robidoux*, Ottawa, Presses de l'Université d'Ottawa, 1992, 430 p.

HENRIE, Maurice, *Le Petit Monde des grands bureaucrates*, Boucherville, Éditions de Mortagne, 1992, 294 p.

HENRIE, Maurice, *Le Pont sur le temps : nouvelles*, Sudbury, Prise de Parole, 1992, 144 p.

*Index des articles de mai 1978 à mars 1992 dans le magazine culturel de l'Ontario français « Liaison »*, Ottawa, Éditions L'Interligne, 1992, 233 p.

*KARCH, Pierre, *Jeux de patience*, Montréal, XYZ, coll. « L'Ère nouvelle », 1991, 155 p.

LABELLE, Rachelle, *Token Recourse*, Dorval, Partenaires à l'œuvre/Partners in Works, 1992, 302 p.

LA CASSE, Guylaine, *Cahier activités suggérées*, Ottawa, Éditions du Vermillon, coll. « Paedagogus », n° 22, 1992, 64 p.

LEVAC, Roger, *Le Registre : roman*, Montréal, Guérin Littérature, 1991, 235 p.

LEVASSEUR, Gilles, *Le Statut juridique du français en Ontario*, (tome 1 : *Les Lois provinciales*), Ottawa, Presses de l'Université d'Ottawa, 1991.

*MARINIER, Robert et Dan LALANDE, *Deuxième Souffle*, Sudbury, Prise de Parole, 1992, 151 p.

MUIR, Michel, *L'Impossible Désert : choix de poèmes, 1980–1992*, Hearst (Ont.), Le Nordir, 1992, 109 p.

O'NEILL-KARCH, Mariel, *Théâtre franco-ontarien : espaces ludiques*, Ottawa, Éditions L'Interligne, 1992, 190 p.

OUELLETTE, Michel, *Corbeaux en exil*, Hearst (Ont.), Le Nordir, 1992, 114 p.

PARÉ, François, *Les Littératures de l'exiguïté*, Hearst (Ont.), Le Nordir, 1992, 176 p.

PARISOT-GROSMAIRE, Suzanne, *Fleurs d'hibiscus : récit*, Ottawa, Éditions du Vermillon, coll. « Parole vivante », n° 22, 1991, 110 p.

PELLETIER, Pierre, *Le Premier instant : roman*, Sudbury, Prise de Parole, 1992, 159 p.

PICHETTE, Jean-Pierre, *Répertoire ethnologique de l'Ontario français : guide bibliographique et inventaire archivistique du folklore franco-ontarien*, Ottawa,

Presses de l'Université d'Ottawa, coll. « Histoire littéraire du Québec et du Canada français », n° 3, 1992, 230 p.

PILON-DELORME, Lise-Anne, *Cahier d'exploitation pour La Naissance de Frimousse, le petit veau*, Ottawa, Éditions du Vermillon, coll. « Paedagogus », n° 23, 1992, 64 p.

PILON-DELORME, Lise-Anne, *La Naissance de Frimousse, le petit veau : récit* (illustré par Emma Meloche), Ottawa, Éditions du Vermillon, coll. « Pour enfants », n° 10, 1992, 24 p.

POIRIER, Jacques, *Histoire du déluge et de l'amour ordinaire*, Hearst (Ont.), Le Nordir, 1992, 56 p.

RICHARD, Robert, *L'Autobiographie du monde*, Candiac (Québec), Les Éditions Balzac, coll. « L'Impossible », 1992, 192 p.

ROBERT, Luc et Germain LEMIEUX, *Ti-Jean fin voleur* (dessins de Luc Robert, texte de Germain Lemieux), Sudbury, Prise de Parole, 1992, 24 p.

TREMBLAY, France, *Les Panachures du serpent qui prie quand les enfants sont gelés : poésie*, Ottawa, Éditions du Vermillon, coll. « Parole vivante », n° 23, 1992, 60 p.

VILLEMAIRE, Jules, *Une génération en scène : album photographique*, Sudbury, Prise de Parole, 1992, 144 p.

VILLENEUVE, Jocelyne, *Le Geai bleu et le papillon : conte* (illustré par Francine Couture), Ottawa, Éditions du Vermillon, coll. « Pour enfants », n° 8, 1992, 96 p.

VOISINE, Nive, *Les Frères des Écoles chrétiennes au Canada : une ère de prospérité, 1880-1946*, Québec, Éditions Anne Sigier, tome II, 1991, 471 p.

WATSON-HAMLIN, Marie-Caroline, *Le Détroit des légendes* (traduction de Richard Ramsay), Sudbury, Société historique du Nouvel-Ontario, coll. « Documents historiques », n° 88-89, 1991, 186 p.

## L'OUEST CANADIEN

ALLAIRE, Gratien, Paul DUBÉ et Gamila MORCOS (dir.), *Après dix ans... bilan et prospective. Les actes du onzième colloque du Centre d'études franco-canadiennes de l'Ouest tenu à la Faculté Saint-Jean, Université d'Alberta, du 17 au 19 octobre 1991*, Edmonton, Institut de recherche de la Faculté Saint-Jean, 1992, 383 p.

AUBERT, Marie-Claire, *Au fil des jours : d'un pays à l'autre : poèmes*, Sidney (C.-B.), Éditions Laplante-Agnew, 1992, 87 p.

BEAUGÉ-ROSIER, Jacqueline, *D'or vif et de pain : textes poétiques*, Regina, Éditions Louis Riel, coll. « Bibliothèque de l'Ouest », série « Poèmes de chez nous », n° 4, 1992, 73 p.

BÉRARD, Réal et Bernard BOCQUEL, *Les Caricatures de Cayouche*, Saint-Boniface, Éditions du Blé, 1992, 136 p.

BERGERON, Henri, *La Communication… c'est tout!*, Montréal, Éditions de l'Homme, 1992, 120 p.

DUGAS, Georges, *Manitoba et ses avantages pour l'agriculture*, Saint-Jacques (Québec), Éditions du Pot de fer, coll. « Les Oubliés du XIX^e siècle québécois », n° 36, 1992 (Réimpression de l'édition de Montréal, 188–?).

DUGAS, Georges, *La Première Canadienne du Nord-Ouest, ou, Biographie de Marie-Anne Gaboury, arrivée au Nord-Ouest en 1806, et décédée à Saint-Boniface à l'âge de 96 ans*, Saint-Jacques (Québec), Éditions du Pot de fer, coll. « Les Oubliés du XIX^e siècle québécois », n° 37, 1992, 116 p. (Réimpression de l'édition de Montréal, Librairie Saint-Joseph, 1883.)

GABORIEAU, Antoine, *Une histoire à chanter : histoirique du 100 Nons*, Saint-Boniface, Éditions du Blé, 1992, 228 p., 236 photos.

*GENUIST, Paul (avec la collaboration de Monique Genuist), *Marie-Anna Roy, une voix solitaire*, Saint-Boniface, Éditions des Plaines, 1992, 178 p.

HATHORN, Ramon (ed.), *Images of Louis Riel in Canadian Culture*, Lewiston (N.Y.), Edwin Mellen, 1992, 416 p.

HUEL, Raymond (dir.), *Études oblates de l'Ouest 2/ Western Oblate Studies 2*, Queenston (Ont.), The Edwin Mellen Press, 1992.

JOUBERT, Ingrid (dir.), *Accostages : récits et nouvelles* (illustrations de Réal Bérard), Saint-Boniface, Éditions du Blé, 1992, 162 p.

LACASSE, Zacharie, *Une visite dans les écoles du Manitoba*, Saint-Jacques (Québec), Éditions du Pot de fer, coll. « Les Oubliés du XIX^e siècle québécois », n° 35, 1992, 86 p. (Réimpression de l'édition de Montréal, Librairie Saint-Joseph, Cadieux & Derome, 1897.)

LEGAL, Roger et Paul RUEST, *Le Pensionnaire : roman*, Saint-Boniface, Éditions du Blé, 1992, 174 p.

MARCHILDON, Michel, *Fransaskroix : poèmes et chansons*, Regina, Éditions Louis Riel, coll. « Bibliothèque de l'Ouest », série « Poèmes de chez nous », n° 5, 1992, 77 p.

MATHIEU, Pierre, *D'est en ouest*, Saint-Boniface, Éditions des Plaines, [1992].

PICCIONE, Marie-Lyne, *Un pays, une voix, Gabrielle Roy* (colloque des 13 et 14 mai 1987), Éditions de la Maison des sciences de l'homme d'Aquitaine, 1991, 116 p.

PICOUX, Louisa et Edwidge GROLET, *Légendes manitobaines* (édition revue et augmentée), Saint-Boniface, Éditions des Plaines, 1992, 137 p.

POTVIN, Claudine et I.S. MACLAREN (dir.), *Les Genres littéraires*, Edmonton, Université d'Alberta, 1991, 164 p.

RICARD, François, *Inventaire des archives personnelles de Gabrielle Roy conservées à la Bibliothèque nationale du Canada*, Montréal, Éditions du Boréal, 1991, 203 p.

*RODRIGUEZ, Lillane, *Parole et Musique : méthode de phonétique corrective*, Saint-Boniface, Éditions des Plaines, 1991, (livre et cassette), 446 p.

SAINT-PIERRE, Annette, *Le Manitoba — au cœur de l'Amérique*, Saint-Boniface, Éditions des Plaines, 1992, 225 p.

*SAVOIE, Paul, *Contes statiques et névrotiques*, Montréal, Guérin Littérature, 1991, 246 p.

SOUFI, Taïb, *Riverains rêves : poèmes*, Saint-Boniface, Éditions du Blé, 1992, 96 p.

STEINER, Connie, *Drôles d'oreilles : conte pour enfants* (version du texte en français de Jacqueline Barral), Saint-Boniface, Éditions du Blé, 1991, 24 p.

TENCHA, Annette, *Eau de feu*, Saint-Boniface, Éditions des Plaines, 1992.


## LES ÉTATS-UNIS

ANCELET, Barry J. (ed.), *Cajun Music and Zydeco* (photographs by Philip Gould), Bâton-Rouge, Louisiana State University Press, 1992, 144 p.

BRASSEAUX, Carl A. (ed.), *Quest for the Promised Land : Official Correspondence Relating to the First Acadian Migration to Louisiana, 1764–1769*, Lafayette, University of Southwestern Louisiana, The Center for Louisiana Studies, 1989, 175 p.

BRASSEAUX, Carl A., « *Scattered to the Wind* » : *Dispersal and Wanderings of the Acadians, 1755–1809*, Lafayette, University of Southwestern Louisiana, The Center for Louisiana Studies, 1991, 84 p.

BRASSEAUX, Carl A., *Acadian to Cajun : Transformation of a People. 1803–1877*, Jackson, University Press of Mississippi, 1992, 304 p.

BREAUX, Clarence T., *The Ancestry of Certain Breaux, Broussard, Louvrière, Barras, Bonin, Provost and Guilbeau Families of Louisiana, Acadie, Quebec and France*, Metairie (LA), The Author, 1991, 254 p.

FRY, Macon, *Cajun Country Guide*, Gretna (LA), Pelican Publishing Company, 1992, 272 p.

GALLANT BERLO, Peter, *Acadianna, Acadia, Then and Now*, San Diego (CA), The Author, 1989, 254 p.

GIRAUX, Marcel, *A History of French Louisiana*. Vol. II : *Years of Transition, 1715–1717* (translated from the French by Brian Pearce), Bâton-Rouge, Louisiana State University Press, 1992, 248 p.

GOODRUM, Don, *Lettres acadiennes*, Gretna (LA), Pelican Publishing Company, 1992, 32 p.

GUTIERREZ, C. Paige, *Cajun Foodways*, Jackson, Mississippi University Press, 1992, 149 p.

*HERO, Alfred Olivier, *La Louisiane et le Canada francophone, 1673–1989* (traduit de l'anglais par Édouard Doucet), Hull/Longueuil, Éditions du Fleuve/Société d'histoire de Longueuil, 1991, 358 p.

LOUDER, Dean (dir.), *Le Québec et les francophones de la Nouvelle-Angleterre*, Québec, PUL, coll. « Culture française d'Amérique », 1991, 291 p.

LOUDER, Dean and Eric WADDELL (eds.), *French America : Mobility, Identity, and Minority Experience Across the Continent*, Bâton-Rouge, Louisiana State University Press, 1992, 344 p.

QUINTAL, Claire (dir.), *La Littérature franco-américaine : écrivains et écritures*, Worcester (Mass.), Éditions de l'Institut français, Collège de l'Assomption, 1992, 185 p.

RENEAUX, J.J., *Cajun Folktales*, Little Rock (AR), August House, 1992, 176 p.

SOCIETY OF ACADIAN DESCENDANTS, *Acadian Surnames : Progenitors & « dits »*, San Diego (CA), The Society, 1992, 48 p.

SOCIETY OF ACADIAN DESCENDANTS, *Who's Who in Acadian Genealogical Research*, San Diego (CA), Peter Gallant Berlo, 1992, Vol. 2.

YOUNG, John Austin, *The Lejeunes of Acadia and the Youngs of Southwest Louisiana : A Genealogical Study of the Lejeunes of Acadia and the Descendants of Joseph Lejeune Young and Patsy Perrine Hay*, Basile (LA), John Austin Young, 1991, 1034 p.

## *GÉNÉRAL*

Banque internationale d'information sur les États francophones, *Francophonie nord-américaine : bibliographie sélective*, Québec, Secrétariat permanent des peuples francophones, 1991, 192 p.

CAZABON, Benoît et Alain COSSETTE, *Le Répertoire des travaux et produits en didactique du français langue maternelle au Canada*, Ottawa, L'Alliance canadienne des responsables et des enseignantes et enseignants en français langue maternelle (L'ACREF), 1992, 135 p.

DESJARDINS, Micheline, *Les Femmes de la diaspora canadienne-française : brève histoire de la FNFCF de 1914 à 1991*, Ottawa, Fédération nationale des femmes canadiennes-françaises, 1991, 127 p.

DIONNE, René et Pierre CANTIN, *Bibliographie de la critique de la littérature québécoise et canadienne-française dans les revues canadiennes (1979–1982)*, Ottawa, Presses de l'Université d'Ottawa, 1991, 496 p.

DUBÉ, Anne, Pierre H. DUBÉ et Paul G. SOCKEN, *Patrimoines : la francophonie en Amérique du Nord*, Toronto, Harcourt, Brace & Jovanovich, 1992, 263 p.

FÉDÉRATION DES JEUNES CANADIENS FRANÇAIS, *L'Avenir devant nous. La Jeunesse, le problème de l'assimilation et le développement des communautés canadiennes-françaises*, Ottawa, Fédération des jeunes Canadiens français, 1992.

*HARVEY, Fernand (dir.), *Médias francophones hors Québec et identité : analyse, essais et témoignages*, Québec, L'Institut québécois de la recherche sur la culture, 1992, 356 p.

LAPOINTE, Jean et J. Yvon THÉRIAULT, *D'une question linguistique à un problème sociétal : revue de la littérature sur la francophonie hors Québec*, Ottawa, Direction générale de la promotion des langues officielles, Secrétariat d'État du Canada, 1982, (i.e. 1992), 102 p.

*LIPPY, Charles H., Robert CHOQUETTE and Stafford POOLE, *Christianity Comes to the Americas, 1492–1776*, New York, Paragon House, 1992, 400 p.

*MARCEL, Jean, *Pensées, passions et proses*, Montréal, L'Hexagone, coll. « Essais littéraires », 13, 1992, 402 p.

MELANÇON, Joseph (dir.), *Les Métaphores de la culture*, Québec, PUL, 1992, 298 p.

*Pour les femmes francophones, l'alphabétisation en milieu de travail ? Rapport d'enquête*, Ottawa, Réseau national d'action éducation femmes, 1992, 32 p.

SECRÉTARIAT PERMANENT DES PEUPLES FRANCOPHONES, *Festivals de l'Amérique française hors Québec : répertoire 1991*, 3e éd., Québec, Secrétariat permanent des peuples francophones, 1991, 20 p.

SECRÉTARIAT PERMANENT DES PEUPLES FRANCOPHONES, *Journaux, bulletins et revues de l'Amérique française hors Québec : répertoire 1991*, 4e éd., Québec, Secrétariat permanent des peuples francophones, 1991, 28 p.

SECRÉTARIAT PERMANENT DES PEUPLES FRANCOPHONES, *Le Québec et les communautés francophones hors Québec : programmes de coopération et de soutien financier*: *répertoire*, Québec, Secrétariat permanent des peuples francophones, 1991, 40 p.

SHEK, Ben-Z., *French-Canadian and Quebecois Novels*, Oxford, Oxford University Press, 1991, 159 p.

TÉTU, Michel (dir.), *L'Année francophone internationale 1991*, Québec, L'Année francophone internationale, 1992, 167 p.

## THÈSES

DONOVAN, Alvin Stephen, *Sharing the Catch : The Origins and Development of the United Maritime Fishermen to 1938*, M.A., University of New Brunswick, 1989, 211 p.

GAUTHIER, Lina, *La Participation des femmes au pouvoir dans les caisses populaires acadiennes du Nouveau-Brunswick*, M.A., Université Laval, 1991, 121 f.

GIGNAC-PHARAND, Elvine, *La Littérature pour enfants écrite par des femmes du Canada français (1975–1984)*, Ph.D., Université d'Ottawa, 1991.

GOUPIL, Laval, *François p., agent désinformateur…*, *texte dramatique, suivi d'une réflexion sur les procédés d'écriture visant à déconstruire un texte réaliste*, M.A., Université du Québec à Montréal, 1990, 134 f.

JOHNSON, Marc, *Les Stratégies de l'acadianité : analyse socio-historique du rôle de la presse dans la formation de l'identité acadienne*, Ph.D., Université de Bordeaux II, 1991, 2 vol.

LANDRY, Nicolas, *L'Industrie des pêches dans la péninsule acadienne, 1850–1900*, Ph.D., Université Laval, 1990, 460 f.

LAVOIE, Roger, *L'État-providence néo-brunswickois (1960–1986) : dualité et légitimation*, M.Sc., Université de Montréal, 1990, 143 f.

RICHARD, Ginette, *Comparaison entre le parler de la baie Sainte-Marie (N.-É., Canada) et les parlers du Haut-Poitou et de Saintonge : étude phonétique et phonologique*, Ph.D., Université de Lille, 1991, 667 f.

ROBITAILLE, Lyne, *Le Profil de l'enseignante franco-ontarienne des années 1940–1960 : Sudbury*, thèse de maîtrise, Université Laurentienne de Sudbury, 1992.

SAVOIE, Bernard, *L'Évolution du journal « L'Évangéline » de Moncton, N.-B. : de l'hebdomadaire au quotidien (1940–1949)*, M.A., Université de Moncton, 1990, 158 f.

SCHILCHER, Élisabeth G., *L'Identité des Acadiens de la vallée de la Saint-Jean*, M.A., Université du Maine (Orono), 1992.

Colloque : « *La recherche en milieu minoritaire : la diversité, l'altérité et les formations discursives* ».
Du 17 au 21 mai 1993 à l'Université du Québec à Rimouski, organisé par l'Association canadienne-française pour l'avancement des sciences (ACFAS).
Information : Normand Frenette
Institut d'études pédagogiques de l'Ontario
252, rue Bloor ouest
Toronto (Ontario)
M5S 1V6
téléphone : (416) 923-6641
télécopieur : (416) 926-4725


Colloque : « *Voyages réels et imaginaires, individuels et collectifs* ».
Du 2 au 5 juin 1993 à l'Université Carleton (Ottawa), organisé par l'Association d'études canadiennes et l'Association des littératures canadiennes et québécoises.
Information : Susan Hoeltken AEC-ACS
C.P. 8888, succ. A
Montréal (Québec)
H3C 3P8
téléphone : (514) 987-7784
télécopieur : (514) 987-8210


*Congrès mondial du Conseil international d'études francophones (CIEF).*
Du 10 au 18 juillet 1993 à Casablanca (Maroc).
Information : Maurice Cagnon
395, Riverside Dr. (11-F)
New York, NY 10025
*U.S.A.*
téléphone et télécopieur : (212) 666-3715

*Deuxième séminaire européen de recherches de maîtrise et de doctorat en études canadiennes.*
Du 1ᵉʳ au 15 septembre 1993 à l'Université Libre de Bruxelles.
Information :   Centre d'Études canadiennes
                Université Libre de Bruxelles
                50, av. F.D. Roosevelt
                C.P. 142
                B-1050, Bruxelles
                *Belgique*
                téléphone : 02\642 38 07


Colloque : « *La création culturelle en milieu minoritaire* ».
Du 14 au 16 octobre 1993 au Collège universitaire de Saint-Boniface, organisé par le Centre d'études franco-canadiennes de l'Ouest (CEFCO).
Information :   Colloque CEFCO 1993
                Collège universitaire de Saint-Boniface
                200, av. de la Cathédrale
                Winnipeg (Manitoba)
                R2H 0H7
                téléphone :   (204) 233-0210
                télécopieur : (204) 237-3240


Colloque : « *La poétique, les poétiques dans les littératures francophones en Amérique* ».
Du 22 au 24 octobre 1993 à l'Université Carleton (Ottawa), organisé par le Centre d'analyse des littératures francophones des Amériques (CALIFA).
Information :   Comité d'organisation CALIFA
                1717, Dunton Tower
                Université Carleton
                Ottawa (Ontario)
                KIS 5B6
                téléphone :   (613) 788-2177
                télécopieur : (613) 788-3544


Colloque : « *La réception de la littérature québécoise et canadienne-française au Canada et en France depuis 1975* ».
Du 7 au 12 décembre 1993 à Lyon (France).
Information :   Guy Lavorel
                27, rue des Vallières
                69390, Vourles
                *France*

Colloque : « *Présence et influence de l'Ouest français en Amérique du Nord : Louisiane, Nouvelle-Angleterre, Québec, Acadie, et autres aires francophones* ». Du 26 au 29 mai 1994 à l'Université d'Angers (France).
Information : Joseph Garreau
Univ. of Massachusetts Lowell
Department of Languages
1, University Avenue
Lowell, MA 01854
*U.S.A.*
téléphone : (508) 934-4123
télécopieur : (508) 934-3023

Françoise Tétu de Labsade
Université Laval
Sainte-Foy (Québec)
G1K 7P4
téléphone : (418) 656-7468
télécopieur : (418) 656-2019

Retrouvailles 1994 : Retour aux sources de l'Acadie
Du 12 au 22 août 1994 dans la région du sud-est du Nouveau-Brunswick
Information : Congrès mondial acadien
C.P. 4530
Dieppe (Nouveau-Brunswick)
E1A 6G1
téléphone : (506) 859-1994
1-800-565-2627
télécopieur : (506) 857-2252

**LES PRESSES DE L'UNIVERSITÉ D'OTTAWA**
**UNIVERSITY OF OTTAWA PRESS**

542, KING EDWARD, OTTAWA (ONT.), CANADA K1N 6N5 (613) 564-2270

## Francophonies d'Amérique
### ISSN 1183-2487

☐ Veuillez m'informer de la parution de « Francophonies d'Amérique n° 4 » dès parution au printemps 1994.

☐ Veuillez m'envoyer de l'information sur « Francophonies d'Amérique n° 2 ». (Francophonies d'Amérique n° 1 épuisé)

☐ Veuillez m'envoyer de l'information sur « Francophonies d'Amérique n° 3 ».

## Abonnement

| Qté | Titre | Total |
|---|---|---|
| _____ | Francophonies d'Amérique n° 2 (20 $) | _____ $ |
| _____ | Francophonies d'Amérique n° 3 (20 $) | _____ $ |
| _____ | Francophonies d'Amérique n° 4 (20 $)<br>(à paraître au printemps 1994) | _____ $ |
| | Sous-total[1] | _____ $ |
| | Frais de port et de manutention<br>(10 % du sous-total[1])*<br>* Transport hors Canada 15 % | _____ $ |
| | Sous-total[2] | _____ $ |
| | TPS (7 % du sous-total[2], au Canada seulement) | _____ $ |
| | • Prix garantis 12 mois      TOTAL | _____ $ |

• Hors Canada, les prix sont en dollars US.

## Mode de paiement

☐ Chèque ou mandat-poste ci-joint à l'ordre de **Gaëtan Morin Éditeur**

☐ Porter à mon compte      ☐ VISA      ☐ MASTERCARD

N° _____ Date d'expiration _____

Signature _____

## Adresse d'expédition

Nom _____

Entreprise _____

Adresse _____

Ville _____ Province _____ Code postal _____

Pays _____ Téléphone ( _____ ) _____

Commande par **téléphone** : (514) **449-7886**      Commande par **télécopieur** : (514) **449-1096**
Commande par la **poste** : joindre votre paiement et poster à :

**gaëtan morin éditeur**
diffuseur exclusif des Presses de l'Université d'Ottawa
171, Boul. de Mortagne Boucherville (Qc), Canada, J4B 6G4

Diffuseur en Europe :
TOTHÈMES – 47, rue Saint-André-des-Arts
75006 – PARIS (Tél. (1) 43 26 58 38 – Téléc. (1) 46 34 75 01)

Achevé d'imprimer
en avril 1993 sur les presses
des Ateliers Graphiques Marc Veilleux Inc.
Cap-Saint-Ignace, Qué.